稀見筆記叢刊

見聞隨筆

[清] 齊學裘 撰
林日波 整理

文物出版社

圖書在版編目（CIP）數據

見聞隨筆／（清）齊學裘撰；林日波整理．—北京：文物出版社，2022. 10

（稀見筆記叢刊）

ISBN 978－7－5010－7745－8

Ⅰ．①見…　Ⅱ．①齊…②林…　Ⅲ．①筆記－中國－清代－選集　Ⅳ．①Z429. 49

中國版本圖書館 CIP 數據核字（2022）第 110269 號

見聞隨筆　［清］齊學裘　撰

整　　理：林日波
責任編輯：劉永海
封面設計：程星濤
責任印製：王　芳
出版發行：文物出版社
地址：北京市東城區東直門内北小街 2 號樓　郵編：100007
網站：http：//www.wenwu.com
印　　刷：宝蕾元仁浩（天津）印刷有限公司
經　　銷：新華書店
開　　本：880mm×1230mm　1/32
印　　張：19. 625
版　　次：2022 年 10 月第 1 版
2022 年 10 月第 1 次印刷
書　　號：ISBN 978－7－5010－7745－8
定　　價：98. 00 圓

前　言

中國文言小説發展到清代，出現了繁盛的局面，數量之多前所未有。鴉片戰争之後，隨着列强的入侵，國門逐步被打開，社會政治、經濟、軍事、科技、倫理、文化等諸多方面受到衝擊，道德日頽，風俗漸變。處在這樣一種前所未有的大變局中，許多服膺儒家仁義思想的文人士大夫有意識地撰寫筆記小説，期望藉助文字的力量來明道淑世、敦風化俗。齊學裘在同治年間所撰《見聞隨筆》二十六卷完全順應了這股潮流，其承襲《閱微草堂筆記》類小説餘緒，隨筆札記，間發議論，呈現出明顯的勸善懲惡的旨意。

民國初期，劉錦藻所撰《清朝續文獻通考》將《見聞隨筆》列入『小説家异聞』類，若僅着眼於其小説特性，《見聞隨筆》與清末數部體式較近於《閱微草堂筆記》的著作一樣，也難免『亦記异事，貌如志怪者流，而盛陳禍福，專主勸懲，已不足以稱小説』〔一〕的

〔一〕魯迅撰《中國小説史略》，北新書局，一九二六年，第二四六頁。

批評，但就全書内容而言，《見聞隨筆》涉及面較廣，保留了不少可供利用的史料，多數條目記載了講述者等來源情況，有的還明確了相關事件的發生時間，具有較高的文獻價值。

一　齊學裘的生平經歷及其學識養成

齊學裘（一八〇三—一八八三），字子治，號玉谿，安徽婺源西鄉冲田（今江西上饒婺源縣賦春鎮冲田村）人。年垂髫，居鄉從塾師學。生母余氏早卒，年九歲即隨侍其父齊彦槐宦游江蘇。齊學裘少時因患目疾，遂束書不讀。總角之年，從師學琴。年二十三，患病咯血，不能鄉試，欲捐納小吏不果。後遭太平天國兵難，奔走江淮間。年七十餘，始捐納候選府知事。工詩，能書畫，喜收藏，克紹家學。所著除《見聞隨筆》二十六卷、《見聞續筆》二十四卷外，有《蕉窗詩鈔》十四卷、《劫餘詩選》二十三卷傳世[一]。

[一] 按，齊學裘生平大概，散見於《劫餘詩選》各詩及相關詩注中，《見聞隨筆》《見聞續筆》諸條目中也有不少其自述身世的内容。關於齊學裘卒年，參見王中秀輯《清末畫苑紀事補白》，王中秀等編著《近現代金石書畫家潤例》，上海書報出版社，二〇〇四年，第四〇六頁。

同治末年，年近古稀的齊學裘將祖父齊翀所撰《三晋見聞録》五條抄入其《見聞隨筆》卷二十三中，對『憂畏爲養性之本』一條特發感慨説：『學裘少時患病，中年多故，老來遭難，一生困苦流離，吃虧忍辱，無事不逆，無境不逆，無時不逆。』[二]語雖嫌誇張，但字裏行間溢出的酸辛不免令人動容。另外，齊學裘晚年曾作《遺懷五首》，第四首完整地回顧了自己的人生經歷：『我生胡不辰，坎壈多纏身。弱冠病魔擾，廢學六七春。琴畫以養疴，撫摩逢异人。三十家難興，垂釣桃溪濱。弦歌樂山居，梨花香滿林。中年悲風木，四十入吴門。先集付剞劂，鴻寶壽貞珉。先志能克成，全憑書畫船。交游遍湖海，揮灑如雲烟。東南好山水，一一紀詩篇。西寇一朝至，鼓鼙聲厭聞。汗牛充棟物，半遭劫火焚。萬死不得死，呵護如有神。一葦浮江去，婿鄉居七年。石港菊三徑，揚州月二分。風驅楚氛净，重作無懷民。』[三]

[二] 按，《劫餘詩選》卷七《沱川理源余氏姊歿於丙寅十二月，丁卯五月二十二日裘到申江晤余心軒表弟，方知姊考終之信，詩以哭之》中有『少多疾病』『壯遭家難』『老遇兵燹』等語（清同治八年天空海闊之居增修本，《續修四庫全書》第一五三一册，第四四〇頁）。『丁卯』即同治六年（一八六七）。

[三] 《劫餘詩選》卷九，第四五五—四五六頁。

根據詩中所概括，齊學裘的人生經歷大致可以劃分爲六個階段[二]：（一）二十歲前後隨家人居金匱官舍、宜興春暉堂，此一時期齊學裘多病廢學，以琴詩書畫養心安神，生活較爲閑適恬淡。（二）三十二歲時因家難避居綏安山中雲留軒，此一時期齊學裘山居寂寥，以讀書臨帖、詩酒酬唱、結伴登臨諸法排悶；期間長子不幸病歿，乃游歷山水以遣怀。（三）三十八歲時移居蘇州，此一時期齊學裘父親去世，他繼承父志整理家集及所藏書帖，并籌資刊印，爲此往來蘇杭等地售賣書畫，交游甚廣；期間太平軍攻占金陵，江南震動，携家避地宜興兩年多。（四）五十八歲時遭遇兵難，此一時期齊學裘先是被困蘇州數月，幾乎喪命，脱險後逃至陽湖，期間回宜興探弟妹消息而無所得，遂渡江至通州石港（今屬江蘇南通），寄住女婿于昌遂（字漢卿）家七年。（五）六十五歲時赴上海收拾二弟遺骸歸葬宜興，後應友人上海道台應寶時之邀，移居上海校勘宋儒陳亮文集及亡友蔣敦復文集，此一時期齊學裘寄寓也是園，暇日與新知好友相往來，暢談古今；六年後，齊學裘移寓揚州地官第，與酒朋詩友或登臨攬勝，或節令雅集，此一時期

[二] 按，限於篇幅，齊學裘人生各個階段的具體經歷，《見聞隨筆》《見聞續筆》《劫餘詩選》中所載頗多，在此無法展開，僅作綱目式條列，今後將專文論述。

女婿于昌遂亦僑居揚州養志園，常設宴相招；在揚州居留五年，七十五歲的齊學裘爲籌資重刻先人全集重返上海。（六）七十七歲時再回揚州，此一時期齊學裘與闊別三年的摯友方濬頤重逢，又得到女兒女婿照應，寓居生活和樂安適。然而不久女婿于昌遂即携子遠赴西安謀職，方濬頤亦欲歸合肥，不覺黯然傷神。

齊學裘早年從其父學詩，規模韓愈、蘇軾等唐宋名家，自言『兒時好吟咏，詩思頗不遲。努力師古人，心摹而手追。先子見詩笑，兒心樂無涯』[一]。詩作卓煉清超而不失少年英發之氣，『以詩名著江左，文人咸相引重，以爲綽有父風』[二]。齊彦槐宰金匱及移居宜興之初，詩友劉開屢到訪，二人夜間談論古詩文辭亹亹不倦，齊學裘侍坐達旦，獲益

[一]《劫餘詩選》卷十一《方子箴都轉己巳除夕與許叔平明府聯句，用東坡三首韵索和，次韵酬之》，第四六八頁。

[二]（清）吴鶚修，（清）汪正元纂《婺源縣志》卷二十《人物志四·經濟·齊彦槐傳》，清光緒九年（一八八三）刻本。按，《劫餘詩選》卷三《壬戌除夕遺懷四章用漢卿雪中謁富都護感懷原韵》其二注：『辛巳（道光元年，一八二一）除日雪，先大夫用東坡《聚星堂》韵作《雪》詩，命裘和之，先大夫復作詩示裘。』第四〇四頁。又，齊彦槐十四歲從姚鼐學作文，二十歲以詩謁袁枚，『驚爲曠世异才，以遠大期之』，『所爲詩元本風雅，胎息於杜，出入於韓、蘇，撫時感事，有爲而作者居多，不屑屑於絺章繪句』，見（清）方濬頤撰《二知軒文存》卷三十四《金匱縣知縣齊梅麓先生墓表》，《清代詩文集彙編》第六六一册，上海古籍出版社，二〇一〇年，第五一九、五二一頁。

良多。道光元年（一八二一）十九歲的齊學裘讀到前輩盛大士（一七七一—一八三九）的詩，有感而作《寄懷盛子履先生》七律二首表達傾慕之情。盛大士見詩之後贊賞有加，『許以近古』，指出齊學裘『駸駸乎入退之、子瞻之室』，誠爲明敏[一]。

齊彦槐所藏書畫品類甚多，摩挲久之，鑒別經驗日富，年少的齊學裘恭聽教誨，年過古稀尤記憶不忘。同治十三年（一八七四）秋，七十二歲的齊學裘爲其父《先大夫雙溪草堂書畫録》作跋稱『兒時過庭，親聆教勘書畫法帖真僞，歷代紙絹墨色异同，骨董家造作半真半僞之流弊』[二]。齊彦槐在金匱任上八載，期間友人往來，不乏深諳書畫創作者，齊學裘屢受教益。當時書家陳希祖（一七六五—一八二〇）嘉慶二十五年（一八二〇）告老返鄉，舟過梁溪，逗留月餘，暢觀齊彦槐所藏書畫，興到臨池，『命學裘伸紙，耳提面命，口傳八法，囑裘觀其運腕運肘之法，不必觀其落紙之書』[三]。還有展露性情的

[一]《見聞隨筆》卷二十四《盛子履》，參見（清）盛大士著、葉玉校注《溪山卧游録》卷三，西泠印社出版社，二〇〇八年，第一四三頁。
[二]《見聞續筆》卷十九。
[三]《見聞隨筆》卷二十五《陳玉方先生》。

婺源黃啓多，嘉慶十七年（一八一二）泊舟錫山驛，訪齊彥槐於官舍，流連十日，『吟詩作畫，醉舞狂歌，無一不驚人心目』，年僅十歲的齊學裘親見其『氣宇軒昂，筆墨超妙，衣服華麗，侍從衆多』〔一〕，心靈頗受震動，晚年回憶時仍描繪如生。

齊學裘受到父親熏染，亦有好古之風。十五六歲時，齊學裘獲得一件周代饕餮尊，居家之日片刻不離，中年困頓，『處境愈窮交愈堅』〔二〕。正是少年時期養成的興趣和與日俱增的學識，齊學裘於道光二十年（一八四〇）寓居蘇州後，儘管囊中羞澀，仍多次鑒購古物，道光二十五年（乙巳，一八四五）買入一把鐵壺，并作詩紀其事〔三〕。時隔約兩年，道光二十七年（丁未，一八四七）又購入一把鐵爐，與鐵壺相配，亦作詩紀其事，自言『嗜好與俗酸鹹殊』，將鐵爐視作『娛我清懷慰客居』的知己〔四〕。道光二十八年（一八四八）五月十六日舟泊揚州，齊學裘至市廛訪古，重價購得周齊乙公萬壽尊鼎，

〔一〕《見聞隨筆》卷二十六《黃啓多》。

〔二〕《見聞續筆》卷十六《周饕餮尊歌》序稱：『余得此尊三十載矣。……偶有所感，歌以紀之。時丁未十一月二十一日也。』

〔三〕《見聞續筆》卷十六《鐵壺歌》。

〔四〕《見聞續筆》卷十六《鐵爐歌》。

『傾囊購買喜不勝，珍重載歸忘飢渴』[一]，次日又獲周諸女尊，『頓增氣色書畫船』[二]。齊學裘對所獲一鼎一尊的尺寸、款識詳加記載，并考定其真，與早年家藏周代饕餮尊、漢代銅龍滴水器一齊視作珍寶[三]。

二　《見聞隨筆》的内容特點及其價值

作爲晚清一部志怪小説集，《見聞隨筆》二十六卷所記載的内容，無外乎奇人异事，多涉因果，齊學裘的主要意圖是懲惡揚善，期望在世風日漸澆薄之際，通過自己的記述、議論，激發世人忠孝仁義之心。當然，在今天看來齊學裘所述見聞大都怪誕不經。關於《見聞隨筆》的撰寫緣由、旨意等，齊學裘在《自序》中説：『夏日偶聞友人暢談因果，

[一]《見聞續筆》卷十六《周齊乙公萬壽尊鼎歌》。

[二]《見聞續筆》卷十六《周諸女尊歌》。

[三] 齊學裘嘗自言，道光二十八年秋七月二十四日，見一古董家持古銅器易楊振藩（號蕉隱）所藏华嵒畫，其以器爲真，而左輝春（字青峙）則定爲贋，二人互致長信進行辩論，繼而又面争，相持不下。待心平气和後，乃細審銅器的體制、款識，始知其僞，贊左氏爲良友。（《見聞續筆》卷十六）

可以感發人之善心，可以懲創人之逸志。事有關於名教，理無間乎陰陽，事异而理常，言近而旨遠。是不可不紀者，遂舉有生以來聞見交游，奇人怪事，隨筆直書，不假雕琢。』齊學裘舊友余治題辭中稱『新編示我欣同調，名教如君大有功』，注曰：『《見聞隨筆》四册，事皆徵實，意取勸懲，言淺旨深，良工心苦，有功世道之作。』平實之言而非客套之語。

縱覽《見聞隨筆》全書的内容，首先從來源方面看，主要是齊學裘親見及其同鄉、朋友、親戚等人的轉述或親歷，獲得初始材料，然後形諸文字，并揭示其中寓含的『道理』。例如梁溪沈梧與齊學裘爲畫友，二人曾同時寓居齊學裘女婿于漢卿家，長夜閑談，沈氏講述了不少奇聞，卷九《義盜》條説同治二年（一八六三）順天人龔幹卿刺史閲京報，得知其父在台州任上殉難，遂急速往台州收拾其父骸骨，至崇明遇盜，被洗劫一空，後盜賊得知龔氏父爲清官、子爲孝子，遂將錢財如數奉還，齊學裘慨嘆：『人知忠孝可以格天，豈知忠孝還能格盜！視世之靦然人面、全無心肝、聞忠孝節義之事置若罔聞者，真義盜之所不齒也。』此外，齊學裘還節録了其祖父齊翀《三晋見聞録》《思補齋日録》（見卷二十三）及乾隆時期王大海《海島逸志·人物考略》（見卷二十五）的部分内容。

其次從類别方面看，《見聞隨筆》内容繁雜，涉及面廣，并無明確歸類，但各條目之根本在於闡發人之常情、事之至理，粗略可分爲十一類：（一）關於行善德報或作惡遭譴。如《于明經德報》《湯夫人德報》《單莫誓報》等。（二）關於動植异聞。如《董糧差聞鷄言悟道》《菱殼達摩》《二蕃馬》等。（三）關於鬼神精魅。如《衣鬼現行》《蛛道人》《山鬼推門》等。（四）關於自然异象。如《地滅》《天開眼》《水西門出烟》等。（五）關於孝子烈婦、逆子惡婦或妻妾童僕。如《張渚周烈女》《王孝子傳略》《奚義僕》等。（六）關於西方軍事、文化入侵。如《丁小仙歷迹》《申江記游》《白樂丈》等。（七）關於太平天國兵亂。如《僞北王殺僞東王僞天王殺僞北王事略》《李明府忠迹》《湯貞愍公殉難》等。（八）關於科舉奇聞。如《丁卯科場記异》《假隨》《郝生場中遇鬼》等。（九）關於醫方神咒。如《犬咬符咒》《解砒毒方》《解鴉片烟藥丸方》等。（十）關於齊學裘家世及其離奇遭際等。如《疾篤過堂》《先大夫梅麓公行略》《夢爲僧》等。（十一）關於親友僕從言行事迹。如《錢觀察事略》《郁升奇遇》《劉孟塗先生逸事》等。

再次從價值方面看，《見聞隨筆》所記載的人事异聞主要集中在嘉慶、道光、咸豐、同治四朝，齊學裘『以鈎河摘洛之才，擅闊古雕今之手』（許國年《序》），詳略有致、褒貶分明地記述了五百餘條見聞，論者將其與《西京雜記》《北夢瑣言》《癸辛雜識》《南村輟耕録》《七修類稿》等相提并論，似嫌過譽，但也從側面反映出《見聞隨筆》在晚清筆記小説群體中特出的文獻價值：

一是保存有若干戲劇資料，涉及表演内容、名角地位、伶人氣節等方面，可以豐富我們對晚清戲劇文化生態的認識。如卷一《余晦齋雜論》、卷七《路御史快事》、卷十《小香》、卷十三《假吊神嚇走真吊神》《伶人張錦死節》《李湘舟死難》、卷二十四《黄秋士之女出難》諸條均是伶人軼事，從不同側面反映了與戲劇相關的晚清社會狀况。

二是保存有較多太平天國戰争的史料，齊學裘作爲戰亂的親歷者，對於所聞所見太平軍攻城略地，清軍堅守或潰散，導致的友朋死難、百姓流離之苦難有切身體會，讀者藉其記述可以從不同角度深化對這場殘酷戰争的認識。如有地方惡徒協助太平軍收斂錢財或設計害人，爲鄉里所恨，遂遭謀殺，如卷一《王少枚遇害》《朱福保惡報》。有女子遭太平軍擄掠，頭目强之成婚，遂自殺明志，如卷四《陳烈女死節》。有果敢之秀才團結鄉人抗擊太平軍，終因寡不敵衆，力戰而死，如卷五《王孝子傳略》。有一家人在兵亂中輾轉逃難，終無法逃出生天，窮愁困頓中受飢餓而死，如卷五《王彦卿殉難》。有地方守令奮戰前綫，勇於殺敵，抱必死之心堅守城池，最終殺身成仁，如卷六《李明府忠迹》。有清軍中具經濟才者爲保全地方計，創釐捐之法招募兵勇、籌備軍餉，進而推廣軍中，頗見成效，如卷六《高伯平錢東平合紀》。此外，《銘觀察殉節》等二十餘條記述中均包含着太平天國戰亂中的若干細節，可以映照出當時的歷史面相。

三是保存有數則書籍編校、刊行、禁毁的資料，更有大量齊學裘抄録的前人或自己及友朋、閨秀創作的詩文詞曲，或可提供校勘參考，或可補相關詩文集之缺佚，同時也對《全清詞》《清文海》等新編清代文學總集的完善有所裨益，研究者藉此既可探究文本流傳過程中的存佚、修改情况，又可窺探晚清社會文化活動之一斑。如卷十五《焚淫書得名録》條載齊學裘對淫詞小説的認識，其中包含他對《紅樓夢》的態度，其言稱：『余平生不喜看説部與淫詞小説，至亂後避地江北通州石港場于婿家，無聊之極，見一部《紅樓夢》上有王魯生復老秀才手批，贊嘆不已。因取閲一通，心知此書曹雪芹有感而作，意在勸懲，而語涉妖艷，淫迹罕露，淫心包藏，亦小説中一部情書。高明子弟見之，立使毒中膏肓，不可救藥矣，其造孽爲何如哉！因知淫詞小説之流毒於綉房緑女、書室紅男，甚於刀兵水火盜賊。』自順治九年（一六五二）詔禁『瑣語淫詞』，到光緒二十六年（一九〇〇）重申對『造刻淫詞小説』者嚴懲不貸，清政府二百餘年間堅持施行這一文化政策。同治七年（一八六八）四月，江蘇巡撫丁日昌頒發查禁『淫詞小説』的飭令，明確將《紅樓夢》列入禁書目録，下屬各縣遵照執行，一時形成了廣泛的社會影響，塑造着民衆的思想行爲，不斷體現在日常生活中〔二〕。齊學裘應該就是在這樣一種社會文化背景下形成了自己相對正統的認識，在崇奉儒家思想的文人士大夫階層中具有廣泛代表性。

書中録存的相關詩文詞曲的價值，可略舉兩例以見其大概。如卷一《盧忠烈公靈顯》條記載，齊學裘曾將宜興前賢盧象昇《軍中七夕歌》的墨迹摹刻入其所編《寶褉室法帖》内，同治四年（一八六五）夏，當他再次見到墨迹時，欣然題詩一首，并將《軍中七夕歌》恭録於後。今存光緒元年（一八七五）施惠刻本《明大司馬盧公集》卷十二

〔二〕參看丁淑梅著《中國古代禁毁戲劇編年史》，重慶大學出版社，二〇一五年，第五三九—五四七頁。

有此《歌》〔二〕，相比於齊學裘所抄墨迹本，除了近二十處异文外，多出完整的七句，一是『重鎧身披歷戰場』後有『乾坤殺運似未終，虎狼匝地路不通，銀河碧漢駕長虹』三句，一是『顧我何人能却老』後有『此身已許報君王，敢謂樗材作棟梁。百劫叢中真性在，白衣蒼狗庸何妨』四句，這體現了古人詩歌手稿本到刻本變化的典型特點。又如卷十一《包大令》條録存包世臣《寶褉室法帖序》，張小莊藉此印證了當前學界關於包世臣晚年事迹及其卒年的討論結果，并稱『其内容多有可增入包氏年譜者』，『此篇撰於七十八歲的序文，於今見之包文中當繫紀年最晚者，其内容論學書、自述學書經歷、論刻帖等，可供研究包氏者參考』〔三〕。

三　《見聞隨筆》的編刻及其流傳

關於《見聞隨筆》的編刻、流傳情况，目前所見資料甚少，主要集中在本書及齊學

〔二〕沈乃文主編《明別集叢刊　第五輯》第七十二册，黄山書社，二〇一六年，第三三三—三三四頁。

〔三〕張小莊著《清代筆記、日記中的書法史料整理與研究》（上），中國美術學院出版社，二〇一二年，第一三頁。

裘《劫餘詩選》相關詩注中。今僅就翻檢所得，略作梳理。

齊學裘《見聞隨筆自序》稱：『同治五年，歲在丙寅，重來吴陵，寄住甥館。……兩月之中，著成十有餘卷，名之曰《見聞隨筆》。』齊學裘《應敏齋廉訪已刊蔣劍人茂才文集，屬余校讎，題詩七章》其六『劫後詩文要君定』句注曰：『劫後，余著《見聞隨筆》十卷，詩詞十餘卷。』〔二〕由此可知，齊學裘編寫隨筆始於同治五年（一八六六）丙寅，兩個月寫成十餘卷，其前期所獲奇聞异事素材之富、撰述之勤可見一斑。

《見聞隨筆》封面篆書爲沈梧題，檢卷十五《清微道人》條載『同治丙寅夏，余與旭庭同客海陵』，卷九《仁盜》條載『丙寅秋夜，旭庭與余談此事』，卷十九《劉學政》條載『余年六十有四，陶嘯峰寫余小象，沈旭庭補還山圖贈余』，齊學裘六十四歲之年即同治五年，又卷八《徐洪淫報》條載『吾友沈旭庭同知梧與余同客吴陵于婿漢卿寓中，長夜閑談』，可知同治五年齊學裘與沈梧同住在于漢卿家，二人朝夕相處，沈氏善書法，所以齊學裘與他閑談時請其題寫『見聞隨筆』四字乃在情理之中，再從落款時間『丙寅

〔二〕《劫餘詩選》卷八，第四四九頁。

中秋』推知，齊學裘編寫隨筆之初便已確定好了書名。

如前所述，同治六年（一八六七）十月齊學裘應上海道台應寶時之約至上海助其校勘《龍川集》《蔣劍人文集》，十一月劉熙載到訪，二人意氣相投，一見如故。劉氏見齊學裘『所述《見聞隨筆》一書，携之而去，半月後微雪灑空，獨自還書而來，謂此書有關世道人心，可傳之作，速刊爲要云云』[二]。此時的《見聞隨筆》應是稿本，齊學裘寓居上海期間仍勤於搜集材料，書稿篇幅不斷增加，内容更加豐富。後來胡子英茂才因見齊學裘所寫《吴陵岳阜謁岳鄂王廟歌》一詩，慕名來訪，二人性情頗相得，齊學裘稱『從此時時相過，慰余寂寥，代余校讎《見聞隨筆》二十五卷』[三]，可知全書此時已經基本完成，進入校刻階段。

《見聞隨筆》有『同治十年刊於天空海闊之居』牌記，據卷首張德堅《題跋》落款時間『同治十一年壬申六月』及齊學裘《壬申春初七十自壽九章》其六末注曰『時刻

[二]《見聞隨筆》卷十九《劉學政》。

[三]《見聞隨筆》卷二十五《胡子英茂才》。

《見聞隨筆》廿餘卷，尚未完工』[二]可知，同治十年（一八七一）實際爲該書刊刻開始之年，次年春仍在進行。另外，《劫餘詩選》卷十二《寄楊堯門和豐橋》其二稱『客中何物酬君意，新著《見聞》十册書』[三]，《劫餘詩選》中詩作大致按時間順序編排，此詩處於同治十一年十月與十二月十六日夜所作兩詩之間，則《見聞隨筆》十册完成刷印、裝訂等工序而面世當在此三個月間。

從《見聞隨筆》卷前應寶時、王希廉、余治、葉廷琯、六汝猷、蔡錫齡、徐振邦、孫玉堂、謝鵬飛、張鴻卓、張家豐、鍾國華、劉瑢、鄭應鈞、萬年清、秦雲、張德堅十七人的題辭、題跋看，《見聞隨筆》成書之前便在齊學裘結交的不同階層的朋友間流傳，得到了他們的揄揚，一定程度上提昇了它的聲名，擴大了流傳範圍。毛祥麟是齊學裘寓居上海時所交之友，亦喜撰述，著有《對山書屋墨餘録》十六卷，初刻於同治九年（一八七〇），隔了一年，毛氏見到《見聞隨筆》中有八則與其書中所載『文雖不盡同，而事則一』，遂猜測齊學裘所據與自己一樣，同是《上海縣志》編纂之初的採送稿，考慮

〔二〕《劫餘詩選》卷十二，第四七七頁。
〔三〕《劫餘詩選》卷十二，第四八二頁。

到『文章如面，最忌雷同』，毛氏乃另撰八則，在同治十三年重印時進行了替换[二]。此外，梁章鉅之子梁恭辰編《巧對續録》，輯録了一副關於彌勒佛的楹聯，初不知誰作，其後讀到《見聞隨筆》，始知上聯爲王仙溪撰，下聯爲齊學裘所對，稱其『頗有禪機』，并提出齊氏下聯『共樂升平』若改作『皆大歡喜』則尤貼切[三]，這種异時空的文字交流或可引起讀者探究的興趣。

《見聞隨筆》自刊行後，在江南一帶流傳較廣，民國八年（一九一九）它進入了常熟地方官員徐兆瑋的閲讀視野中。徐氏在其民國八年一月二十九至二月六日的日記中連續記録了每日『閲齊學裘《見聞隨筆》』三五卷不等的情况，其偶爾摘録書中内容并綴以一二句評論，如二月四日日記摘録《見聞隨筆》卷二十六《董琴涵》條關於齊學裘、費夢仙、沈閏生三人雅號『同作佳話』事，隨後稱：『予輯《詩家標目》，衹録沈夕陽

[二] 詳見（清）毛祥麟撰《墨餘録》卷四《方勖化狼》條末『雨蒼氏曰』一段，上海古籍出版社，一九八五年，第五八—五九頁。

[三] （清）梁章鉅等編著，白化文、李鼎霞點校《楹聯叢話全編》，北京出版社，一九九六年，第四六八頁。按，《見聞隨筆》卷二十六《王仙溪》條載此聯撰寫的因由，其文字與梁恭辰所録頗有出入，讀者可互相參看。

而無費蝴蝶，於此見博覽之難。』[一]

《見聞隨筆》版本簡單，目前僅見同治十年天空海闊之居刻巾箱本，北京師範大學圖書館、南開大學圖書館、鄭州大學圖書館、華東師範大學圖書館、南京圖書館等高校及地方圖書館多有收藏，皆屬同一版本系列，但早期印本與後期印本略有差异。本次整理以《續修四庫全書》影印華師大藏本爲底本，其中漫漶殘缺之處，参照南圖藏早期印本補改。如卷二十六《雷擊法國天主堂鐵十字架》條底本標題作『雷擊鐵十字架』，正文明顯有挖改，即據南圖藏本補改，文義始完整。書中誤字較多，整理時已盡量改正并出校記，但難免有所遺漏，懇請讀者不吝指正；至於『戍戌』『己已巳』『刺剌』等形近誤字則徑改，『元』『邱』等避諱字則回改爲『玄』『丘』。限於學識，本次整理在文字、句讀方面定然存在疏誤，尚祈方家匡我不逮，以期將來能有進步。

[一]（清）徐兆瑋著，李向東、包岐峰、蘇醒等標點《徐兆瑋日記·劍心簃日記》，黄山書社，二〇一三年，第一九五一頁。

序

三生業報，始於白馬之經；九百虞初，載自黄車之使。理不盡誣，事皆可述。小説之興，由來尚矣。然而星覆杯間，虹飛江面〔一〕，小夫人乳擲千兒，貳負尸身横九野，事托虚無，理歸荒誕。似干寶《搜神》之記，等任昉《述异》之書。此一蔽也。抑或劇談風月，指斥閨襜，借燦爛烟霞之筆，爲荒唐雲雨之詞。影賦《驚鴻》，寫莊姝於洛浦；記名《控鶴》，摹媟態於唐宫。纂雜事於秘辛，衒异聞於藏酉。作之者色舞而眉飛，讀之者神馳而心蕩。此又一蔽也。至若好言因果，妄述輪迴。繪九幽之變相，牛鬼蛇神；慘十地之酷刑，刀山劍樹。事同鑿空，語類矜奇。觀罪花燋種之相仍，豈絮果蘭因之若是。抑且武侯再世爲韋皋，圓覺托身於女子。事偶出乎前因，言豈可以執一。此又一蔽

〔一〕虹，原誤作『魟』。

也。若乃雄虺二首，奇鶬九頭，人衣薜荔而來〔一〕，狐戴髑髏而舞，非不同禹鼎之鑄奸，轉類襲《山經》之志怪。東坡説鬼，僅有助於麈談〔二〕；南董直書，豈藉兹爲鴻寳。此又一蔽也。且夫提要鈎玄〔三〕，纂事必徵其實；洽聞殫見，擇言宜近於馴。今玉谿先生《隨筆》之作，其庶幾乎。

先生家承庭誥，業受楹書，以鈎河摘洛之才，擅闊古雕今之手。詞宗白石，逍遥於竹所水邊；詩學青蓮，跌宕於滄洲五岳。庾信早年，夙承慧業；王筠晚歲，遂負宏名。寓秦淮，則紅板聽簫；泛聖湖，則緑楊齊舫〔四〕。悵華亭之鶴去，明月秋多；聞申浦之潮來，銀燈漏永。凡此江山之助，遂爲翰墨之豪。而又見見聞聞，奇奇怪怪，輒條抄於竹素，更類繫於芸編。借爲木鐸之徇，不盡蘭言之助。况乎蟲沙浩劫，虎豹驚心，金戈鐵馬之場，鶴唳風聲之地。痛萇宏之血，化碧三年；吊精衛之魂，繁冤千載。要離冢

〔一〕薜，原誤作『薛』。
〔二〕麈，原誤作『塵』。
〔三〕玄，原作『元』，避清聖祖玄燁諱改。今回改，下同，不再出校。
〔四〕緑，原誤作『縁』。

畔，宿草方新；伯有門邊，鬼雄何在。無不欷歔感慨，痛快淋漓。表章毅魄而如生，感動忠魂而欲泣。此由於《春秋》褒貶之中，寓微顯闡幽之意。讀其《隨筆》若干卷，正未可以《北夢瑣言》與夫《西京雜記》同年而語者也。

且先生少負才華，老爲賓客，境閱冰霜，身惟琴劍。凡屬不羈之士，必有不平之鳴，則此書也，當不免宋玉之微詞，或偶述鄱陽之暴謔。雜於曼倩之諧，自適紀事；加以灌夫之罵，驚其座人，亦才子之恒情，况稗官所不禁，而是書乃無一焉。觀其所言，不即知其所養乎。嗟乎！驪龍抱六寸之珠，此其麟爪；鷙鳥奮九霄之翮，還惜羽毛。則此編也，其爲禪家之棒喝焉可也，將爲史氏之嚆矢焉可也。

同治七年戊辰秋八月，烏程愚弟許國年拜序

自序

同治五年，歲在丙寅，重來吴陵，寄住甥館。子規聲裹，客思頻興；蝴蝶夢中，墨緣未了。春蠶縱老，寧無未盡之絲；秋樹雖枯，尚有能鳴之葉。年逾六十，堪憐慕齒，流離劫歷萬千，總是傷心凄愴。古人憂患因識字，賢者窮愁始著書。僕本恨人，命途多舛，家難未息，兵燹連遭。三十年刊書鐫帖，先志克成；千萬里奔西走東，微軀甚憊。寸心未昧，長懷示疾。維摩萬念俱灰，願皈慈悲大士。佛説真言四諦，普度衆生；老傳《道德》一經，爲師百世。

余也才慚倚馬，偏饒李白之飄零；賦愧雕蟲，豈少楊雄之悔作。夏日偶聞友人暢談因果，可以感發人之善心，可以懲創人之逸志。事有關於名教，理無間乎陰陽，事异而理常，言近而旨遠。是不可不紀者，遂舉有生以來聞見交游，奇人怪事，隨筆直書，不假雕琢。兩月之中，著成十有餘卷，名之曰《見聞隨筆》。借此消磨歲月，未免貽笑方家。然而善惡報應，如影隨形。積善之家必有餘慶，積不善之家必有餘殃，善不積不足以成名，惡不積不足以滅身。此《易》垂訓治心之言，以除萬世人心之害者也，可不懔歟！

夫昆蟲至微，尚知圖報；盜賊極狠，亦感孝思，豈有仁人君子能忘扶濟之懷？要知天神地祇最重癉彰之典，纔發一念之善，立身即在天堂；若圖片刻之淫，旋踵便隳地獄。信手拈來，鑄成鐵案；精心修去，超出輪迴。嗚呼，人能立命，自可回天；世無牢强，生如夢幻。放下屠刀，立地成佛；持來慧劍，斬欲驅邪。心存忠孝，無慚白日青天；念切貪污，何异行尸走肉。打不破貪瞋痴，難與説西來大意；能得兼智仁勇，庶幾承東魯真傳。勉之哉！孽海無邊，須防失足；皇天有眼，不負苦心。夢迷顛倒，請聞清夜鐘聲；語出呻吟，毋藐老人苦口。

星江齊玉谿自序

題辭

永康應寶時敏齋

別裁説部意翻空，不與荒唐志怪同。奇創欲開天地外，勸懲都在笑談中。交深方許來今雨，才大真當拜下風。餘事詩人仍不讓，還留高唱大江東。

吴縣王希廉雪香

絶無剿襲與雷同，始信文人妙手空。收拾遺聞湖海内，包羅史事勸懲中。奇才自不隨流俗，壽世終須備采風。讀罷竟忘詩筆拙，也留鴻爪浦雲東。

無錫余治蓮村

忽傳杖履來江上，捧到瑶章感客中。十載空勞懷舊雨，一朝何幸挹春風。新編示我欣同調，名教如君大有功。出示《見聞隨筆》四册，事皆徵實，意取勸懲，言淺旨深，良工心苦，有功世道之作。先得我心，曷勝欽佩。意氣元龍休嘆老，相期振筆答蒼穹。

蘇州葉廷琯調生

彭氏《感應録》，吾郡彭氏曾輯刊《二十二史感應録》。梁家《勸戒編》。福州梁逢辰箸。著書心共證，覺世理能宣。游覽兼懷舊，行吟總慕賢。書中兼載游歷、投贈之作。白頭重握手，余於道光壬寅與君相晤婁門内程心田家。展卷亦前縁。今遇於上海也是園，溯昔已二十有六年矣。

江陰六汝猷紫加

龍門健筆直凌空，書事書人例不同。宇宙奇觀千里外，古今信史百年中。發人聾聵尼山鐸，警世貞淫列國風。他日輶軒資采訪，新編應播大江東。

平陵蔡錫齡寵九

君不見沉鬱頓挫少陵詩，跌宕淋漓子長史，先生爲文亦如此。諷勸詼諧兼有之，良藥苦口餌以飴。又如越中好山水，引人入勝神忘疲。天風浪浪吹海立，長鯨跋浪老蛟泣。我來滬上一葦杭，盥手焚香誦《隨筆》。吁嗟虞卿著書散窮愁，申韓挾策干諸侯。仁人之言其利溥，先生羞與噲等伍。摩勒《寶褉帖》廿四，其光熊熊燭天地。《詩鈔》共被劫火殘，先生刻有《寶楔室帖》《蕉窗詩鈔》，均遭兵火。咄咄書空嗟怪事。余子持此付手民，願拓萬本傳萬人。積善自獲禎祥報，位禄名壽皆駢臻。

洞庭徐振邦逸生

交友遍寰宇，誰如公見聞。警時無曲筆，傳世有奇文。發論風雲變，闡微涇渭分。輶軒資采訪，千古共揚芬。

來安孫玉堂右卿

兩間治亂從何起，起自人心死不死。人心不死有由然，要憑公道存天理。作善降祥惡降殃，眼前施報速於矢。奇情怪狀萬變紛，理雖無之事有此。迂儒不信因果談，悠悠冥冥誰經紀。窮陬僻壤罕人經，采風安得來星使。偶有信士記述編，語又荒唐譏鄙俚。言之無物不遠行，疇其直筆成外史。星江老子古之人，衹有是非無譽毀。惜哉彰癉不操權，陽秋一部藏皮裏。婆心救世晚來殷，狂瀾不挽伊胡底。大書所見與所聞，不忘遠亦不泄邇。舟車所至耳目周，恍惚天涯在尺咫。幽光潛德發馨香，口誅筆伐鋤奸宄。人禽之界辨幾希，存之其斯爲君子。自從世變駭人聽，有人反不如犬豕。不有此編慨乎言，斯人何以知臧否。若者爲勸若者懲，分明不啻針南指。使人開卷心了然，爲惡必懼善必喜。但願流傳遍大千，發聾振聵從兹始。天良感發善人多，默化潛移風俗美。若作齊諧雜俎看，便失風人忠厚旨。

武進謝鵬飛隱莊

祖述《春秋》筆，非徒侈見聞。貶褒同斧衮，臭味別蕕薰。卷積囊箱富，編成纂輯勤。自宜傳不朽，共樂賞奇文。

華亭張鴻卓嘯峰

椽筆發高文，分用記時事。時事有常變，乃在干戈際。勿謂小醜小，大亂戡不易。勿謂大亂大，光華復聖治。上下十年間，變幻出人意。有蹈古覆轍，有於今加厲。耳目怕聞見，偏於耳目會。釀禍寬市恩，激變巧争利。斯民我胞與，可憐雀遇鷙。一劍掃群醜，萬户懷大師[一]。遇坎幾生還，處泰猶心悸。事過如飆馳，迹留借墨漬。設非有心人，

[一] 師，原誤作『帥』。

焉能細編次。吁嗟真意存，此册可傳世。

華亭張家豐引之

庚辛壬癸事難論，回首戈鋋欲斷魂。蒿目當時記遺佚，江南留作一家言。

巷議街談容易訛，憑公實事訪偏多。《癸辛雜志》《輟耕録》，此册千秋同不磨。

東粤鍾國華釷珊

著作經年在草廬，先生心血卷中舒。能移風氣千秋筆，上體天心一部書。冷眼曠觀湖海事，直言不諱俗情虛。勸懲多是熱腸語，怪底他傳總不如。

寶應劉瑢佩卿

忠貞標大節，史筆凛寒冰。十八人家活，公以書救王丈薌堂伍牙山十八人家被誣事。三千神鬼憑。射龜諍介弟，公弟小麓先生射龜事。擒虎救良朋。毛一亭孝廉被子老虎謀害，公救之。夜讀慚無酒，煎茶盡幾升。

香山鄭應鈞陶齋

壽世丹鉛借梓傳，凌然獨步翠微巔。揮毫動切恫懔念，立説多爲聾聵憐。涇渭透分開覺路，吉凶無爽懍深淵。浮沈果報從今認，萬古同歌自在天。

南昌萬年清碩卿

噫吁嗟！來日大難，去日苦多。君子没世，如不稱何。爰采异聞，以資廣見。深燭温犀，高懸秦鑒。彼竹王兮木客，羌牛鬼而蛇神；并刀山與劍樹，及絮果夫蘭因。輯此衆説，以彙一編。俾垂久遠，以廣萬年。使聞之者知勉，而言之者無愆。噫吁嗟！先生老矣，行且休矣。即此區區，當不朽矣。

長洲秦雲膚雨

生天慧業幾生修，絮果蘭因話未休。説法須勞廣長舌，真如棒喝下當頭。
地獄泥犁暗不開，秋墳詩唱鮑家哀。一燈風雨青如豆，聞聽東坡説鬼來。
皮裏陽秋有定評，博聞廣見羨平生。結交湖海多奇士，佳傳憑君一手成。
傷心猿鶴更沙蟲，烽火金閶一炬紅。杯酒親携澆毅魄，要離冢畔哭西風。
名山足壽一編新，説部翻成事事真。潮落日斜黄歇浦，杜門遥憶著書人。

題跋

皖江張德堅石朋

三不朽之義，立言其一也，然必如是立言，斯不朽耳。先生住世七十年，交友遍海內，所見所聞，輒筆記之，正同暮鼓晨鐘，發人聾聵。在儒宗，爲有功世道人心之文，移易風俗，足以佐中興郅治，况是粲花妙舌，何异生公説法，能令巖石點頭。在大雄氏，又爲無上等咒，當與宋槧《漢書》《天竺陀羅尼經》并用檀木爲匣，什襲藏之，以備净几晴窗，焚香快讀也。

同治十一年壬申六月，鄉晚張德堅拜識

目録

卷四……六一

卷七……一二五

卷八……一四七

卷十三

卷十四……二七五

卷十五

卷十六

卷十九……三九一

卷二十三……四八一

卷二十四

卷二十五

卷一

婺源　齊學裘　子治

盧忠烈公靈顯

盧忠烈公側室某夫人墓在張渚山中，道光初年有土人欲起城隍廟於夫人墓前，向盧公裔孫某秀才買墓前餘地，秀才貪利賣之。土人大興土木，三間木料已豎起，尚未蓋瓦，一夜風雷大作，將木料一齊斬斷，留二尺柱根在地，餘皆飛去，不知所止。是年，賣墳地秀才入盧公祠祭奠跪拜之時，噴血而亡。盧公之靈顯如此。

余曾刻盧公《軍中七夕歌》墨迹於《寶褉室法帖》內，久已傳世。同治四年乙丑之夏，余在陽羨，復見盧公《軍中七夕歌》墨迹於方橋盧品珊秀才安國處。此歌本金陵蔡氏寶藏之物，兵燹後流落茶坊，品珊見之，以番銀一元購得之。余題詩曰：『方橋小泊盧君到，視我《軍中七夕歌》。報國精忠懸日月，感時吟咏重山河。昔年摹勒公同好，真迹流傳幸不磨。怪底連宵虹貫月，秘藏寶墨在巖阿。』

盧忠烈公《軍中七夕歌》

人言今夕是七夕，夏去秋來若駒隙。天孫爲織雲錦囊，待我詩章貯冰雪。我詩不作驚人語，戈挽斜暉馬上得。四山出没唯閑雲，千里徘徊有新月。明月如鈎碧空際，我心如月知何寄。烟霞冷落織女機，關河阻越牛郎意。砧杵聲聲訴别離，征人玉露又生衣。芙蓉劍氣侵牛斗，鐵馬嘶風萬木稀。帶甲貔貅皆穩睡，我獨披襟不成寐。感時搔首問青天，試看將星明與昧。天垣之將星甚明，登壇乃是讀書人。銅章晝卧知何日，玉管宵披值此晨。良晨俯仰誰與同，尚論千秋氣誼雄。倏忽浮雲變今古，穿針乞巧非所工。等閑初試薄羅裳，怡堂處室話新凉。赤日紅塵誰氏子，重鎧身披歷戰場。世態驚心愁不了，焚香夜告天知道。野鶴孤飛亦白頭，顧我何人能却老。烏沈兔起明月出，安得長繩繫白日。春去秋來若駒隙，人言今夕是七夕。

江得投牛償債

婺源江愛李精大六壬數學，能知未來休咎，江慎修先生之門下士也。有江得者生前負愛李銀十三兩四錢未還，一夜愛李夢見江得來曰：『我負君銀兩，今來償債矣。』驚寤。曉起見牛闌中産一小牛，愛李心知是江得變牛還債，异之。小牛墮地三日，不知吃乳，愛李呼之曰：『江得快吃乳，方能長大。』牛聞呼名，便起吃乳，連日吃乳不歇口。愛李曰：『江得勿專食乳，要上山去吃草。』牛聞言便上山去吃草。

一日有買小牛客來，問愛李小牛賣否。曰：『賣。』曰：『價若干。』曰：『能彀我本錢便賣。』曰：『何謂也？』曰：『汝休問，還一價，彀與否便知。』客還價銀十三兩。愛李曰：『尚不彀本。』客曰：『我祇帶銀十三兩零四錢，賣與不賣在你打算。』愛李曰：『正彀我本，賣與汝可也。』交易已畢，有人指牛曰：『江得，汝欠我草鞋錢一百文，亦可還我。』牛聞言便脱縛而奔，買牛客曰：『有能縛得牛來者，謝錢百文。』牛聞言即奔至索草鞋錢者身旁不動，索鞋錢者縛牛牽來，得錢百文。兩債俱還，客牽牛而去。

張榮春述。

董糧差聞鷄言悟道

婺源董糧差下鄉收糧，到某家坐索錢糧，晝觀蚯蚓食螻蟻，又見母鷄啄蚯蚓。夜宿堂前，聞隔壁夫婦商議：『明日無錢買菜待客，不如殺鷄食之。』糧差俄聞鷄謂雛曰：『主人要烹我食客，汝等從今以後無母覆翼，汝宜在家，勿妄外出。水邊多鷹，籬邊多犬，路邊多乞人，汝宜慎之！』糧差聞鷄言，恍然大悟，今日親見蚓食蟻，鷄啄蚓，主人又要殺鷄食我，我倘食鷄，食我者必有其人，冤冤相報，何時得了，到不如入山修行去。

天明聞捉鷄聲，糧差急止殺鷄曰：『我昨夜聞鷄言如此，我心大悟，從此入山修行矣。將汝家錢糧劃免，望將母鷄、鷄雛一籠，交我帶去放生。』言畢携鷄籠而去，直入深山尋師出家。師見鷄雛便欲食之，徒心疑修行人如何好食鷄，師笑曰：『一齊帶汝西方去，免在人間受一刀。』徒遂大悟。糧差之子八十歲，爲其父作佛事，倩僧七人誦經，或來八僧，其一則其父也。

張榮春述其事。余嘆曰：『糧差不過粗識書算之人，一聞鷄言，便能大悟入道。吾儕讀書數十年，日在鷄蟲争食之間，亂兵食人之際，仍然昏昏醉夢不知所止。蜂鑽窗紙，不知世界之甚大也。其相去何啻天淵之隔哉！愧甚愧甚！』

汪徵君做五日土地

汪紫軒徵君綸章與余述鳩江女史金冷香工詩，善畫蘭石，道光庚子流寓揚州，紫軒見而悦之，以五百金娶爲簉室，上和下睦，甚相得焉。冷香妝奩價直二千金，來時二十一歲，未有所出。妻生三子，長茂才，次縣丞，三業儒，尚幼。

冷香入門後二十年，紫軒家道中落，冷香愁之，謂主人曰：『我母無子，尚有多金存在母處，曷不送我歸寧，籌得阿堵物，亦可救家貧耳。』主人從其言，送之歸揚州，其母適病，無金可措，西寇又來犯揚。冷香脚氣不能行，因促主人出城回通州，大哭而别。後數日賊果入城，冷香與其母投井死。後紫軒作《落葉》詩，有『本欲交加拂雲表，緣何飄泊到籬根。回首栽培空着力，傷心風雨竟無情』之句，爲傷冷香而作也。旋踵長男、次男相繼而逝。

同治甲子春間，紫軒病兩月，一日氣閉，心頭尚暖，七日還陽。自言夢至閻君處，見判官手持官照執憑，龍鳳雙蟠，心焉慕之，判官曰：『與汝無分。』又持一憑，上有三紅圈者，紫軒心欲得之，判官曰：『此汝執照，好去做土地。』紫軒領照出，乘輿至一處，小屋數間，無幕賓差役，五日彈琴咏詩而已。忽見差來傳去見閻君，閻君謂之曰：『有三男子、一婦人訴寃告汝，吾已代汝排解，汝速還陽，尚有十八年衣禄，光景校前稍佳。』紫軒細視訴寃婦人，即冷香也。

异哉，冷香之罪紫軒也，豈冷香之歸寧索金，其謀出自紫軒耶？何寃之訴也？紫軒還陽，計氣閉時已七日矣。人謂紫軒二子繼殂，皆負冷香之報也，未免言之太過，更覺疑團愈不可解。噫！

湯夫人德報

南通州秦節母湯夫人好善樂施，美不勝舉。子惟一，孫長治，曾孫兆慶，玄孫保泰，來孫堃元，俱已科第世其家。

孫進士德報

南通州孫遜庵進士知某縣事，除夕内衙家宴，骨肉團圞，曰：『我等家人團聚，豈不快樂？牢獄中犯人，誰無父母，誰無妻子，獨處獄中，豈不苦惱？』遂下令放囚還家過年，約明正初三日歸獄。明正到期，衆囚歸獄，尚少五囚未到，孫因此挂誤去職。後人北鰲，郎中；廷元，知縣；銘恩，翰林侍郎安徽學政；登瀛，翰林郎中，五代進士，積善之報有如是者。

汪紫軒口述。

玉人

吾友丁月湖理問澐説通州汪芷塍茂才夢一玉人并行，醒後從骨董家見一玉人，以重價購得之，愛而佩之，玉人不去身。甲子十一月金陵鄉試，芷塍在闈病作，遇吴生代調湯藥得不死。問生名，則人玉也。芷塍感人玉之德，即以玉人贈之。芷塍歸家，玉人又在家中，心异之。乙丑三月初六日，芷塍歸道山，玉人遂失所在。芷塍名繩章，甲子科薦卷，士林惜之。

余曰：『夢中之玉人，即闈中之人玉也；調藥之人玉，即在家之玉人也。玉人報德，宛轉换形，人亡玉去，其故何哉？仙耶鬼耶，則吾不得而知矣。』今年余游尤園看花，題壁有『子規杜宇形聲幻，蝴蝶莊周物我忘』之句，用以持贈玉人，不知玉人以爲然否。呵呵。

于明經德報

文登大水泊于卧南業明經，吾婿漢卿之祖也。家小康，借本千金到江南販麥，返至山東，遇大旱，飢民無算，遂以千金麥賑濟飢民。空手無顔回家，怕見親友，無銀還債，復來江南，到清江寓蔣家六陳行。于告之故，蔣老大敬重于公之盛德，遂借于公千金之麥，復販山東。于公得麥言歸，得利三倍。除還蔣本尚彀還債，從此不復販麥矣。

子頤發，字芝崖，官至淮揚兵備道。孫昌進，字湘山，茂才，官至南河觀察；昌遂，字漢卿，廪膳生，直刺軍功保舉知府。昌運，字菊農，孝廉，博學著書。曾孫實之，字竹虚，茂才，官大令；賚之，字書雲，茂才；賫之，茂才，鹺尹；贊之，字閑庭，軍功保舉知府；賨之，字少湘，茂才，鹺守；資之，字希瑶，司馬；贄之，字六甌，鹺使；賀之，字吉雲，茂才，縣丞；貴之，字和伯，理問；員之，字次鶴，通判。科名仕宦，代不乏人。

《易》曰：『積善之家，必有餘慶。』吾願世之爲民父母者，大發慈悲救苦救難之心，拯民水火之中，加之衽席之上，將見盜賊不討而自平，海内乂安，豈止一家之慶也哉？

衣鬼現行

江都李承白宣樹茂才工詩，偶寓石港大慈閣，余適遇見，遂訂忘年之交。談及某村某士人家小康，以十三千錢買月白縐紗大羔皮袍一件，裏裾微有血痕，置之榻上，無風自動，穿到身上[一]，背後如有人曳裾，行亦曳，立亦曳，心异之，遂脱衣不着，作疏焚衣以還衣主。

越一日，侵晨有客求見，坐談片刻，告辭而去。某使人迹之，知其寓處，以便回拜。家丁隨後，客纔轉灣，追之遂不見矣。回報主人，主人大悟，此必衣主之魂，來謝還衣也。年近三十，衣月白縐紗羔皮袍，即與焚衣無二。

噫！一衣之愛，鬼尚難割，何况良田廣宅、百萬家財，一旦化爲烽烟，其恨爲何如哉！

蚌精

山東某處有野塘，月色皎潔時，見一小童騎白馬循塘而走，人逐之，便入水遁去。見之者多，遂車乾塘水，見一大蚌如團筐大。數十人起蚌上岸，用盡氣力剥之不開，因

[一] 上，原誤作『土』。

燒水煮之。蚌開，珠數斗，盡煮爛無光。土人以三十金買得蚌殼兩片，裝作屏風，安置中堂左右，夜間放大光明，如同白晝。後遇識寶人以數百金購去，不知所在。

吾婿于漢卿親見此蚌，口述如此。

夜光觀世音 附軟玉

無錫侯宦家有枯木一段，安插瓶中，供養净室，焚香虔禱，門窗緊閉。夜分時向窗隙窺之，枯木上現出蓮花寶座，立着觀音大士，放大光明，如同白日，逾時乃滅，名曰夜光觀世音。

又有璞玉一大塊如饅頭，兩手捏之，玉流指縫，拿長便長，按扁便扁，放手徐徐復圓，名曰軟玉。

余亡室張孺人言其外祖家有此二寶，後被火神收去云。

余晦齋雜論

無錫余晦齋，予老友也。自幼力田，中年始知向學，以訓蒙爲活。游庠後，尊甫弃養，即清齋刻苦，淡於進取。謂生前未盡菽水之歡，天地間一罪人耳，何營營名利爲？且古人言學必曰存理遏欲，飲食爲人生大欲，即以此爲遏欲之一端，何不可者。嘗有詩云：『各行志願各修持，於世多違我自知。一樣春花與秋月，持齋何碍太平時。』其命意概可想見。

又嘗謂近日訓蒙者皆墨守成例，不以講解爲事，讀書二三年，全不與講一點做人道理，致子弟終身夢夢，習於下流，此直可謂之教書匠耳。按律定罪，當墮暗啞地獄。故其爲教，雖初學童蒙，必日與講孝子悌弟及善惡果報故事一二條，謂師道立則善人多，今師道不立，宜乎惡人接迹也。

家無儋石，喜集刻善書，所刻皆俚俗常言，謂我鄉里人，衹會説家常話，高文典册、性理經義，自有當代名儒主張大局，我何敢再贅一詞。故其書雖爲世俗所傳布，而自顧歉然，嘗以能説不能行，虚名失實適滋内疚爲歉。

又嘗謂《詩》亡然後《春秋》作，《春秋》衰然後閻王作。《詩》未嘗亡，《詩》而無當於勸懲，則不亡而亡矣。如此論『《詩》亡』二字，似較直捷。《春秋》褒貶尚爲中等人説法，若下等人不顧流芳百世，不怕遺臭萬年，雖《春秋》亦無如之何也。曾口占四句云：『《春秋》作本爲《詩》亡，今日《春秋》道又荒。賴有輪迴參筆削，那堪更説没閻王。』

又嘗以江蘇多溺女之俗，即於所居鄉仿蘇文忠公黄、鄂救嬰之法，量爲變通，倡行保嬰善會，始以三百六十文爲一會，一時樂從者衆，先後集捐田二百餘畝。凡鄉里之貧户生女力不能留養者，准每月給米一斗、錢二百文，以五月爲止；五月後，如萬不能養，方爲代送嬰堂，全其性命，實則五月後，小兒已能嬉笑，非特不忍再溺，亦必不願送堂矣。其所定保嬰會規條，刻有成書，曾爲前大府檄取數百本，通飭各屬一體照辦，一時遵行者甚衆。

又嘗以鄉約勸善，人多厭聽，因勢利導，莫如演戲，而近日梨園每習爲誨淫誨盜，傷風敗俗，不忍名言。即有忠孝節義等劇，又大都帝王將相、名門大族，比擬太高，以之化導鄉愚，藥不對症，奚啻隔靴搔癢。遂作勸善新戲數十回，詞白淺近，一以王法天理爲主。集成一班，教諸梨園子弟學習試演，一洗誨淫誨盜諸習。雖非陽春白雪，頗爲鄉里人所樂觀。費及數千金，一肩重累，幾致不能顧其家，以致室人交謫，良友盡歡，人皆笑之，而君晏如也。

又嘗因保嬰局勸禁溺女演戲，自題戲檯楹聯有云：『演幾回舊舞新歌，試看善勸惡懲，現世洵多真果報；害一命驚天動地，若使有男無女，收場那得好團圓。』又有一聯云：『你娘亦是女，你妻亦屬女，胡獨你不肯養女；他生也何冤，他死也極冤，祇怕他總要伸冤。』嘗於演戲時衣冠登檯，講説溺女果報，大聲疾呼，以期感動。有句云：『一日弦歌同振鐸，百年風氣此迴瀾。』又云：『老我面皮三寸厚，願他聾聵一齊開。』又云：『休嫌海内知音少，從此天涯話柄多。』皆不事雕琢，直寫胸臆者。

每與予言：『予生平有四大願，一復小學，一行鄉約，一毁淫書，一演新戲。因作自贈聯語有云：「自晋舊頭銜，木鐸老人村學究；群誇新手段，淫書劈板戲翻腔。」若得四願圓成，萬户侯不願封也。因計所刻訓蒙各種，竊自附於小學之支流。講約頻年，舌敝唇焦，人皆有木鐸老人之誚。淫書則已奉大憲奏准通頒禁毁，亦已躬逢其盛，樂觀厥成。新戲一事，實係世道人心大局，擔子太重，非區區寒賤窮儒所能獨任，宜其一試即退，不敢再請，祇好仍俟仔肩世道大君子一肩挑去，永定章程，垂爲後世法。雖爲執鞭，所欣慕焉。』其議論往往如此，語雖近諧，而其心則良苦矣。

疾篤過堂

道光丁未，余年四十有五，六月患傷寒熱症，七日水漿不入於口，身如火煅，神魂與女鬼相鬥。一夜心中自幼至壯，大小事一一過心堂，善事過心便樂，不善事過心便苦。記得先母病時，囑喚舊用婆子來服事，婆子無錫人，因好竊物，故此不用，開發回去者。衮一時昏昧，誤聽此言，竟未去喚。月餘先母見背，方命之愆，終天抱恨。此事過堂，心如油煎，半時乃解。

夜分時忽能自坐空榻，口稱：『有仙湯飲矣，病魔其奈我何！』俄而陳姬以湯進，飲盡心中甚快。睡二更發一身大汗，起坐捶壁曰：『願汝多福多壽，肯將仙湯愈我病也！』言罷復睡，達旦遺矢，病遂大愈，能食粥，越一日起行如常，吟咏如故。越二年夏月，陳姬更衣，見左臂大瘡痂一塊，駭問始知病中自稱仙湯者，則陳姬刲臂肉湯也。

口稱『願汝多福多壽』之言，或者先人感姬之德，而祝禱之耳。

是年成兒方二歲，陳姬日夜服事湯藥，忘却乳兒，兒啼不住聲，余聞而厭之，婢便抱去。余今年已六十有四，成兒年二十有一，其母年已四十有五，同遭兵亂，多病多憂，談及病險過堂之事，故縷述之，以證過堂之言不我誣也。

張茂才惑狐女

清河縣張賓笙（恩蔚）茂才館都中，惑於狐女。乃兄佩紳（恩封）孝廉亦館都中，見阿弟消瘦，心怒，遂駡狐媚惑弟，呶呶不休。不見狐形，但聞狐語曰：『大老爺勿駡，狐亦猶人耳，得事仲氏，殆是前緣。』乃兄曰：『狐非人類，何苦纏人。』狐曰：『大老爺，今之人居心行事不如狐者多矣。』乃兄無言可對，負慚而去。

此事聞揚州高蕓生（棨）畫史所述，即丙寅三月間事也。

雷公顯靈

同治四年冬十二月二十八日，如皋東鄉雷擊死一男一女，震活一嬰兒。初聞其事，不知其故。今年六月五日，聞高芸生述趙芝林定邦太守從如皋來，見一奇事云：『如皋東鄉某家有田百畝，有錢千貫，夫婦二人一生行善，膝下無兒，過繼猶子爲嗣。嗣子成室，嗣父年五十餘，嗣母年四十餘，忽然有娠，將要分娩，嗣子到百里外，賄銀五十兩囑穩婆害殺嗣母生子。歸告嗣母曰某處穩婆最穩當，兒已倩之。嗣母不疑嗣子有惡心，曰好。後數日嗣母分娩，穩婆受生，墮地無聲，男孩氣閉，埋之田塍。嗣父憤極，走到城隍廟，敲鐘擊鼓，哭訴城隍。說一生行善，五十餘歲纔得一子，還是死者。天道無知，神心何忍，還我靈應，心始甘休。日夜哭訴不休。第三日片雲纔起，雷聲大震，穩婆手捧寶銀一錠，與嗣子并跪田塍，一同擊死，震活嬰兒，呱呱而泣。觀者如堵墻。』即乙丑十二月二十八日事也。

余曰：『貪財害命，雷則殺之，行善得子，雷則活之。善惡之報，如此昭彰，特爲書之，爲世之行善者勸，行惡者戒。』

王少枚遇害

宜興王少枚明經善古文，宗姚惜抱。年二十餘，好爲訟師。年近四十，始懺悔前愆，勉爲正士。生二子，皆能讀書作文；有二女。著有文集百餘篇行世。世居鍾溪橋。余於咸豐三年避地宜興和豐橋芙蓉園，因馬小梧孝廉始識少枚。少枚曾爲先大夫作《墓表》，刊在先大夫詩文全集中；又曾爲余作詩序。

庚申之變，宜興失守，賊擄少枚，命爲鄉官，令斂錢收稅。鄉人恨之，俟賊目歸城，便聚衆黑夜到少枚家，先殺其妻與二子，繼殺少枚，獨留二女不殺。

辛酉人日，余從陽湖東洲村買小舟回宜興，探弟妹消息，舟過鍾溪，泊岸訪問少枚踪迹，土人言其遇害如此。人言其好爲訟師之報云。

李野渡善報

李野渡，荆溪縣善人，以仁存心，力行善事，如賑飢救困、育嬰義學諸善舉，無不竭力盡心。紳董敬之重之，有司聞於朝，得恩賜七品，以榮其身。

子友琴，名璜，少時與余爲總角交，善鼓琴，師韓古香先生，余學琴於戴佩蘭師。友琴弱冠後遂決意離鄉，到吴門從師習錢穀，逾年學成，遂爲諸侯賓，得大名至老不衰。

余寓吴門刻書刻帖二十餘年，與友琴交最久，數十年如同一日。庚申之變，友琴得先出城，旋到上洋就吴曉帆觀察館，居然無恙，視余失計，陷處危城七閱月，其苦樂爲何如哉！

友琴爲人好善樂施，大有父風，年長余一歲，援例捐納授知府，爲乃祖乃父請封二代。子二，長捐知縣，次捐同知，各爲其生母請封。人稱其尊人好善之報，良然。

卷二

婺源　齊學裘　子治

族祖夫舟公德報

族祖夫舟公積數年之穀，賑饑不足，又賣田買米賑濟，而家遂貧。此乾隆甲子年事。其曾孫康以嘉慶甲子登賢書，旋成進士，子孫繁盛。天之報施善人固不爽也。

曾祖存齋公行略　太祖母曹太恭人附

先曾祖存齋公博學好善，治家嚴肅，村中少婦有倚門觀望者，必叱之曰：『無規矩，還不進去！』人咸畏之。大祠修譜，凡有螟蛉子、血抱他人子爲己子，俗名爲夜來子。夜來子、奸生子，男女野合所生爲奸生子。群起争論，不許上譜，口稱异姓亂宗，紛紛聚訟。告知存齋公，如何判斷，免其凶終，公笑曰：『但願天下人皆肯姓齊，豈不甚妙！毋多争，准其一概登譜。』一言排解，通族感德不盡。公壽至九十四歲，無病而終。

先太祖母曹老太恭人，蘇州人，年十九歸曾祖存齋公爲繼室，公年五十九歲。大凡村中有急難事，如鬻子婦、賣生妻、溺女繿男、生不能養、死不能殮者，曹太恭人知之，必曲爲轉回，設法周濟。如此善舉，不一而足。

先大夫宰梁溪，時爲曹太恭人慶八十壽，鄒相國炳泰祝壽聯云：『有子有孫，皆成名進士；多福多壽，是爲太夫人。』及至九十，先大夫需次蘇省，告假返宜興東撒珠巷春暉堂，爲曹太恭人慶九十壽，唱戲稱觴，賓客極盛。潘三松封翁奕雋親書壽匾曰『六代同堂』，壽聯云：『無所不順之謂備，後得主利而有常。』大福大壽，人人羨慕不置。是年戊子十二月十七日考終之時，謂先大夫曰：『汝母迎我來。』一笑而逝，三日入殮，面如生。

祖母俞太恭人行略

先祖母俞太恭人，婺源西園人，年二十一歸先祖雨峰公爲繼室，事舅姑惟謹，撫前祖母子如己出。乾隆壬辰，先祖選授廣東始興令，迎曾祖父母於官。太恭人爲官厨飲饌不潔，自治中饋，爲羹湯以進。癸巳，生方氏姑。甲午，先大夫生。待兩庶祖母如妹，愛其子女逾於所生。

甲辰，遭先祖大故，太恭人號泣絶粒，念舅老孤幼，强起飲食，孤苦伶仃，扶櫬歸里。爲先大夫延師授經，夜歸，祖母篤課，倦輒撻之。先大夫十四入泮，迎學之日，登堂拜祖母，祖母不悦，少頃，先大夫與方氏姑争一器物，祖母怒褫其藍衫，撻之數十。或曰：『兒秀才矣，何撻爲？』祖母曰：『吾所以教兒者，望其繼父志，承先業也。今幸獲一衿，便揚揚得意，吾無望矣。』自是督教益嚴。

迨至先大夫入詞林，散館，出宰金匱縣，迎養任所，依舊自治中饋，作羹湯以進太祖母如初。暇則爲孫女輩製履縫裳，寒暑不輟。聞有民家婦入署，求太夫人不得，指示之亦不信也。

戊子八月，先大夫需次蘇臺，忽接太恭人書言病劇，乞假星夜馳歸。太恭人暮年與太祖母相依爲命，坐卧不離。考終之夕，謂太祖母曰：『婦事姑未終，不孝也，然當與姑同生極樂世界，請先往俟姑。』顧謂先大夫曰：『官不易爲，兒可不出矣。』言訖而逝，异香滿室，三日不散，戊子十一月三日也，年七十有九。歿後四十五日，太祖母謂先大夫曰：『汝母迎我來矣。』遂無疾而終。

祖母秉性仁慈，胸次浩落，貴賤貧富作平等觀，内外親疏視同一體。實心直腸，不知世有欺詐事，横逆之來，毫無介意。兩世仕宦，惡衣粗食，或人所不堪，而樂善好施，千百不吝。族有孝婦，藉刺綉養其舅，呼與同處，助之衣食者十餘年。常稱婦賢，而未嘗自以爲德也。故祖母殁，族黨親戚無不欷歔涕泣云。

先大夫梅麓公行略

先大夫梅麓府君宰金匱時，嘉慶十七年大旱，捐廉勸賑，得十四萬緡，活民命無算。以賑餘錢修泰伯墓，造南望亭、豐樂橋。爲令八載，引疾去官，寄居宜興城中，東撒珠巷購得吴石亭故宅，奉養重慈，顔其堂曰『春暉堂』。

道光初年，宦囊羞澀，賣畫吴門。陶文毅公憐之，代報病痊，送部入覲。因先大夫創議海運南漕，故有此舉。陶公命擬海運章程，爲未謁奇制軍請示一切，故犯制軍忌，不終事而退。尋丁祖母憂，遂杜門不出，日以授經爲業，吟詩寫字，賞鑒書畫爲樂。忽聞廣東林少穆制軍燒烟土、逐夷人諸案，嘆曰：『天下從此多事矣！求治太急，中外不寧，奈何奈何！能速辭世，不見兵亂，即大幸事。』

辛丑夏六月二十五日，無疾而終。考終前一日，猶能書藏書目録，校對雙鈎墨迹。半月前夢見陳芝楣先生遣使持書來，請辦陰間大事。是年四月間，先大夫獨在湖山書畫樓中檢點書畫，偶見一物惡狀難看，驚走下樓，心駭色變。家人問之不答，至今不知所見何物。

聞此宅多狐，吾鄉俞濤官年八十餘，居溧陽戴埠爲史氏掌木業，曾與余言：『此宅幼見潘氏進屋住二十年，賣與吴氏住二十年，又賣與先尊。四十年間，三易其主矣。』因計先大夫去世，裘移居吴門以便刻書鎸帖，剛二十年。宅有吉凶，信然。

先大夫歿後一年，夷人作亂，上海、鎮江皆被侵害，繼以西寇猖獗，天下蹂躪者六百縣。兵戈擾攘，殆無寧日。裘遭兵難，南北奔逃，而先大夫在天之靈安然無恙，非福德雙修，何以臻此！書罷慨然。

紀夢前世父兄

余年二十三歲，三月間病劇，宿宜興老宅緑天小構書屋，夢見身居巨室，着古衣冠，書房觀書，見一青衣僕來報，外有少年要會面，有話談，問其姓名，不答，曰：『爾主人當自識之。』余曰：『請。』俄而客至，方面高鼻，濃眉大眼，高冠長佩，一揖而坐。詢其姓名，拂衣而起，曰：『我爲爾兄，何以忘之！』遂説前生爲某事自經：『爾知之，坐視不救，今索爾同至陰曹質訊，無多言，去去！』余因知前世事，謂言此事是兄失志，弟本不知情。

正議論紛紛，忽聞門前呵殿聲、馬啼聲，青衣趨報老爺回來。於是弟兄趨出東西侍立，見儀仗甚盛，護從百餘人，八人轎，扶着玉帶紅袍宰相冠一位老爺下轎，呵殿歷階而陞中堂，面南而坐。指兄曰：『不肖如汝極矣！汝自無行，死於非命，反來誣汝弟，何耶？速去，毋暫留。如違，不汝赦。』兄於案上提朱筆書曰：『饒爾廿年。』余奪其筆曰：『爾我兄弟也。兄弟雍雍如，怡怡如，欲我偕往，我即往矣，何待廿年！』兄曰：『三月。』兩人無言。兄告辭，乘輿而去。余送之，連聲漫請而寤。一身大汗，起覺體輕，疾從此愈。

紀夢人壽可延

余三十五歲時住釣橋陳氏廣宅，夜夢身坐大廳，見五人席地坐階前食飯，有一高脚牌靠在中門墻上，心知其陰差，下堂看牌上名，正面無我名，翻轉見頭名署『齊子冶』三字，上有朱筆一點。退立堂中，五人食竟，頭差來前。余謂之曰：『汝五人來唤余去者耶？』曰：『然。』余嘆曰：『世味都已嘗遍，去世也罷，但上有老父未送終，下無一子以接代，二事未了，難爲情耳。』差曰：『然，如之奈何？』既而曰：『罷罷罷，我爲汝去回一牌，説汝安徽籍，人已歸，無唤處，便可了案。』余曰：『設移文到徽，查出實情，再唤奈何？』差曰：『無多言，獨不知人有可延之壽乎？去去！』差頭負牌而出。余目送之乃寤，鷄已鳴矣。

一善念起，冥感鬼神，爲人子者可不慎歟！自今思之，倏忽已隔三十年矣。人壽可延，其言不妄。

夢爲僧

道光辛丑十月，裘丁父憂，來蘇謝孝，左腿患疽，誤食猪肚，氣閉卧床。夢見山水深幽處，現一小庵，顔曰『寂照禪院』。步入中堂，見二三十僧合十團繞佛座，朗念阿彌陀佛，旁有老僧見我來，喜謂我曰：『汝亦來矣，汝衣尚挂東壁。』取衣衣我。我自顧儼然僧也，解衣摺好，搭於左臂，對長老曰：『我願未了，書帖未完工，未便還山，他日再會去。』驚寤發汗，汗止，坐起食粥，明日疽自消，一瀉而愈。

夢見狐仙

道光二十三年，余居吴門西麒麟巷雲起樓，樓與藩庫廳狐仙樓間壁。夜夢自持短檠步至仙樓東厢下，將短檠置門角避風處，獨立檐前，見美女一雙雙携手而出，五色錦綉衣裳，衣香花氣襲人，環珮之聲盈耳。瓊樓玉宇，圖書鼎彝，極其精雅。彈琴敲棋，吟詩繪畫。諸女伴笑語喧嘩，令人魂銷心醉。料得阿麼迷樓中，花團錦簇，約略似之。凉風凜烈，持檠轉來，掩門而睡，不覺晨鐘已動，旭日初昇矣。

同夢陳忠愍公約會

道光壬寅，英夷犯上洋，陳忠愍公化成死之。練廷璜刺史殮之嘉定城中，繪圖徵詩，余題詩曰：『流毒中國阿芙蓉，保障江南忠愍公。如公其人倘有兩，逆夷安敢窺吴淞。東西炮臺起得勢，計出萬全時不利。手壞夷船挫敵鋒，功敗垂成豈天意。不足與謀彼豎子，賊至身先作竄鼠。獨力難支死炮臺，嗚呼忠愍真可哀。負尸者劉殮者練，武進士劉君國標負公尸，藏諸蘆葦中，越十二日，國標乃至蘆葦中負出，膚體不敗，面如生。嘉定令練君廷璜殮公於嘉定城中，得繪公像。炎天十日色不變。建祠兩地荷天恩，繪像一幀傳真面。聞公死事心痛傷，瞻公遺像泪成行。求之今人不可得，古人誰可相頡頏。督軍恩同岳少保，殉難慘比張睢陽。安得圖像百千幅，遍示逃亡食君禄。』

此卷藏在立人刺史處，吴縣小市橋倪氏刻字店中，摹刻公像，刻余詩於像頂，印刷數十萬幅，遍售天下士民商賈，獲利數百千緡。余作詩四十餘年，積成四十餘卷，眼見此篇廣傳海内，附驥尾而名益彰，何其幸也！

越一年癸卯六月，余居西麒麟巷雲起樓，夜夢有人從陳忠愍公處來云：『公現爲蘇州府城隍，慕君名，特來奉請過談爲快。』邀余去。余遂從之到一園中，見公衣冠出迎，喜動顏色，身長骨瘦，紅頂花翎，延我并坐，啜茗清談，引游亭榭，指示書畫。俄報客至轅門請謁，公曰：『請坐，我去即來。』良久，視天欲雨，頗有歸思，公回謂余曰：『天有雨意。』余遂告退，與客同出園門。公送之，途遇雨，憩小亭内，驚寤。

是夜，陳姬夢見四童子，持大燈籠兩個，來説新城隍陳化成要請老爺過去談天，姬不許入内堂，以有事不暇來回之去。四童去，少頃又遣四大家人持燈來迓，謂陳姬曰：『是我家老爺慕名相請過談，即時送回，并無别故，勿慮也。』姬見説，遂將長衫衣我身，遂大步出外。姬久待不回，天欲曙，正念切間，見我入室，汗流如雨。四人在後手持洋燈，出片紙呈陳姬，上有『六十七十再會』六個字。四人辭去，夢覺與余説夢，余剛夢謁公歸途遇雨憩亭時也。

兩人同夢，兩夢同時，大奇大奇！豈真詩歌足以感神耶？何見愛之若此也。所云『六十七十再會』者，即吾不得而知矣。

斗姥送保命燈

咸豐紀元中秋前一日，大雨如注，天井成池。余病頭風將及兩月，夜間趺坐雲起樓榻上〔一〕，童子壽康赤脚踆在榻旁垂頭而睡。余閉目宴息，聞門簾有聲，見一丫鬟持燭臺進房置方桌上，又聞門簾聲，見一老嫗珠翠滿頭，盛裝盛服，抱一斗燈，上籠碧紗，上踏步床，置斗燈於床頭，復以百齡襖挂在帳鈎上，退出房門，簾復有聲。余張目四顧，一燈如豆，半明半滅，窗外雨聲如瀑，童睡方酣。尋病愈。

夢飲瓊漿

咸豐六年，余居吴門友來巷，偶病渴，經月不止。夜夢隱几而卧，覺視坐處，迴异尋常。室無燈燭，放大光明，精舍三間，裝飾華麗，仰觀無梁，琉璃結頂，中堂高座，

〔一〕 趺，原誤作『跌』。

四面皆空。座後長几一張，鼎彝斑斕，壺觴精潔。右間方几靠中間花窗。余坐上座，見一道姑容光四射，姍姍其來，雲髻高搖，金鈎覆額，風裳水珮，飄飄欲仙。余曰：『此間是汝打坐處耶，何寂寂也？』曰：『然。夜半無儕，日間道友不少。』余曰：『病渴日久，可有水漿飲我乎？』曰：『有。』飲我壺漿，香透丹田，胸臆大暢。余曰：『此真玉露瓊漿也。內視調息之法，可得聞乎？』曰：『是不難。』趺坐調息。余以指探其鼻孔，呼吸果絶，逾時乃罷。謂余曰：『世實空花，無足戀者，君好認識自己本來面目。』余曰：『誠哉是言，而今而後，吾知返矣。』覺來天曉，渴疾頓消，細味名言，發人深省。

昔年張船山先生贈先君詩云：『待到紅塵功行滿，仙山携手未應遲。』今記仙夢，因有感於斯言。

沈捕魚

無錫縣張村沈姓捕魚爲業，一生端釣鯽魚，蘆窠中鑿小池，餌沈池底，鯽魚聚唼，隨釣隨得，樂莫大焉。一日見一鯽魚浮於水面，沈以魚叉擲之，魚去而沈頭落矣。此何以故？魚叉竿頭張一鐮刀，以便樵蘆築池用者，沈祇管用力叉魚，忘却鐮刀之自樵其項矣。

噫！以術釣魚尚遭天譴，視世之以術釣人者，禍不旋踵，更可知矣。

假吃三官素

梁溪鄉人，忘其姓氏，遠道訪親戚，戚家議殺鷄以待，某知之，急謂主人曰：『我食三官素，無須殺生。』主人待以素餐而返。河干過渡，已在渡船，岸上有白髮老翁呼曰：『船上有假吃三官素者，勿渡！』群嘩。某自言：『我不吃三官素，爲親家要殺鷄待我，故托言吃三官素耳。』衆推之上岸，毋許同舟。某上岸覓白髮翁不見，回視渡船，中流遇風覆矣。

救一鷄命，得脱水死，乃知放生一節真善舉也，其可忽諸。

火神顯靈

庚申之變，宜興兵亂，居民避寇周鐵橋，有小童在竹園中拔笋，園主見而撻之，撻之不足，又從而縶石沉之塘。童哀求不許，大呼曰：『拔數根笋，便置我死，我訴火神燒爾全家，方雪我恨！』越日，園主室中火起，一家眷屬盡成焦土，四鄰無恙。人稱速報無如此者。

吾侄功炎隨母避難，眼見情事，據實述之如此。

食鴿顯報

有嗜食鴿者，烹法與衆殊，鍋蓋鑿空數洞，置活鴿數頭於釜中。湯温，鴿頭申出鍋蓋外，以醬油、酒灌之。鴿渴，貪飲酒、醬而死。剖食味甘，食單創法，口福自誇。無何火焚其家，嗜食鴿者樓居，頭申出墻洞外，身焚口渴，貪飲水龍噴水，宛如鴿頭申出鍋蓋模樣。爲貪口腹而遭顯報，宜哉！

殺蛇顯報

婺源北鄉某樵於山岡上聞木魚聲，下視之，見一巨蛇蟠在山脚，昂頭叩齒。樵者削水竹數百竿，以藤縛竹，向蛇頭一擲，蛇斃。樵歸半年不敢過此山下，日久忘却，偶過蛇處，見竹一綑猶中蛇身，以柴擔撥竹，蛇毒中身立斃。

養猫致富

蘇城有老嫗某氏來友來巷余寓中，説其主母少年貧苦，養一猫甚愛憐之。一日猫啣珠領巾一條來家，主母得珠，家漸豐裕。買舊宅移居，猫至空房，跧地板不去，呼之不來，向人頻叫。主母知有異，起地板搜之，得金條一銅爐，家益富。遂雇老嫗專服事猫，猫子猫孫不下百頭，食以魚餐，夏帳冬被，如養嬰孩。三十年後主母歿，猫亦漸散，主母無子，祗生二女，家財二女分得之。

鬼書示警

婺源沱川余某生二子數孫，頗有田園。某死妻存，長子弃妻子，不事寡母，而外交匪人。一夜亡父回家，獨坐中堂，聲言長男不肖，家道中落，嘆息而去。家人驚懼屏息。明早視中堂地上大書八字云：『爾爲匡章，我爲瞽瞍。』餘無他异。

余旭庭堂舅親述其事。

地滅

沈旭庭與余言，昔年江陰鄉人某男子，平日無惡不作，一日提籃買菜回家，行至家門空場上，脚如縛不能行，旋陷土中數寸，一時間陷没至臍。人拔之，痛欲絶，鋤地更痛，口不能言。三日滅頂而地無痕迹可尋，亦地滅之一證也。

石港米市橋雷异

咸豐十一年正月，余從常郡陽湖東洲村渡江，寄住通州石港場，與我婺源施魯堂朝夕往來，頗不寂寞。曾與余言，石港近年有某氏守節多年，一子極其不孝。一日雷提逆子跪在米市橋上，人推不動，如鐵鑄成，口述待母惡處，今遭雷擊。其母知之，哭奔前來，跪求雷宥，留子以養餘生。子自懺悔，不敢逆母，求雷赫罪。雷乃收聲。母携子歸家，從此事母極孝，至今母子俱存。

義犬

道光間，奉天寧遠州西鄉有陳姓者，兄弟二人同居，弟娶未久死，其妻有孕，招鄰婦爲伴，姒婦利其資，陰結鄰婦，如生男絶其命，當酬錢五十緡，始難之而終許之。及産果男，鄰婦以大針刺兒腹氣閉，産婦不知，直謂其兒死耳，當以緑帶縞巾包裹埋之山坎。

未幾母家憐其女遭夫喪，復失遺腹子，命其子以車迎婦，道過埋兒處，尚隔數十步，忽有一犬奔躍前來，繞其車。婦驚曰：『此吾夫家司户犬也，月前曾産數犬，一日不見，小犬失乳俱斃，今何爲在此？』叱之不去，鞭之，急投轅中咬婦衣作欲令下之狀。婦兄駭甚，曰：『汝有冤可前行，吾從汝。』犬俯首去，婦兄尾之至一所，菽葉圍繞成堆，犬發其覆，兒啼，婦兄抱至車前，婦熟視包裹巾帶，不覺失聲哭曰：『此吾兒也，何死而復生耶！』即邀其兄回夫家，姒婦見之曰〔二〕：『何處抱兒來也？』遂告之故。姒婦訝甚，陽若有喜色。

及易巾帶〔三〕，見腹間皮裏膜外，横插一大針，始知姒婦之肆其毒也。婦兄鳴之官，官鞫得其實，置姒婦及鄰婦以法，而責其夫兄以不能正家之罪。是兒埋時至回家中隔十數日，所以不死者，賴其犬以乳乳之也。

徐旋卿曰：『聞之友人，陳氏非富家，而妯娌相殘，圖絶其後，犬之不若，何哉！兒之不死天也，不然大針刺腹，壯夫亦危，况嬰兒哉？』

〔二〕姒，原誤作『似』，據上文改。下兩處『姒婦』同。
〔三〕巾，原誤作『中』。

此吾友徐旋卿所説義犬事顛末如此，因作此詩以警斯世，時丁未臘八日。詩曰：『奻婦之心惡獸惡，鄰嫗之手毒蛇毒。兒亦何辜罹其毒，墮地便遭針刺腹。針刺腹，兒不生，縞巾緑帶埋田塍。斷送一命五十緡，圖産陰謀人不聞。人不聞，犬獨知，奻婦殺兒犬活之。子文虎乳兒犬乳，一虎一犬皆千古。人言横江惡，奻婦風波更難度。人言饕餮貪，鄰嫗狼心更不堪。婦雖有肉犬不食，義犬之名奸婦出。碎身粉骨有餘辜，人心之險有是夫。嗚呼！人心之險有是夫，義犬義犬古且無。』

卷　三

《翠釧曲》憫周全福

婺源　齊學裘　子治

武林吴我鷗觀察官蜀，買一女奴周全福者，年纔十四，而氣體温和，資質穠艷，閨秀中絶代姝也。愛憐之，欲納爲妾。先是，觀察婦悼亡，以侍妾某爲夫人。及罷官歸，與夫人謀。夫人蓋妒而狡者也，詭云：『若得全色翡翠釧爲質，當使侍寢。』於是罄其宦槖，約費三千餘金購歸奉之，以爲朝雲得伴東坡矣。詎受釧後，頓食前言，閉全福高閣中，逾月不獲一面。觀察始知受誑，然亦無如之何，賦詩傷懷，鬱鬱成疾，泫然走告戚友曰：『不圖某暮年猶爲情死。』群以爲顛。未數月而訃音果來。嗚呼，奇矣！

觀察既殁，全福知其爲己也，泣血痛心，誓與俱死，復念徒死未足塞責，俟守貞三載乃以身殉，而某氏酷虐百端，必致之死而後快。全福曰：『嗟乎！儂之所以隱忍苟活者，將以成吾志也。今休矣！』遂於觀察小祥之期，雉經而亡，計其年僅十有五耳。嗚呼，又奇矣！

咸豐辛亥冬，買棹至杭，友人高小垞爲余述之。予謂此固古今所希聞，實有關名教匪淺也。爰次其顛末作《翠釧曲》，以俟後之采風者。詩曰：『扁舟夜泊吴山隴，金石圖書壓裝重。忽遇詩人高達夫，酒闌燈炧談情種。情種流傳自浙西，儂家生長浣花溪。枇杷樹底嬌鶯住，豆蔻梢頭乳燕啼。嬌鶯乳燕真無價，碧玉待年還未嫁。可惜傾城絶世姿，迍邅辱在泥塗下。泥塗一擲逐青衣，嘆息芳容識者稀。青銅鏡子晨空照，紫玉釵梁雪不飛。風流觀察來巴蜀，好色胸襟儕宋玉。夜燒銀燭治官書，肥婢成圍如立鵠。鵠立班中見璧人，雪膚花貌玉精神。頓教鶴髮頽唐叟，一顧驚爲掌上身。身世雖微材邁衆，因緣冀續高唐夢。此際心通一點犀，何時翼接雙飛鳳。雛鳳翩翻玳瑁筵，張衡從此賦歸田。仙舟琴鶴追隨外，載得西施返浙川。返時却趁江潮長，葛嶺從容停畫槳。聞説巴潼獲寶歸，紛紛擁看誇無兩。兩處情絲繫絳襦，謀將金屋貯羅敷。虔婆心妒言奸詐，我見猶憐況老奴。老奴朝夕長留戀，思與妖姬結姻眷。索聘偏輕緑玉簪，定盟不重黄金釧。金釧無如翠釧精，陡然娘子出奇兵。請將紺色雙條脱，來易秦關十五城。欲换秦城需趙璧，宦囊傾盡都無惜。搜遍西泠傭販家，釧光圓映秋岑碧。碧花巧制奪天工，什襲懷歸納袖中。誰料蚌胎投海北，忽聞獅子吼河東。狂吼無端逢彼怒，紅樓驟把佳人錮。隔斷巫山十二峰，思量弱水三千渡。弱水巫山覿面難，游仙好夢付邯鄲。玉環無那心俱碎，錦瑟常隨淚暗彈。泪落青衫悲薄命，文園遂卧相如病。通幽作賦倍淒凉，長恨成歌徒諷咏。咏罷風懷一卷詩，沿門訴遍斷腸辭。楊枝愁殺白居易，桃葉休嘲王獻之。楊枝桃葉空思爾，溘然付與東流水。哀此情痴竟有心，白頭還爲紅顔死。此時妾淚漲秋波，此後相思奈妾何。玄鶴有聲悲閬苑，碧鸞無尾綴銀河。銀河不接黄泉路，弃擲鉛華事縞素。二七芳韶未破瓜，貞心耿耿堪欽慕。慕彼垂髫總角身，獨能守志出埃塵。烟雲待上曹娥石，風雨長横妒婦津。療妒無方遭坎坷，知己已亡誰識我。水晶宫裏紅綫歸，金谷樓頭緑珠墮。死後香魂一縷輕，泉臺聊報主人情。憐他十五如花女，數尺吴絲了畢生。生死循環堪哭踊，西湖爲築鴛鴦冢。冬青樹上烏夜啼，片石留銘此丘壟[一]。我聞其語心暗傷，陰風慘淡燈無光。拍案驚呼大奇事，情夫貞女非尋常。非常芳躅當徵録，萬古清風振污

[一] 丘，原作『邱』，避孔子諱。今回改，下同，不再出校。

俗。興酣狂叫招故人，聽我高歌《翠釧曲》。』

張烈婦手殺二賊

烈婦姓嚴，江蘇吴縣人，父清泰，官兵部司務，幼隨父京師，端莊有德，習禮明詩，適同里張鈺。鈺服賈京師，賃屋沙土園中，室三楹，婦居左室，東西廂一爲厨、一梁姓嫗居之。肆傭張八先與梁嫗有私，八以他故遣去。

辛丑閏三月十一日，鈺往三河，婦令嫗移居中右室。十五日，八來與嫗私語，移時而去。十九日漏二下，婦與子官兒卧，嫗私納八入，叩左室門趣婦起，助八行强。婦以死拒，八即入厨取刀指婦曰：『不從，先殺兒，後殺汝，再要汝夫於途而殺之，以快吾志。』直趨左室，婦恐其殺官兒，從後以手抱持之，嫗奪其刀，佯勸八毋用强，勸婦從八。婦詢孰爲此意者，嫗曰：『我兩人久有私，恐若知見逐，不如污若以塞口。』婦俯首長久，佯諾之，同八至右室，八令嫗出，婦令八先寢，乃出所儲秫酒自飲一壺，出二利刃，一藏諸懷，一藏膝褲中，以酒壓八，八醉眠嫗床。先刺八喉，八奮力格刀，刀墮，旋出佩刀刺其心乃死。嫗聞聲叩門，婦懷刃引嫗入，堅持其兩手挾之坐於床。嫗見嚇然死人，驚曰：『若殺人耶？何忍也！』婦曰：『吾非忍，若所爲乃真忍耳！』以手按之卧，以刀斷吭，刺其胸立斃。

婦乃去血衣，藏兩刃，秉燭待旦，呼兒到肆，令迓鈺歸。二十一日晡時至家，詢得其故，大驚。婦曰：『吾自殺人，不累汝也。』即詣官自首，移刑部鞫實得勿問，遂釋婦。婦年三十，旋隨夫携子返吴門，住桂河坊。

余時寄居吴門，得聞其事，未知其詳，故未作詩。乙巳臘八日，費丈夢仙以烈婦傳見示，有感於心，賦詩以紀，并述其顛末如此。詩曰：『今之英雄出女子，紅顔一怒二賊死。豈真力大能過人，有仁者必有勇耳。嗚呼！烈婦心至仁，安肯從賊污其身。事夫育子長安住，肆傭張八通梁嫗。良人服賈往三河，張八猖狂以死拒。嫗則從中作鴆媒，詢知其故重低徊。吾能鬥智不鬥力，破涕爲笑計則得。一壺秫酒自酌斟，輪轉愁腸思殺賊。仁心義憤可格天，以酒壓賊賊醉眠。譙樓更鼓頻頻轉，兩道刀光如電閃。狼藉杯盤次第收，東西廂户從容楗。一刀刺賊喉，賊猶格刀刀即投。旋抽利刃洞賊腹，賊心已剖賊命休。傭死嫗生心怏怏，引嫗入室斷嫗吭。殺醉者易殺醒難，手除二害心乃寬。換衣藏刃待天曉，呼兒到肆尋夫還。詣官自首得勿問，殺賊保身兩無恨。全家安穩返金閶，烈婦聲名四海揚。費宫人刺一隻虎，婦殺二賊遥相當。却笑男兒無血性，畏賊如虎疲奔命。不能殺賊爲賊奴，何顔見此烈婦乎。嗚呼！何顔見此烈婦乎，甘爲賊奴成丈夫。』

嚴太史示夢

咸豐九年己未六月，刊亡友嚴問樵保庸太史詩詞告成。七月初八日夜，余夢至一處，精舍數間，亭臺花木甚盛，與問樵暢叙别悰。問其生辰，答曰：『余生八月十三日寅時。』是耶非耶，亦一奇也。

余題問樵遺稿四律詩曰：『意氣自千古，交游近十年。問樵贈余楹帖云：『知君意氣自千古，與我交游近十年。』思君不可見，灑泪校遺編。吴苑花長好，揚州月不圓。魂兮何處至，昨夢語便便。』『飄泊江湖際，長年醉不醒。詩情追李白，酒德頌劉伶。宦興淡於水，桃花紅滿庭。風流猶未歇，忽隕少微星。』『骨相孤高極，吏難强項爲。逢人多傲兀，與我最相知。共有烟霞癖，從無軒冕思。斯人不世出，誰識虎頭痴。』『妙語猶在耳，思之涕自潸。昔年余刻先集告成，問樵對余曰：『一件好事，一個傳人，都被痴伯做成了。』令人聞言感深以泣。半生事剞劂，方寸得安閑。今日遂君願，在天應解顔。寄言同志者，珍重藏名山。』

錢觀察事略

故友錢步文冬士觀察，錢塘人也。道光壬辰科以名進士觀政銓部，浮沉郎署垂二十年，膺卓薦擢郡守，需次吴門。時粤寇鴟張，江南方用兵，大吏知其廉且能，委攝道篆總軍需，事辦而用節。未幾，積勞卒於旅邸。冬士乏嗣，無室家，同官憫其窮，經紀其後事，歸櫬於其鄉，甚義舉也。

冬士工六書，精考據，生平所爲詩歌，音節古穆，極類其爲人。咸豐七年春，冬士袖詩訪余友來巷，囑余删定。余曰：『諾。此事僕當任之。』丁巳十月初七日，冬士去世，余即將其詩付梓，越一年，剞劂告成。余哭之以詩，即題其卷首。詩曰：『老友竟長往，臨風涕泪并。傷心三月病，慘目一棺横。鐘鼎人間重，文章海内驚。不才慚後死，何以慰先生。一事堪瞑目，群稱太守賢。破車圖共仰，太守官農曹時，乘破車，友人贈詩云：『時人不識郎官貴，一個疲驢一破車。』黄秋士爲繪破車圖，余作新樂府以昭其儉。還硯句争傳。去夏，太守失硯，余贈以大龍尾硯盆，媵之以詩。太守作《還硯歌》以見却，余因刻兩詩於硯背。宦興付流水，遺風追葛天。道山賦歸去，撒手撇塵緣。平生何所好，索句與臨池。詩偶摹蘇軾，書嘗鄙李斯。太守詩云：『余亦稍習書，古體窺藩籬。詎克學蒼籀，却頗鄙李斯。』自注云：『余嘗謂李斯之作小篆，務取整齊畫一，此亦風氣使然，然較之古籀，實有雅俗之别。惟彼毁滅古迹，欲獨以其書雄視百代，令後人捨其道而未由。幸古鐘鼎未盡澌滅，此實先聖之靈所呵護而留遺者，特世人惟事描摹，罕求筆法，遂覺索索無生氣，轉不如小篆易見挺拔耳。』都中聞有女，膝下苦無兒。身後百端事，茫茫仗阿誰。我亦垂垂老，霜花兩鬢侵。故人從此别，吴市獨行吟。久欲刊詩稿，何方覓素心。名山千載事，勉力爲君任。余爲太守籌資刻遺稿〔一〕，故及之。』

己未冬十一月〔二〕，余居友來巷雲起樓，夢見冬士於高山孤廟之中，寂然無人，暢談而别。十二月又夢冬士，乘輿執事甚盛，衣冠整齊，與余話别云：『赴任遠方，一時不得

〔一〕刻遺稿，原誤作『遺刻稿』。

〔二〕己，原誤作『乙』。

相見，特來謝刻遺詩，即以告別。』語畢一揖而去。余送登輿，見其以袖拭泪也。寤後，惆悵久之。

冬士生前聰明正直，殁後自當爲神，我爲後死，區區刻其遺稿一事，竟承道謝於夢寐之中，亦一奇也，故記之詩中。所云破車圖、《還硯歌》詩附録於後。

破車圖 **美郎官之好儉也。**

咸豐四年夏，浙江錢冬士郎中出守江蘇，因京師友人贈詩有『時人誰識郎官貴，一個疲驢一破車』之句，黄秋士遂繪破車圖以贈，太守因作此詩，編入新樂府中，昭其儉也。

郎官好儉乘破車，時人慕之繪爲圖。豈惟樸素無華飾，車輻欲脱車蓋仄。駕一眇驢瘦且疲，且前且却行遲遲。日日長安市上過，笑煞屠沽游俠兒。君不見彼姝者子乘油壁，綉帷華轂人争惜。又不見七香車過馬如龍，王良意態何其雄。破車兮破車，君子乘之又何陋，何况郎官應列宿。人言郎官囊少錢，輶軒便捷豈不憐。我道郎官錢縱少，一車之願應堪了。丈夫安事一室况一車，心素無車破焉曉。國計民生念正深，先憂後樂復肩任。高車易遂相如志，五馬難歡杜母心。一麾出守到南國，甘雨隨車咸頌德。白鹿開道夾輪行，猛虎渡河避轅匿。團扇家家畫放翁，破車圖出迥不同。舉世尚華不務實，金玉其外絮其中。圖此破車遍示世，何難易俗而移風。紅塵功行他年滿，安車蒲輪歸緩緩。蒼生苦憶還山仙，老朽欣添卧雲伴。仙翁老去身更健，芒鞋竹杖尋詩遍。安步當車再補圖，傳爲佳話人人羡。

贈硯歌

咸豐六年丙辰十月下浣，訪錢冬士觀察於滄浪亭，聞其大端硯被竊，歸檢破簏，得龍尾大硯盆二，遂分其一以贈，歌以媵之。

冬士先生古君子，圭稜如岳心如水。宦囊祗剩一片石，琢成圓璧大逾咫。當窗紅日慣臨池，揮灑雲烟落滿紙。岣嶁鐘鼎古無儔，秦篆漢分世少比。求書人集户限穿，滄浪亭畔鬧成市。斯時斯硯無刻閑，朝磨夕洗長依几。一朝失去覓無踪，不識何來夫己氏。巧偷果是米顛流，寶劍還當歸烈士。觀察清廉胡不聞，偏來竊硯此何以。我思書家寶硯遺，何异美人妝鏡毁。歸撈破篋得二硯，石非端溪是龍尾。圓如滿月形如盆，徑則盈尺深寸許。一斗之墨儘可容，如椽之筆亦可使。持一贈君豈有他，藉此聊訂石交耳。狗尾續貂難解嘲，蠅頭附驥差堪喜。兩心結契如硯堅，不損不懷留寰宇。

還硯歌

余常用一大端硯甚佳，忽被竊去，玉谿因以所藏龍尾大硯見贈，余未肯留也，賦此還之。

錢子大硯忽被竊，齊子聞之轉愁絶。謂是書家寶硯亡，何异美人明鏡失。急翻秘篋出舊珍，龍尾鉅製圓如月。謂此硯盆藏有二，吾儕今各用其一。石交宜以石證之，侑以詩篇尤奇崛。余乃三拜迓登堂，頓覺圖書光發越。東坡昔求龍尾硯，易以銅劍詩更迭。今我不求硯自來，坡仙有靈當妒嫉。明月光去得夜珠，陽春咏罷賡白雪。從此工人得利器，磨墨磨人恐難歇。孰知余更有遐思，暮齒何須戀珍物。身將隱矣焉用文，行將翰墨屏一切。石交定欲以石證，何殊膠柱乃鼓瑟。況君累代擅著作，小玉雖小已傑出。哲嗣小玉年甫九齡，咏詩時有雋句。硯雖有二未爲多，兩美何堪令離别。感君雅誼心弗諼，酬詩返硯非虚飾。君能不吝我不貪，堪爲千秋添故實。從此延平雙劍合，不數相如還趙璧。

李節保

婺源西鄉人李節保横行鄉曲，劣迹多端。一日閑行見藍布袋，袋中有錢十四文，遺於道左，拾而懷之。少頃有小兒年可八九歲哭奔而來，遍尋布袋不得，便欲尋死。李見之，問其故，兒曰：『我是孤子，後母遣兒持袋并錢十四文上市買米半升，袋亡錢失，歸難見母，鞭撻之苦不可當也。不死何俟！』將欲投水。李憐而還其袋與錢，兒叩謝雀躍而去。

越一年，村中行瘟，死者甚衆，李亦病危，夢寐中見閻王坐堂審事。李到堂，王呵曰：『汝在世積惡匪淺，當責而錮之。』李曰：『我雖不端，好事亦做不少，如與人成會，與人排難解紛，將功抵過，或可免罪。』王命秤稱功過，功輕過重，秤終不平。俄而有老翁持一藍布袋投下，功秤頓重，大勝於過。王見之，遂宥李罪，加李壽一十二年。李病遂痊，心知投袋老人即孤兒亡父，口述其事，爲世之拾遺還人者勸。

同治五年丙寅四月二十有二日，余同戴維莘訪鄉友張榮春於泰州北門外韓家橋，酒酣耳熱，暢談因果，張述其事如此。

張榮春販鹽善報

張二榮春，婺源西鄉大坑人。少孤，繼母撫養成立，年十四習木業於泰州城北。咸豐十年，販鹽七船過江，泊句容茅山下，適有長毛賊下山逐婦女兒童，婦女兒童投河甚衆。張見之，急命船户將鹽抛下河二十七包，救出投水婦女兒童二十七人。是夜飯難民苦無薪，張命船户劈船板以炊，歸時當以新板償船户。童婦德之。

次日船至鄉鎮，鎮上局董某孝廉指揮殺鹽販，焚鹽船。次縛張、船户，正就戮間，有垂髫女奔呼：『某舅爺，此張客人、船户救我們投水者二十七人，是真好人，斷不可殺！』某孝廉聞呼聲知是外甥女口音，便止戮問故。外甥女哭且訴某局董，因請張入局，款以酒食，頌盛德不置，遂遣鄉勇數名持局護票送出江。

是役也，鹽雖無利息，而船户男婦三十餘人皆未遭害，若非一念之善，抛鹽救難，則次日焚船戮販，何以得免？天之報施善人，何其如此之顯且速也！噫！張年已五十有一，身健如壯年，一子三孫，家雖不豐，而環堵蕭然，天倫樂足，善人有後，不卜可知。

祖妣俞太恭人蓄孝犬

先祖母俞太恭人居婺源冲田老宅時，蓄一犬，犬母對門鄰家所蓄老犬也。犬每食粥飯，必先迎犬母來食，飽送之歸，再來就食餘飯。十有餘年，風雨無間。犬母死，犬亦號哭絶食斃。時人謂先祖母之孝化於蓄犬也，良然。

蓮谿禪師蓄義犬

揚州蓮谿和尚善畫，蓄二犬，一名小午，一名小興，小而靈，同宿一榻，性愛潔，視茶有色、水不清者則不食也，粥飯亦然。

蓮谿吸鴉片烟，人以潤筆番銀十元投烟盤中，蓮谿送客出門，許久始歸，視盤中銀不見所在，正蒼皇間，犬從枕底一一銜出，如數置盤中，知犬恐爲人竊銀，代匿枕底，爲蓋藏也。

鎮江營官來，見二犬，甚憐之，向蓮谿索一犬，蓮谿肯與而犬不願從，奔號跑嚙，堅定不去。營官回鎮，思犬不置，後遣兵數名，船一隻，禮物數色，重到蓮谿處送禮索犬。蓮谿好言慰犬，命犬從之去，犬垂泪大哭，勉强從之。下船絶食數日，唯哭而已。至鎮，營官見犬泪漬滿面，絶食悲啼，憫而放之歸。歸見蓮谿，作孺子慕，始就食焉。

時蓮谿寓興化禪院，余聞沈旭庭言，因有感於世人受養育之恩，不圖報德而反謗害者，真義犬之所不齒也。俗語云：『衆生好度人難度，祇度衆生不度人。』良不誣也。

丁小仙歷迹

丁小仙大椿，山東諸生，落魄京口，測字卜課爲糊口計。道光壬寅，英夷作亂，南京牛制軍鑑奉命鎮守上洋，求奇才异能之士。有人薦丁於牛，丁善説，痛罵朱子而以孔明小比者。牛受其愚而問平夷之策，丁曰：『英夷所恃以藐視中國者，不過一火輪船耳。吾以水輪船、烏龜船制之，彼技已窮，何難滅此朝食！』牛然其言，發銀萬兩，着丁造船以試之。

丁因請幕友楊蕉隱振藩幫辦船務〔二〕。楊是余總角交，工書畫，善文詞，亦好大言不慚

〔二〕 辦，原誤作『辨』。

者。春暮到蘇州葑門外大寺内爲造船局，雇鄉勇二百名，朝夕訓練。牛遣其子監局，事丁如父，丁視之不啻一小僕也。三首縣來見丁，垂手立兩旁，丁不命之坐，分付數語而揮之去。

一日，余居三太尉橋馬氏宅中，刻先大夫遺文詩集，校讎之際，忽聞人馬喧嘩。老僕傳報有客至，延之入小室，見故人楊蕉隱同一身長面黑、似文非文、似武非武者來。余心异之，一揖而坐，互詢姓名世系〔二〕。楊與余耳語造船破夷之策，約余入局同辦軍務。余告不才無暇辭之去，楊、丁約來日局中清酌候教。

越一日，余徒步同詹堯功七十八歲老人至船局，見丁、楊詢水輪船、烏龜船來歷，對以夷中參謀丁大年亦中國産，宿上洋娼家，爲夷作奸細。院差告知，密訪得交大年，到其船中出示船式，云：『此物可破火輪船，以水制火，以小攻大。』因薦大年於牛制軍，賞以四品頂戴。問大年在夷何職官，即曰：『大於四品多矣。』又有造船木匠一人亦中國産，爲夷内綫者，邀之在局，監造船工。

〔二〕系，原誤作『係』。

余同詹飽餐酒食，唯唯而退。回寓作書千餘言，暢談古名將破敵之物，如岳鄂王用腐草巨木破楊幺樓船之類，從無以船破船者，論大年與木匠顯然奸細，以船式誘進軍營，探知消息，爲夷耳目，苦勸蕉隱速辭出局，勿爲身名累。托詹老送與楊閲，閲過取回，不足與外人道也。

秋月，四水輪船成，八烏龜船亦就。水輪每船用五十人，輪流踏輪而上，四日四夜五十人脚板皮踏裂，不得到上洋。烏龜船用六人坐在船肚中，龜頭、龜尾放槍，四脚蕩槳〔一〕，龜背通天，以牛皮連毛釘在龜背四旁，擬以此物泛至火輪船邊鑿火輪船底。其體如龜，其用如此。

丁大年與造船匠頭忽不見去向。制軍知船到上洋，親出城觀試船於黄浦江上，是日風掀浪湧，水輪船五十人竭力踏不向前；烏龜船八隻徐出江心，爲風浪打沈而殁，水手盡死，無一人活者。制軍嘆曰：『可惜好銀錢，造此無用物。』丁亦不慚而退，反怪天時之不利，人力之不濟也。

〔一〕槳，原誤作『漿』。

未幾，夷船到吴淞口，寶山縣官周公綬吴淞口一路到上海兩岸皆設炮防。一日，丁傳牛制軍令箭命周令撤炮防，聽夷船進口。是時陳軍門化成駐東炮臺，牛制軍駐西炮臺，陳以炮擊夷船，夷船敗欲退，西炮臺不擊夷，兵官無故而潰散。夷船乘間而進，陳遂受害。當時主持西炮臺軍務者，即丁小仙也。周令聞陳殉難，牛與丁逃竄，夷船進吴淞口，憤極，傳呼鄉勇有能追殺丁小仙者，賞千金。丁遁去，竟不可得。

越二年春，余居西麒麟巷，忽見楊蕉隱來説，現與丁小仙在震澤縣署中，左清石刺史請伊等到蘇買綫路爲辦太湖捕盜，來商於余，綫路從何處得。余曰：『君等憲幕中上客，曾爲制軍參謀，不合與縣令捕盜，况捕盜賊是捕快責任，與軍師何涉？我在吴門日以刻先集、古帖爲事，不問塵世事，君以捕盜爲問，真問道於盲矣。今英夷作亂，國之大盜也，寶山縣之撤炮防，西炮臺之兵潰，誰執其咎！今縱大逆而捕小賊，是何居心？是何命意？君速去，毋少留，恐爲仇人側目也。』

楊述丁佩服先見之明，置酒舟中候教，邀余出胥門登舟，見小仙立船頭，長揖延我上座。楊、丁左右坐船娘斟酒，丁談夷官與我官議和於金陵舟中，學夷人禮儀。我見丁手舞足蹈之狀，不覺大笑，忽記古人楊左思學高麗舞，今人丁大椿學英夷儀，千古遥遥相對，古今人何必不相及也。

後數年，余載畫出游袁江，下榻於湘山舊雨軒，又與小仙席間相遇，時小仙館於于湘山家。庚申之變，余過江避地通州石港場于婿漢卿寓中，詢知小仙歸山東爲寡媳所逐，不知何處去矣。楊蕉隱傳聞浙江克復後，曾爲龍頭場官云。

卷四

婺源　齊學裘　子治

孔太守殉難

孔宥函太守繼鑅，曲阜聖裔也。工詩能書，與余爲文字交，蓋亦有年。咸豐三年同楊蕉隱來宜興籌捐軍餉，余時避地宜興和豐橋，訪余於芙蓉園，邀余游銅官、離墨、龍池、善卷、蜀山、張公洞、玉女泉、南岳寺、祝英臺讀書處，觀國山碑，泛東西兩氿而回和豐橋，舟中紀游、倡和詩各成一卷。

孔曾言平生目見鬼神，不一而足，人多處鬼亦多，人少處鬼亦少，富貴家鬼亦富貴，貧賤家鬼亦貧賤。鬼形不一，最難看者唯頭分四瓣，中如石榴紅子者。又見一鬼頭頂白布一匹，手曳兩端行。凡有官職，迄文人墨客有名於世者，背後必有一鬼隨之，獨見錢東平背後有長短兩鬼隨之。

孔後殉難於揚營，得恤典焉。孔事母甚孝，有武藝，登山如飛鳥，人莫能追。有詩集傳世。曾爲余跋新樂府。有二子，長名廣稷，字海安；次名廣牧，字力堂，次亡，能讀父書。

華畫史殉難

梁溪華士陶字伯淵，人以『華痴』目之，别號夢摩道人。善畫馬，學無師傅，偶見好馬，便注目不去，歸家畫馬，以席鋪地，自己學馬撲地打滚形狀，再畫再滚，再滚再畫，以身作馬，傳馬神情，故能絶塵超俗，雖曹霸復生，不能出其右也。

幼從母學寫花卉草蟲，母氏鄒即小山宗伯一桂之女孫也，字素英女史。華與友人别十餘載，思友便寫真寄之，見者皆稱逼肖。爲婦女寫真，十難肖一。其性怪僻，不近女人，終身不娶，行見婦女，低頭避面而過，爲女寫照不肯仰視，故不似真耳。又精數學，工古篆岣嶁，最喜先大夫楷書。人每索畫，遲不動筆，有以先大夫書片來請易畫者，欣然受之，即時報命。

家無童僕，蓄一幼婢，爲婢纏脚梳頭，同床睡，婢至二十餘歲尚是處女。庚申之變，伯淵殉難城中，有司聞於朝，得恤典。

其高弟沈旭庭爲余述其顛末如此。

潘茂才見龍頭

宜興名諸生潘竹虛謙受善時藝，著有《竹虛小題》行世。吾友曉村光序明經之子也。其幼時，從祖某公清河縣訓導署中，一日見龍頭從雲中垂下，無礙兩莖，拖過魁星樓角，其形與畫龍無二，從容而過，許久不見。古人云『神龍見尾不見首』，竹虛獨見龍首，不亦异哉？

華孝廉見鳳皇

梁溪華嘯雲寄籍四川，中式舉人，即精鑒書畫。華曉園老人之孫也。咸豐九年，從四川歸梁溪，重訪余於吴門天空海闊之居，與余談四川風景。曾於山中見五彩大禽一雙，集於嘉木，四面衆鳥數千百頭圍繞，須臾彩禽飛去，衆鳥從之，土人謂之鳳皇來儀。真罕見之禎祥也，故記之。

天開眼

道光十六年，余居綏安山中釣橋村雲留軒，余不家，陳姬同次女等夜聞空中劃然有聲，窗外放大光明，如同白晝，逾刻乃滅。明日山中人有夜歸來，途間見天心割裂如梭，兩頭尖、中間闊，摇動不歇，明如白日，數刻而合，謂之天開眼，惜余未之見也。

地過寶藏

余繼室張氏孺人，梁溪人也。岳母侯太安人工書能文，諳音律，大家女也。曾與余言幼時居母家，早起出廳堂，見天池石板四裂，地高起如丘墳，須臾漸平如故，人謂之地過寶藏云。

黃孺人見全龍

無錫沈旭庭之高祖母黃氏孺人居家織布，忽聞風雨驟至，仰視屋脊上離丈許，見青龍全體，自東而西過去，約有數十丈長。西半村大屋盡倒，古木盡拔，沈屋居然無恙，亦大幸事。

蛇趁船

咸豐三年，金陵失守，吴門摇動，余攜眷避地宜興和豐橋大亨醬園内。夏日乘凉，聞園丁方某説伊歙縣有一奇事。某村某男子服賈遠方，與處女某氏私，密結絲蘿，以衣服首飾交運出外，約夜半私奔下船，同賦于歸。詎料某男子得女衣物，下船便開，負約不與同歸。女夜半出門，至河邊四望無船，知事不諧，衣物盡失，無顔見雙親，遂投水死。男歸家，將衣服首飾娶婦成室，得女私財，營運子母，數年後頗稱小康。男亦心虚，不敢出門，在家樂叙天倫。

無何某男本村船户，出外營生，晚泊村莊，夜夢女子要趁船到某村尋某人索逋，拔頭上銀簪一枝作船金。船户早起掃艙，果得一銀簪，心异之。久待女不至，忽見跳板上小蛇一頭游上船，鑽窗底而没。候女不至，船亦遂開。越日到家，又見小蛇復游跳板上岸而去，船户心更异之。待貨卸清，兩日後到某男子門前經過，見家人衣白服，詢知某男子下田觀稼，遇雨，借傭工草帽一戴，帽蟠小蛇，咬喉中毒死，死者即夢中女説索逋之人也。奇哉！

張渚周烈女

道光己亥秋八月上浣，荆溪張渚鎮周細泉之女爲余氏子調笑，耻之，投水死。嗚呼，可謂貞且烈矣！恐其淹没無傳也，詩以紀之。詩曰：『周氏之女年十七，冰其心兮玉其質。可憐玉質冰心人，一遇强暴喪其身。鼠有牙，雀有角。穿我墉，穿我屋。穿墉穿屋奈爾何，妾身可殺不可辱。吁嗟乎，曹娥死孝，百世流芳。周氏死節，誰其表揚。獨立塘邊空悵望，清風冉冉水生香。』

余詩成，寄與修荆溪縣志局友潘曉村、吴仲倫、徐伯宏、吴午生諸君，載周貞烈女於縣志。越一月，余居鈎橋雲留軒，夜半讀書倦，隱几而卧，忽見老嫗同一披髮蓬頭女身衣紅衫者，入我書室伏地而拜。老嫗曰：『此周細泉之女也，蒙君超拔沈冤，得登縣志，感德不盡，特來叩謝耳。』言罷帶女而去。余驚寤，一燈熒熒如豆，四顧無人。自今思之，其女形狀，其嫗語言，猶在耳目間也。

蛛道人

海州有蜘蛛成精，自號蛛道人，慣向雲臺山下弄珠。月圓之夕即將珠弄，珠光與月光相鬥，土人習見如常。

一日蛛道人謂土人曰：『將有龍鬥之災，速徙他方爲妥。』後數月，海濱兩龍與蛛道人鬥法，有一龍爲蛛絲所縛，墜地死，一火龍燒斷蛛絲逃去，蛛絲粗如大碗。龍欲取蛛珠，故與蛛鬥。後有人見一大蛛，伏在古廟大鐵香爐中，即此物也。

道人能醫百病，土人德之。吴門王魯生復茂才作《蛛道人弄珠歌》以紀其异，歌曰：『是何老蚌夜深剖，天際一珠大如斗。公然百丈吐光芒，欲與圓蟾較妍醜。萬人仰視宿鳥驚，异事徐問説鄰叟。雲臺山下蛛道人，服氣千年如神守。居人習見弄明珠，呼吸清虚滌塵垢。珠光照海海若驚，趣唤雙龍爲我取。雲鬌雨鬣破空來，挾勢能驅萬靈走。左車亦助雹陣雄，居延敢抗霹靂吼。攫珠自怪爾曹貪，懷璧豈同匹夫狃。却敵從容一縷絲，此腹彭亨誠不負。神物誰能避網羅，束縛之而勝枷杻。玄黄血灑戰争停，尚覺前山動摇久。爾後潛修又百年，奇迹猶傳在人口。君來適與此蛛逢，或亦前緣事非偶。我聞此言向蛛揖，聊比長星勸杯酒。人生多欲入道難，似汝翻應得天厚。腐儒且勿據書争，理之所無事固有。君不見蝦蟆曾説楊戩奇，蝙蝠難推張果壽。』

吊鬼吹瞎人目

婺源胡某夜行無燈，思吸烟，見遠林中有燈光，疾行到火光處一望，見有小屋窗隙漏光，覷之，見帳内有女啼泣，帳外有婦人向帳門下拜，知其是吊死鬼討替身也，遂折竹枝穿窗隙攪之有聲，鬼覺驚去；少頃又來，竹枝又攪，鬼又驚顧，知窗隙有人窺侮。

胡以隻眼覷内，鬼以陰氣吹外，將胡目吹壞一隻，垂在鼻旁，痛不可耐，恨極，遂將門外石條撞門，門倒直入，鬼驚遁。

家人咸起罵胡，半夜無故撞門，是何意見。胡曰：『我夜行思吸烟，來此就火，窗隙一望，見一吊死鬼向帳門下拜，我以竹枝覷攪之。誰知此鬼吹陰氣傷我一目，痛極，憤氣將石條撞開門，殺鬼救人，職是故耳。』家人德之，留飲一壺，延宿一宵，天明再去，免受鬼害。胡不聽，飲罷酒便辭去。

出村里許，恰與鬼遇。鬼曰：『我今夜得替身，被汝打破，今我不得投生，斷不與汝甘休！』變形逼胡，胡且戰且走，至石橋抱橋柱而休息，鬼不敢前。俄頃見遠山上有烈鬼，兩手持兩火把大叫飛來。胡乃心怖，一鬼未退，又來一鬼，兩鬼揶揄，一命休矣。正踟躕間，烈鬼將火把打吊死鬼，吊死鬼大叫而遁。

烈鬼變换老人形，與胡曰：『承君救我外孫女，特來致謝。我姓某名某，居饒州府周王廟後第四家，生被火燒死，尚有遺骸幾枝，埋於某處。我有袋一隻，内有銀四兩，煩君致意某外孫女，着速收我骨還鄉。銀兩足作盤費，勞君一行，後當圖報。』胡諾之，鬼拜謝而去。胡俟天曉，復返至某家，告以故，銀袋交清辭去。某以銀謝胡，胡不受。

此事婺源張榮春親聞胡自述遇鬼吹目緣故如此。同治五年丙寅五月初六日，余與戴維莘姻兄赴榮春小酌之約，得觀永寧寺虹橋鏡湖之勝，茶敘湖樓，榮春口述，走筆紀之。

王長者德化吊神

婺源中雲王某，人甚老成，夜行憩坐亭中，月明如晝，見一美婦人立在亭外，王某謂曰：『汝無負氣，夜逃在外，恐爲暴强所污。汝事翁姑宜孝，事夫婿宜順。汝進亭小憩，候天明送汝回家。』婦人曰：『我非人也，乃鬼耳。聞君好言，知君長者。我今夜到某村某家尋替身去，某家新婦頓酒一壺、鷄子三枚，待夫回家與之飲食，其姑見之，誤爲新婦走邪路，養漢子，惡罵新婦，婦想投繯，我得替身。君勿漏言，有誤我事。』鬼去，王某隨後從之至某家門，鬼入，聞詬罵聲，王急敲門，囑其家人勿鬧，快上樓去救新婦上吊。上樓視新婦，果然上吊。得早救，氣未絶，詢故，得悉鬼話相符。旋夫歸，感王救婦德，飲之酒，留之宿。

王飲罷告辭去，行里許與前鬼遇，鬼怒曰：『我當君是好人，故以實告，誰知竟敗我事，我不與汝甘休！』現吊神惡狀嚇王。王笑曰：『勿爾。汝要尋替身，也要管多男有錢之家，死了一个新婦，又娶一个新婦，庸何傷？若某人家衹有一子，擔鹽爲業，新婦一死，不能重娶，一家命脉從此絶矣，汝心何忍？倒不如到我家討替去罷，我家有妻有媳又有錢，死了一個，又娶一個，於汝有益，於我無損。同去同去。』鬼曰：『汝家和氣致祥，孰肯上吊尋死？』王曰：『我回家逢妻打妻，遇媳打媳，妻媳之間總有一人負氣者，汝勿慮，從我來。』於是鬼從王到家門口，敲門急，内應遲，王便怒駡。妻媳來開門迎接，王便打妻，媳曰：『姑無過受責，何耶？』王遂打媳，妻携媳手曰：『汝翁醉甚，莫理他，汝與我眠去。』王謂鬼曰：『兩人受打，汝好討替身。』鬼曰：『積善之家，必有禎祥。姑慈媳孝，君正且信，戾物安能進門。妾從此樂爲鬼，誓不討替矣。』拜謝而去。

張榮春述其事，余曰：『王君德化吊神，可稱正人；吊神誓不討替，誠爲善鬼。噫！亦足風世矣。』

打悶棍廉取八金

榮春與余言，婺源有失業窮人某爲飢寒所逼，除夕躲身路口，爲打悶棍者。見有收帳客過，起棍欲打，客曰：『無須打，汝要銀兩，傾囊取去可也。』囊中共有八十餘金，傾囊與之。某曰：『我衹要八金便可過年，餘皆還汝。』客收還金，笑謂之曰：『何其廉也。』

某得八金歸作小本生意，日新月盛，竟致小康。旋開木業於异地，共有兩行，父子分掌，發財發福居然富人。一日有客撑木牌一夾，來寄某行附賣，衹緣生意做敗不能開行。暇與某作葉子戲，各葉齊備，衹待一葉飛來便大嬴錢。爲人固匿不與，客笑曰：『此匿葉者，真比當年歲除之夜所遇打悶棍者還惡十分。』某詢故，客述前事，某心德之，感其恩，遂與訂交，將己木行帳目一切全付客料理。

某歸里不復出，寫書諭其子説明前事，某客是我恩人，將一木行酬恩云云。數年，客欲歸，尋某子到行算帳，交付替人，便作歸計。某子謂客曰：『我衹有一行，此行是我父酬君恩者，與我無涉。』客恍然大悟，如夢初覺。

余曰：『十取其一，廉也；知恩報恩，義也。打悶棍者能廉且義，垂裕後昆，固其宜矣。』

猴報仇

無錫有蓄猴者，其妻與人私，惡其夫居家，不得暢其所欲，因與奸夫同謀殺夫，埋尸於家園。其殺夫情狀，猴獨見之。猴遁去到官衙，見官坐堂，猴哭訴之。官不識猴音，謂猴曰：『汝有冤乎？』猴點首再三。官發籤擲地，猴銜之前奔，差役從之至淫婦家。猴指淫婦令差上鍊，旋引差至埋尸處指示，差掘地得尸。又引差至奸夫家伸臂拿奸夫衣，令差上鍊。人犯到堂，猴手舞足蹈，學奸夫淫婦殺夫埋尸情狀與官看。官嚴訊得實，按律誅之。官蓄義猴以終。

祖先議避兵

江都名諸生郭夔堯卿與余言，其岳家黄小園觀察玲瓏仙館，於西寇將至之前一月，祖宗神像祠堂時聞議事聲。一日有外戚某來仙館，見祠堂門開，燈燭輝煌，某入祠禮拜，退問主人今日何事，祠堂大開。主人聞而异之，邀同到祠，祠門緊閉，日正當午，主客駭然，吉凶莫辨。逾月，賊入仙館，見神像知爲宦家，毁壞一空，今成一片瓦礫場矣。

余因思庚申之變，吴門將陷之前，余居友來巷天空海闊之居，夜夜聞開大門聲，家人起燭之，静扃如故，少頃又聞開門。半月後西寇進城，公私塗炭矣。一家將喪，祖宗示警，惜乎子孫不知預避耳，總歸於數，然乎否乎！

鼠避寇

庚申之變，蘇城陷後，賊將至黄浦之前，江中見衆鼠啣尾渡江至上洋，不知其數。嗣後蘇城將復之後，又見衆鼠從上洋啣尾渡江至黄浦。兵火之變，鼠子先知當避，知其所避，人不如鼠者多矣。

吴烈女墓表

貞烈女吴賽金，湖郡歸安縣飛英鋪人也。父没母再醮，寄居汪氏。汪某以賽金字其子，而汪某父子俱爲人織機，常不家。汪妻張氏與趙五有私，女知之而不言。久之，趙托居汪氏爲盜窩，與張氏飲樂，而令女出市沽酒。鄰知其細，而共嘆女之失所也。趙欲私女不可，以贓物眩示女以爲餌，女怒擲之地曰：『勿以不義污我！』趙知其不可餌，欲强逼之，握女手，女大嘩且詈，終日不進飲食，且叱曰：『余俟寄父歸，當盡訴前後事！』趙懼，與汪張氏謀，於夜分搤女喉，以梃椓其陰殺之。以急痧報其兄，兄至，已殮，不知也。聞鄰有泄其事者，亦無能爲力。

烏程令訪盜案至其地，聞藉藉語其事，以告歸安令，歸安令訪之信，乃截棺開相，獲汪張氏於河頭，獲趙五於從清，嚴訊得實，俱治罪，而葬女於道場山之麓，而旌貞烈女如例。包蓉舫孝廉經紀其事，孫柳君孝廉爲之傳。湖郡棺多不葬，公議買一地，凡節孝貞烈不得葬者，赴局報明，給費葬之，故吴賽金得如例安葬請旌。

余友崔仲綸明經寄示貞烈女節略，因作此詩，詩曰：『吴賽金，真可傷。父死母嫁身歸汪，汪家父子織機忙。日夜侍奉淫婦張，張婦淫私趙五〔一〕。趙張飲酒遺金酤。村姑里婦見賽金，皆惜賽金失其所。無何趙五爲盜窩，贓物餌金金怒嘩。休將不義財污我，薄言往訴奈我何。張趙聞言心膽顫，污之不得殺之便。可憐弱女命如鷄，一入屠門遭此變。縣官鞫實張趙誅，賽金貞烈世所無。羨煞道場山下土，何幸得爲賽金墓。千秋人過道場山，先問賽金墓何處。』

犬報仇

有客過皋田院，見乞丐縛犬將就烹，客惻然曰：『犬肯賣乎？』乞丐曰：『肯賣。』

〔一〕『張婦淫私趙五』六字，原混入正文。

客開銀包取金買犬而去〔一〕。犬隨客行未里許，乞丐二人持梃追客，斃客取銀包，埋尸山下。犬見之，作人啼，奔進縣堂，值官審案，犬向官跪哭如訴冤狀，吏役叱之不去。官曰：『犬有冤乎？』犬點首。官擲籤，犬啣籤前走，役隨之至山麓。犬以足搔土，哭不絕聲，役掘土得尸。犬又引役遍尋凶丐，遇之便咬，役獲二犯到案。犬與同質，驗尸得斃傷，嚴鞫得實，按律誅之。犬蓄官署云。

郁升奇遇

無錫郁升，方面大耳，眉清目秀，年十三來事余，供磨墨伸紙、煮茗焚香之役。暇則臨書學畫，恬靜寡言。越一年春，余居吴門西麒麟巷，宜興陶五爲我管理田莊，來吴交賬。素善相術，見郁升氣色光昌，向余曰：『此价大好氣色，惜落泥塗。』余曰：『此輩昇沈莫定，時運一到，頃刻發財，何惜之有。』

〔一〕取金，原作『取金金』，衍一『金』字。

四月間，吾友吴雪江少尹從福建將軍某公幕中來吴，過訪敝居，托買書童以應將軍之索。余笑曰：『欲買如意書童，何處去覓，到不如將小价郁升薦與吾弟，帶至閩中與將軍一用，可乎？』雪江欣然曰：『兄無戲言，如肯割捨，弟則受賜多矣。雖然，不知其肯到遠方去否？』余唤郁升來告以故，問願去否。對曰：『願去。』余曰：『汝身遠去，誰作汝主？』對曰：『小的有娘舅在蘇，可以作主。』余即命伊娘舅來，問之，果然。越數日，雪江來取别回閩，領郁升同去。

迨至十二月小除夕二更後，大門已關，余入室將寢，聞馬鈴聲到門而止。少頃，老僕入室説郁升在外求見。唤之入，長跪叩頭，起對余曰：『承老爺薦事吴老爺，小的到浙江，聞福建山路馳驅，騎馬難行，小的心怖，告辭不去。吴老爺轉薦浙江將軍處當内差，將軍恩厚，賞賜多端。今將軍奉旨昇伊犁將軍，因小的父母在家，難出口外，轉薦藩司某大人處。小的願隨將軍遠行，不願在浙，將軍大喜，賞銀二百兩安家，又賞銀二百兩與小的辦寒衣。今夜赴蘇州織造大人宴，小的告假片刻，特來舊主人前叩别，將軍許之，故得來見老爺。』語畢再叩頭，泪涔涔下。余以好言慰之，郁升哽咽而去。

越三年，郁升復來吴門，見余言：『到伊犁一載後，將軍之孫病故，以小的貌似將軍之孫，命爲寄孫。遣小的來家爲父母兄弟買田四百畝，爲仰事俯蓄之資，從此跟隨將軍告老回京，不再到江南矣。』灑泪叩別，後遂杳然。相術氣色之談，良有以也。

陳烈女死節

揚州陳四之女爲賊擄至金陵〔一〕，賊目見而愛之，因聘爲妻，女不願從，托病不起。一月後，賊目迎娶，女不肯去，縛女馬背上，扶之以歸。侍女代爲梳洗嚴妝，交拜畢入房。待侍女睡後，向賊目索茶飲，賊目自去烹茶，候茶熟捧來，覓女不見。庭中有井，以火燭之，見女尸浮在水面，笑容如生。賊目痛苦不已，命厚葬之。

揚州王嫗年六十有三，在金陵賊中十一年，近事吾次女來吴陵，口述其事如此。嗚呼，陳四之女可謂貞且烈矣！世無知者，誰爲請旌，惜哉！

〔一〕 揚，原作『楊』，據下文改。

水西門出烟

揚州王嫣口述南京水西門城頭出烟，半月不息，賊命掘地，見一大穴，黑沉沉不見底，出令有能下去探者，賞五百金。逾時來一痴漢，願下穴探底，帶以香燭燈籠、乾糧建鈴，束身縋下繩約數十丈方到底。見有石門，半開半掩，有兩犬左右睡在門前。痴漢解繩，持燈燭而進，半里許見大殿巍巍數丈高，入殿，闃其無人，復入後寢，左書房内坐一老叟，指甲長如帶繞身，旁有兩个十一二歲小童讀書。

痴漢問老叟：『天下兵亂，何時太平？』老叟曰：『汝看銅缸内飛來血滿缸口時，天下亂平。』漢問：『何謂飛來血？』叟曰：『人間殺一人，缸内添一點血，故名飛來血。』漢去視之，缸中血尚有五寸未滿缸口。又問：『大清衣冠還有幾百代？』叟曰：『汝到後池去看。』漢到後池邊一望，祗見蟒蛇蟠者、游者、昂頭者、俯飲者不計其數。燭頭見拔，不能久留。痴漢趨出，援繩而上，口述其所見聞，領賞而去。

余聞而笑曰：『事屬子虛，姑妄言之，姑妄聽之可也。』

僞北王殺僞東王僞天王殺僞北王事略

王老媽述僞天王洪秀全一日到僞東王楊秀清府中去，僞東王不來迎接，口出大言，怠慢無禮。僞天王以好言安慰，自怨自乂，許以禪位。退歸天王府，即傳集百頭目議誅僞東王，令僞北王某領兵夜圍僞東王府，殺戮一空，獨不獲楊秀清。越日，於土穴上見綉龍黄緞鞋兩隻，因掘穴得獲秀清，誅之於市，梟首示衆。僞天王收秀清之女爲僞宫人。嗣後，僞北王妄自尊大，僞天王又謀誅之。僞翼王石大開見機而逃，追之不及，從此石大開不服洪秀全所管矣。

同治三年六月十七日，大兵克復南京，搜僞天王尸不得，有僞宫人楊氏指點埋尸處，因掘地得洪秀全尸，不用棺木，端用綉龍黄緞大被裹尸而葬，遂戮其尸而焚其巢。詢僞宫人楊氏家世，即秀清之女也。賊黨自相殘殺，亦有報應。天理常存，信然！

卷　五

劉孟塗先生逸事

婺源　齊學裘　子治

桐城劉開孟塗先生，先大夫之詩友也。嘉慶十八年，見先生於梁溪官舍。道光二年，又見先生於陽羨雙溪草堂。每夜，先大夫與先生談論古今詩、古文辭，裘侍坐靜聽，達旦不倦。裘年十七作《梅花》詩九首，追和高青丘韵，先生見而愛之，許以可造，從此加功，可登絶詣。裘十一歲時索畫工繪仕女三人，一彈琴，一賦詩，一釣魚；索先生題詩，先生隨筆題一七絶，前三句忘之，祇記結句云『三女由來共一心』。陽羨一别，音問杳然。

先生九歲時著古文二大篇，刊稿傳世，一與姚姬傳年祖論文，一與姚文田學政論治。著有詩文全集十餘册，又著《素雲曲》單本傳世。

道光二十五年，余寄居吴門西麒麟巷天空海闊之居，得見先生之哲嗣少塗。飲酒看花，品茶聽曲，寒夜挑燈話舊，相對唏嘘。少塗述其先尊逸事，人所罕聞者。少塗曰：

『我祖某公博學，以名諸生聞於桐城，家有數十頃田。爲造大石橋，先祖爲董首，不喜算計，所托非人，捐輸金盡而功不成，因賣己田，賠償缺空。由此家道蕭條，教讀爲生。』

『先君少孤，糧無隔宿，先祖妣抱先君歸寧，指庭中枯桂曰：「我兒他日有成，此樹重活。」是年枯桂重榮，人以爲异。祖妣歸寧，親操井臼，縫浣度日。先君五歲時，侵晨出外，午時歸餐，餐罷復出，向晚回家，風雨寒暑無間。越三年秋，村中有李先生設帳村頭，大小學生數十人，督課最嚴，自朝至暮，書聲不絶。一日李先生行過土地祠，聞讀書聲，門隙窺之，見一小童抱土地神像背書，所背之書皆即日李先生所授衆學生之書，字字句句背誦如流，心异之，推門入，便遁去。祠有後門，故易遁耳。越一日，李先生重過土地祠，又聞背書聲，遂從後門遥望小童歸路，因迹之，知爲豆腐店中童子也。李先生入店問童子何姓名，從誰讀書，命之出見。祖妣告以家寒，未曾就塾。李先生見先君相貌魁梧奇偉，問所背書從何處聽來。先君對曰：「我五歲時，每日到先生館後，隔壁聽先生教衆學生詩書、古文、時文，於兹三載矣。」李試挑之，詩書、古文無不爛熟，一字無差。李先生大奇之，因謂祖妣曰：「此子讓我帶去教讀，三年奉還。衣服飲食皆是我給，不取脩金一文。我有一女妻之，不索聘金一文。鄙意如此，不知尊嫂以爲何如？」祖母拜謝，遂命先君從李外祖去就塾。』

『先君到學堂，外祖授以經史詩文，過目成誦，教作古文、時藝，三月已成。明年夏，外祖謂先君曰：「我不能爲爾師矣。吾鄉祇有姚鼐姬傳博學能文，堪爲爾師。」代先君治裝，往從姚學。姚見先君詩文，大奇之，謂先君曰：「君是天才，我是學力，敢作抗顔師乎？結爲忘年友可耳。」先君居半年，有某方伯求作府志序於姚，姚薦先君作序應方伯請。文成，方伯讀文而大奇之，以五十金潤筆。先君不肯受，姚曰：「寒士無産業，惟恃賣文錢爲仰事俯育之資耳。受之無愧，却恐不恭。」』

『先君九歲入泮。十歲，姚薦先君主講望江縣書院。十三歲，出門游學，覽窮山海，交遍公卿。或一年歸，或二年歸。歸則旦夕奉事祖妣，無寸步離。賣文銀包原封不動，盡數奉上祖妣，房中無一文私蓄。每逢先君歸家之前夕，祖妣必夢見土地神打掃門前街道，明日先君必歸。』

『某鄉縣某君平生品學兼優，去世有年，忽示夢其子曰：「明日午時有劉先生過我門，汝必衣冠拱侍道左，拜迎劉先生來家，盛饌香茗以待，將父行狀呈閱，虔請劉先生爲父作家傳。劉先生大手筆，其文傳，父亦附驥尾而名彰，父願了矣，汝勿忘之。」其子早起備饌煮茶，衣冠立侍門前，午時果見先君乘輿而過其門，其子攀輿求見，細述父示夢語言。先君應其請，入門昇堂，見燈燭輝煌，杯盤精潔，紅氍鋪地，名香滿爐。其子下拜，初進香茗，次進佳醋，八珍雜陳，三爵齊獻。飲罷延坐書齋，謹呈行狀，求賜父傳，藉附千秋。先君爲文以紀其异，傳成辭去。此傳久刊行世。』『先君四十二歲，秋初下榻鄰縣某大令衙齋，偶抱微痾，便寫家書，了却文債。夜半起視星斗，謂同事友人曰：「月將曉，是我去世之時矣。」談笑入房，沐浴衣冠，端坐而逝。先嫡母待先君靈柩歸家，七七後水漿不入，七日而歿。』

少塗述其尊人逸事如此。先大夫贈劉先生詩，有『自非畸士誰依我，未有名山不識君』，又云『自慚不是維摩詰，要勸襄陽返舊廬』，又云『我到江南收二寶，孟塗文字子堅詩』。先大夫曾與劉先生同游西湖，倡和甚多，積成一卷。誦其詩，讀其書，亦足想見其爲人矣。裘今年六十有四，追思父執，能無黯然！

吴半仙術數

揚州吴雪江後改號春江，曾爲休寧典史，挂誤去職，而隱於憲幕。善奇門數學，能知過去未來。訪余吴門，因以訂交。時陳姬病劇，問其休咎，吴曰：『恭喜老兄，得一貴子。如嫂非病，是懷娠耳。』逾十日病愈篤，復問之，吴曰：『勿爾，如嫂非病，硬派是病，何耶！倘有不測，爲弟者娶一美姬奉償何如？』一笑而去。是年十一月果生一子，即功成也。

貴州籍官雲南雲州知州李傑小白文武全才，余盟弟也，與吴舊識，銅差過揚州，船有十數隻，人有數十口，身無一文，儲無擔石。正踟躕間，適與吴遇，商策於吴。吴以指畫肚曰：『此時速行，登舟便發，到瓜州定逢同官，借銀得百金；到吴門訪齊玉翁，得一大公館，訪臬司房科某，應允代辦公館自太夫人以下數月之糧；到上海見同寅舊友龔觀察，得銀三百兩；到都中大有際遇，可以引見還任。速去無少留！』小白依言行事，其應如響，無一毫差。

黄鞠秋士，雲間人，工繪事，寄居吴門茅亭司前金宅。同人憐其貧，助資開衍波閣紙店。纔開半年，吴往訪之。黄問謀事如何，吴曰：『紙店三年成名，四年則爲官府所累，不能如意。』後至四年，本錢盡爲官府所欠，店遂敗事。

湖南芭蕉山人左清石仁太守與余爲文字交最契，罷官寄居秦郵小瀟湘館。余載書畫渡江至袁浦回，訪清石於秦郵。清石留談數日，與余談同輩奇才异能，首推吴雪江事能前知，意欲得缺後請吴爲顧問師，邀余到揚訪吴，問湖南眷口休咎，太夫人來江南否，再問何年得州缺，或出或處，皆欲問之。越數日，同至揚州，舟泊東關門外，約余先訪雪江於某巷。輿到巷口，見有書童立在道旁，問輿夫可是齊老爺，輿夫曰：『然。來拜吴老爺者。』童引至門，下輿登堂，雪江已出迎，把臂入室，對榻叙談，即曰：『此行有好友左公祖同來，頗不寂寞。弟事八十餘歲老母，不能出爲幕賓。左公祖盛情，心感而已。左太夫人無恙，不復來秦郵。左公祖官得太守，便宜勇退。』與余曰：『老兄一生逢凶化吉，遇難成祥，必得高壽，必得賢郎，可喜可喜！弟即後事飄流，不可問矣，奈何！』談未畢，清石至，左問吴答，悉如前言。後左太夫人家居無恙，不肯來江北。清石逾年得昇知府，復知震澤縣事，爲漕務鬧事撤任，閉户不出。喜與詩僧覺阿談詩。庚申之變，潛居東洞庭病故，二子扶櫬歸湖南。

庚申二月，吴雪江老病，坐一孤舟，飄泊江湖，至木瀆鎮訪周韜甫茂才，舟泊韜甫門外，寫書一封留別，付托後事，書罷而逝。韜甫得書，爲具衣棺，遣人送柩還揚州，代籌窀穸云。

王孝子傳略

吾友王萃薌堂先生，孝子義士也，家溧陽伍牙山下。十餘歲時，父得瘋疾卧床不起，家人入房，病身便痛，惟萃兒服事，身即不痛。父喜食溧陽城東門方糕，薌堂俟父睡穩，四更動身，走到東門四十餘里，糕始開籠，買糕懷之而歸，奉父食，糕尚熱也。父病十八年，懷糕奉養，風霜雨雪無間。

事父之暇，看書作文。鄰村有拳師教武藝，偷閑習之。薌堂力大，拳師憚焉。十八歲時，父病稍愈，抽身應童子試，遂入泮宫。因事父病，不入妻房。父殁，廬墓三年。妻亡二年，繼娶。生子二，才兼文武，延吾友徐伯宏授經術，請吾友俞星橋教武技。

薌堂家素豐，仗義疏財，爲人排解，賠錢貼酒，家漸中落。村中患盜，有錢姓引盜入村，盜牛盜米，放火傷人，共有十八大案。村人守夜捉縛七盜戒縣，官吏素與盜通，不但不治盜，反坐十八家誣良爲盜。將盜放去，將縛盜、告盜者囚之治罪。薌堂代爲上府下縣，皆不濟事，特來吴門求策於余。時值端午節，余方食角黍，見薌堂來泣訴冤罔，出示十八家案卷。余不暇食完角黍，便取長信箋歷寫府縣縱盜殃民，爲害匪淺，非求救於中丞，萬難申冤。即將十八家案由與書封固，命价呈董琴涵年丈閱，托其代報中丞以理罔也。

時中丞陳繼昌，董年丈之門下士也。每節必到老師處賀節，適值端節，投書凑巧，亦是薌堂誠義所感。書送去少頃，中丞果至董宅，年丈即將余書、案卷與中丞閱，中丞袖之回院。半月内府縣皆撤任，七盜拿到正法，十八家告狀人一齊放出。五月底，薌堂同十八家人到余寓叩謝，余留薌堂數日談。是役也，薌堂家産去其大半。

案内收禁有錢敬之者，徐伯宏之弟子也。是年放出獄中，應童子試，得中秀才。庚申之變，溧陽失守，錢敬之統領山中人殺賊無數。後因糧盡人稀，一戰而亡。秀才如此，豈不偉哉！薌堂二子亦領衆拒賊，食盡餓死。薌堂住宜興溪上徐伯宏家，賊犯伏溪，薌堂與徐伯宏、徐實庵、徐迂伯同日罵賊死之。

吊神助持中饋

婺源西冲某氏，爲細故失志投繯死。逾年其夫續弦，新人進門坐床撒帳之後，新人見前婦端坐床上，面帶怒容。新人曰：『姐姐休怒，與我無關。姐姐前事，是姐姐一時短見，與良人何涉？良人今日媒妁正娶妹子進門，爲子嗣大事，如生長男，先爲姐後。家無妯娌，各事祈姐幫助當家。』前婦聞言，欣欣然有喜色：『如妹言，我心慰矣。』去。從此前婦日夜在家幫助新人操作。

逾年生男，即書前婦位牌，某男奉祀。前婦保護其子，甚於生人。稍長能行，鄰兒戲弄其子，鬼即陰庇之，暗損鄰兒痛甚，從此不敢再惹其子。新人好看戲，家有賊偷，鬼輒奪其包裹臘肉，以繩套賊項，昏迷在地。來報妹知，快回家防賊害。新人歸家，見衣包臘肉，羅列堂前，灶下望見一賊昏迷不醒，項有繩束。天曉四鄰來觀，縛賊呈官究治。

前婦俟其子六七歲入塾讀書，一日謂妹曰：『兒子已長成，姐亦要投生去矣。』揮泪而别，新人苦留不住，時刻思量。

善鬼治家，名聞四境，特爲記之。

孝龍

宜興有白龍娘娘廟，傳聞有處女下溪浣衣，拾一大蛋，食之有娠，生一白龍飛去。時來母前索乳，母驚尋卒。士人爲造白龍娘娘廟，天旱禱雨，其應如響。每年逢娘娘忌辰，白龍來奠，天昏地黑，風雨驟至。龍去天晴，娘娘金身光彩絢爛。人傳白龍蟠身，作孺子慕焉。

山東文登縣朝陽山又有禿尾李龍王，每年四月八日來上母冢。其事大同小异，并記之。

余曰：『龍爲四靈之一，孝至於此，可以人而不如物乎？』

人趁神船

江陰人客南京，要趁船回家，江邊見大官船，詢何往，曰：『江陰去。』客搭船住後梢，包複、雨傘置身旁。日暮開船，睡未片時，已到江陰。船户催客上岸，付船錢不受。客去進城，燈初上，心异之；失去一傘，返至河干，覓船不得，更异之。半月後，偶進城隍廟，見神船尾露出傘柄，取出，果己物也。知前所趁者，城隍神船也。

蔣鹿潭，江陰人，口述其事如此。

銘觀察殉難

銘東屏岳觀察，進士出身，初爲江西縣令，有政聲。詩古文詞、琴棋書畫無一不精，尤精篆刻，印譜傳世。咸豐八年，觀察糧臺卸事，閑居吴門，偶爾相遇，把臂訂交。爲余作戊午年詩序，贈余印譜、詩集、書畫，再後贈水拓《瘞鶴銘》。余贈以先集全部、《寶稧室法帖》全部，并雙谿草堂墨刻大士像、東坡像、李北海《秦望山碑》北宋拓本翻刻，又自書《雲起樓墨刻》六本。

戊午夏初，網師園勺藥盛開，寓公陳某大宴賓客。觀察約余邀客，余邀樊曉堞、吴香巖、黄秋士、周存伯，緑酒紅燈，美人名士，笙歌未終，書畫間作。余賦七律二章，同人和之，極一時文宴之樂。周存伯大令閑，吾故人也，貧極不能入都引見，欲求觀察助資，素不相識，無因致前，來商於余。余屬存伯手製詩畫箑呈正，觀察見而好之。余因道其品學兼優，貧難引見。觀察聞言，遂約來談，一見如故。小飲未終，命取都中鈔票百張，約大錢五百千文，持贈存伯。存伯受而謝之，得以入覲，多半出觀察之賜也。素不相識之人，因余一言，贈錢五百千文，其高誼厚情，爲何如哉！

時觀察欲刻右軍《洛神賦》宋拓本，余薦戴行之世侄代爲摹勒上石。無何就養長男錢唐任所，愛西湖風月，久不回吴。余作寄懷詩四章寄之，手札往來，殆無虚月。越一年，西寇初犯杭城，行之勸觀察换衣暫避賊鋒，觀察不許，因命少子隨行之出外避賊。去時大兒已遇害，觀察從容殉節房廊，俄頃化爲一片瓦礫之場，尸骨無存，可勝浩嘆！余時在吴門，得其凶信，泪如雨下，雲天遥隔，安能學太上之忘情。

誦經擇僧

無錫包大麻子初與某氏女有私，既而有娠，打胎而死。女來索命，包遂暴亡。家人營齋，僧人誦經，包魂附在丫鬟身上，言某僧貪財，某僧貪色，某僧好酒，某僧好氣，孽口誦經無用。惟某僧老實，誦經有用，餘僧擯出爲快。

余聞陳少卿述此事，記之爲世之誦經超度而不擇僧者戒。

李刺史

貴州李小白傑刺史，余盟弟也。才兼文武，工詩能畫，乃其餘事。其先人諱玉麟，提督行伍出身，征苗得功，官至極品。其太夫人能畫丈六匹紙，花卉最精，力大，久歷戰場。余拜謁時，年近七旬，精神矍鑠，大异恒人。

刺史有妹，大力無匹。當其墮地時，鄰近適焚金剛殿，人見一火球飛到提督衙中，火光燭天，衆來救火，但聞太夫人生一小姐，因知小姐是金剛神轉劫。年十二遂隨父出征，殺賊無算，不作女妝，人呼爲三少爺。廿四歲，父母欲爲擇配夫婿，改裝不樂，鬱鬱以終。其平生戰功皆讓乃兄小白，本係參戎，後改捐文職刺史。

道光甲辰年，刺史銅差過吴，暢叙月餘，臨別揮泪，不知所終。

姚烈女小傳

蘇州姚心蘭，名姝也，年近六旬，有孫女名修竹，年十四，美姿容，秋波一轉，令人消魂，善度曲，恬静可人。李小白見而愛之，欲納爲小星，許以千金，心蘭許之。小白遂以黄金十兩爲定，約三年内改官江南再來迎娶。行至長玉山，差家丁送食物，賦詩三十首絶句寄懷修竹；懇余照料，寄余長篇五古，余心感焉。

三年後杳無音訊，修竹苦守清貞，久待小白不至，鬱鬱成疾。余屢問疾，修竹無言，手弄小白所贈玉珮，泪如連絲而已。余慰之曰：『李君多情人也，决不負約，静守可耳，勿憂勿慮。』修竹泣曰：『天各一方，恐難如願。』半載病篤，謂其母曰：『將女棺寄在尼庵中，勿釘勿葬，要待李老爺來，憑棺一慟看也。』大哭而逝。

余曰：『姚修竹生在青樓，遇一主人，守貞不二，待主不至，鬱鬱以終，視古之貞白烈女未遑多讓。修竹死時，不知小白人間天上，其守貞之志，誰其知之，誰其憐之，豈不惜哉！豈不傷哉！』吾特紀其情事，以表其貞烈云。

王彥卿殉難

王彥卿復，吴人也。少習醫，長見吴興王二樵先生，從之學詩、學書啓。余與二樵交，到其寓齋，偶見彥卿和詩，愛之，詢何人。二樵曰：『小子王彥卿，從我學詩，問道於盲耳。君既愛其詩，令其執弟子禮，拜從門下，勿叱之爲幸！』數日，彥卿持其師書來，因與彥卿相識。

彥卿知慧過人，詩亦清妙，出作幕賓，不合即去，故居家日多。與余相叙，十餘年如同一日。有母有妻子。我婿于漢卿需次吴門，見彥卿詩，有二語與漢卿少作同，不差一字，亦一奇也。於是兩人交契。漢卿佐楊簡侯能格方伯治江北糧臺，延彥卿辦書啓。曾爲余譜《艷禪》曲一摺，久刊行世。余刊彥卿倡和詩甚多。

庚申之變，彥卿先逃出城，挈眷住平望，後入紹興。聞高茶庵説第二次賊陷杭州城，彥卿全家餓死於城中。彥卿曾約余渡江避地，余志未决，又無川資，故陷蘇城十月始得逸出。叨天之庇，今尚健存。彥卿先我出城，逾年餓死武林，可悲也哉！

余曾邀彥卿同游西湖，與朱子庚暢游南北峰，題詩飲酒。又與余錢塘觀潮，各作長歌以紀勝游。詩已刊行，人不可見。吾知彦卿吟魂飄泊，正在湖山風月之間，不知憶及老顛故人否，噫！

宋茂才殉難

宋咏春志沂茂才又號去垢，吴人也。性恬静，品端方，能詩工詞，與王彦卿、高荼庵交善。余愛之重之。庚申之變，全家投城河而死，哀哉！

王養初死難

王養初爲吴縣書吏，能詩。曾代養初刊《十國宫詞》一册行世。庚申之變，全家遇害，亦可悲矣！

黄秋士死難

雲間黄秋士鞠，畫史也。少從戴貞石理問衙齋習繪事，長爲諸侯老賓客。年逾四十，顧湘舟爲謀娶妻，生子二女一。

裘刻先大夫詩文全集成，夢見先大夫手持一剪蘭花諭裘曰：『集成，少一小像。』裘曰：『然。繪何圖像？』曰：『笠屐圖。』裘曰：『倩誰繪？』曰：『秋士。』驚寤，即持遺像、素紙到秋士卧室敲門。秋士曰：『何其早也！』余曰：『奉先君命求繪笠屐圖耳。』因告之故，秋士异之，浣手摹像。捧像以歸，勒之簡端，并請董琴涵年丈題贊，命其子世帷書之，刻在像後。

庚申之變，秋士全家逃出城，萬年橋上遇賊擄其子，秋士奪子，賊殺秋士，投之胥江，年六十餘。妻流離上洋，蘇城克復後，入清節堂云。

繆老死難

吴人繆西山工寫生，年八十餘，值賊犯蘇城，遇害。

馬根仙死難

馬根仙，吴人。世業畫師，善琴，工刻扇骨陽文、美女花卉，窮工極巧，人莫能及。余居西麒麟巷，與伊爲比鄰十餘年。

庚申之變，全家出城，避地鄉間，流離困苦，鬱鬱以終，惜哉！

潘茂才遇害

潘仲超茂才，吴人也。有才，曾畫五湖飛夢圖，自作記題詩，索余作長歌，久刊行世。庚申正月，携眷口入杭城，前三月遭難未死，逃返吴門，旋又挈妻子到嘉興，全家遇害。死生有定，不其然乎？

蔣劍人奇踪

寶山蔣劍人茂才敦復九歲《十三經》讀竟，能文工詩，人目爲神童。十三歲父母見背，出門游學，不矜細行，宗師不準其應童子試，憤極，削髮爲僧，出家江陰，自號鐵岸和尚。

張小浦芾侍郎放江南學使，素見劍人詩古文詞，悦之；到江南，問教官蔣敦復何在，對曰：『蔣久已出家爲鐵岸和尚矣。』張大怒曰：『有此才而使之潦倒爲僧，是誰之過？快着伊還俗，應童子試，無多言！』教官某唯唯而退，來訪鐵岸，鐵岸方踞床高卧，宿醉未醒，到榻前捉之起。鐵岸曰：『教官不去辦考事，來與方外糾纏何耶？』某告之故，鐵岸曰：『前被長官逐出，不準應試，故發憤出家。今又來逼我還俗，勒我應試，有是理乎？速去，毋污我耳！』某官哀求再四，即代换裝，以髮辮紉在帽内爲假辮，扶之出考，遂入泮焉。

三十成室，有二子，寄住申江北門竹林庵，庵主尼姑即劍人之姊也。咸豐四年，土匪小金子作亂，陷上海城。劍人僧裝出城，居然無恙。後爲英夷所聘，作《英國志》兩册。著有詩古文詞行世。

咸豐八年來吴，下榻余齋，暢談古今，遍游花柳，吟詩達旦，和韵連篇，相叙百日而去。復游新安，送張小浦中丞丁艱回籍，旋歸上海。或出或没，或見或潛，如白鷗焉，如游龍焉。余避地江北，曾接其手札一通，余寄七律六章以報之。久不通音問，不知劍人踪迹又在何處，念之。

卷　六

婺源　齊學裘　子治

三足能

道光十六年，余居綏安山中雲留軒，有賣魚者手提一脚魚來，立庭前，視之三脚能也。余命家人以錢百文買而焚之，免其害人。古書云三脚鱉名能，人誤食之，化爲血水，謂之化骨丹云。

山鬼推門

余因長男功忠病故雲留軒，抑鬱無聊，遂束裝同鄉友余某茂才回婺源掃墓，遍游黄山、白岳、天鄣、靈巖，得詩一卷而歸釣橋，始知雲留軒有物作祟。

一夜，陳姬同次女乳娘、丫鬟共卧一房，房外有老車夫俗號閻王者居宿。二更後有大物推房門，門閂欲斷。陳姬等皆未睡，大家拒門，力不能支，急喚閻王起來，閻王答應，取火燭之無物，衹見月明如晝而已，後遂杳無動静。狐耶？鬼耶？山精耶？竹王、木客耶？則吾不得而知矣。

申江地湧血

咸豐初年，申江城中聞有豆腐店竈下湧出血水高尺餘，觀者無數。逾年，土賊小金子作亂，城陷。越一年，吉中丞克復。

災　异

咸豐初年，江蘇到處陰兵作亂，地震，河水沸騰，地生羊毛，日旁妖星并行，日色無光，日紅如血，傳聞災异種種。不數年便遭西寇兵火浩劫。吁，可畏也！《詩》云：『我生不辰，逢天僤怒。自西徂東，靡所定處。』其此之謂歟！

打悶棍報德

婺源汪姓秀才窮士也，歲暮債逼，家屢斷炊，妻賢，不願其夫之妄取非義財也。汪侵晨裝打悶棍者，攔道打劫過客，那知過客力大，將汪打倒而揮之拳。汪哀求口稱：『我是秀才，窮到無法可想，故有此舉耳。』客重讀書人，放手不打，曰：『此是細故，何必如此，君要若干錢可以度歲？』汪曰：『八金足矣。』客以八金贈。兩下未通姓名，分頭別去。

汪歸將銀藏在水缸脚底，夜半假作囈語云：『八兩銀在水缸脚底[一]。』妻聞之，問之，佯爲不知。又睡又語，妻聞之起，取火照之，缸脚果得銀八兩。妻曰：『窖銀出現，缸底必有大窖，將水撥乾，倒缸尋窖，果得銀一大缸，從此起家。是年登賢書。每思贈銀八兩之客，不知姓名，無從報德，因起一亭於贈銀之處，名之曰報恩亭。

客老且窮，日牽小孫乞食，偶過報恩亭遇大雨，遂宿亭中。亭中有施茶人與客同寢，

[一] 缸，原誤作『缺』，據上下文改。

客曰：『當年我在此間路過，遇窮秀才裝做打悶棍者，詢知其故，贈秀才銀八兩，惜未通姓名，無處訪問，不料我今日一窮至此，竟至牽孫乞食乎！』嘆息不已。茶丁聞而告之汪，汪來亭中與客叙談，互詢姓名。汪請客管田莊，將其孫同兒輩讀書。七八年後，兒子與客孫同入泮，報之客，客不信，示以報單乃信。汪因田莊屋小而陋，遂起大屋一堂，爲客菟裘，贈田百畝，爲客養老之資，以女妻其孫。

余曰：『客能輕財重義，汪能知恩報恩，宜其有後矣。視世之忘恩負義、以怨報德者，真打悶棍者之罪人也。』同治五年丙寅五月十三日，余到泰州新安會館拈香，聞張榮春口述古事如此。

田鷄報仇

有客坐漁船出鄉服賈，見漁人殺田鷄形狀甚慘，止之曰：『勿殺，盡數賣與我放生。』漁人欣然得客一金，客將田鷄盡放之河。漁人見客開銀包，見多金，頓起惡念，夜間殺客，繫石沈之河。

地方官適過中流，田鷄數百向官喧鳴不已。官曰：『汝有冤乎？吾與汝申。』田鷄前跳，官船隨之，至河邊，田鷄跳至河心，或出或没。官知河心必有緣故，唤船户以篙鈎出，得客尸焉。再命田鷄引尋凶手，田鷄跳至漁船上亂鳴，役縛漁人到官，嚴訊得實，誅之。客尸盛棺厚葬，田鷄無數繞墓喧鳴，如泣如訴，聞者哀之。

李明府忠迹

梁溪李君福培，字心畬，吾故人也。君蚤歲舉於鄉，困於春官，出爲從化令，有政聲。咸豐二年，廣東賊蜂起，犯縣境，君迎擊殺賊百餘人。四年三月，復密捕賊目謝亞清等誅之，遂不敢犯從化。然是時賊勢張甚，已薄廣州城矣。君請太守以兵二千守化縣之石角及從化之太平塲，以保二縣兼斷賊糧道。不報。七月，賊果至，突入北門。君出募鄉民數千，與戰而勝，城得復。九月，賊又至，敗之於麻村、良口等保。先後斬賊八百有奇，乃賊來益衆，攻城甚急。君堅守七晝夜，外無援兵，自知必死，俄報東門陷，君與其弟性培及典史趙應瑞登學宫尊經閣，將自盡而賊已至閣下。君取石擊賊，傷數人，賊乃縱火焚閣，同時遇害者十有二人。蓋九月二十七日也。其後有過尊經閣故址，見血影在地如人狀，遂圍以石闌，題曰『忠迹昭然』。

是像爲其孤鎮衡追摹，出示徵詩。余曩與君有舊，知君頗深，敬題三律，以志欣慕云。詩曰：『陽羨與君别，經今近卅年。音容猶可想，忠迹已昭然。碧血陰晴現，丹心日月懸。披圖見遺像，老泪灑江邊。』『殺賊賊屢退，請兵兵不援。孤城無雀鼠，短袖有乾坤。守土盡如此，滔天何足論。可憐食肉者，衹解望風奔。』『一上尊經閣，難存從化城。焚身得不死，報國耻偷生。就義携僚佐，成仁共弟兄。千秋青史上，殉節有聯名。』

無錫周烈女

咸豐癸丑二月初旬，西寇犯金陵，陸制軍兵潰，倉皇過錫山驛。有擔夫女周氏，年十六，貌如花，瞥見逃兵，誤爲寇至，遂以剪刀刺喉而死。詩以美之，詩曰：『逃兵亂竄過梁溪，誤認長毛蹴馬蹄。停綉無言心有主，快將并剪刺蝤蠐。儂家生長芙蓉湖，玉貌如花未有夫。百斛明珠求不得，肯將白璧被蠅污？人言碧玉小家女，尚解輕生立節名。不信將軍偏畏死，相從鼠竄誤蒼生。』

湯貞愍公殉難

咸豐三年二月初十日，西寇陷金陵，湯雨生都督絶食，談笑如平時。十五夜四更，與其王氏女朝服投塘而死，遺命以蘆席捲埋。作絶命詩云：『死生輕一瞬，忠義重千秋。骨肉非甘弃，兒孫好自謀。故鄉魂可到，絶筆泪難收。槀葬無予慟，平生積罪尤。』

是年六月初七日，余居宜興和豐橋，忽接王彦卿來書，得知其事，哭之以詩。詩曰：『去年六月登君堂，暢談今昔頻傾觴。鶯簧蛙鼓勝絲竹，都督詞云：『鶯簧蝶拍，蛙鼓蟬琴，也抵得，日日東山絲竹。』題圖鑒古憐清狂。都督索題博山園雅集圖，并出示古今書畫，囑余鑒定。今年六月聞君死，死忠死孝父與女。羨煞琴園水一池，琴隱園。流芳千古從今始。昔年曾讀《斷釵》詩，都督太夫人節孝兩全，有《斷釵》詩傳世。今又吟君絶命詞。綿綿四世著奇節，永爲萬古名臣師。我今衰病居陽羨，數月未曾親筆硯。爲君特地鼓詩腸，忠魂何夜來相見。』

打虎救夫

歙州古余岸有樵夫某，每日樵柴金坑山，遇虎不能逃脱，爲虎所啣，將食之。樵婦適至，飛身虎背，鐮斫虎腰，虎痛極，捨樵夫逃去。婦扶夫歸，養傷月餘乃愈。

余聞其事，作《打虎婦》以美之。詩曰：『打虎婦，勇且悍。家住歙州古余岸，夫日采薪金坑山。長林豐草蔽孱顔，中有虎穴無人識。但聞懍懍寒風旋，風吹毛髮竦然起。急速負薪歸故里，行未半途虎嘯來。前無村落後無侣，山巖巖兮石齒齒，下有深潭不見底。側身回望虎來矣，鋸牙鈎爪眈眈視。馮婦攘臂夫不能，微軀自分虎口死。心驚股戰行不前，伏地喂虎虎流涎。作威咆哮將夫戲，高叫一聲樵婦至。身騰虎背打虎腰，虎膽已碎虎尾摇。夫得抽身脱虎口，虎真無力逃婦手。可笑山中百獸王，也怕河東獅子吼。虎遁深林殘喘延，夫婦竟夕不成眠。若非烈婦來相救，早已魂飛到九泉。君不見朱翁子，家貧負薪妻去矣。誰無夫婦友和賓，打虎救夫見幾人。我吟此詩非戲也，用示世間爲婦者。』

李廉訪德報

南通州人李玉鋐，雍正年間進士，官廉訪有年。凡赦一犯，必拔一殘燭頭置之瓮中。罷官歸，兩袖清風，家無長物，衹將瓮中殘燭頭分授諸兒。迄今李姓無子不秀才，無門不科第，天之報施善人有如是者。

汪君紫軒原籍歙州，寄籍通州，來游吴陵，一見如故，茶敘旭升園，口述其事如此。

戴明經脱難

婺源巖前戴維莘鴻澤明經少時豪邁，性欠和平，屢夢關聖帝君責罵罪過。戴乃自怨自艾，修德立功，敬惜字紙，募修古寺十餘年。後再夢關聖帝君，耳提面命，時帶喜容，諭曰：『揚州難過。』又曰：『過繼乃免。』當時不解其意。

咸豐五六年間，西寇屢犯婺邑，戴被賊擄至大河濱，水深難過。河左楊樹，河右沙洲，賊擎戴胸，曳之過河，得不溺死。戴係長房行二，過繼三房節母爲後嗣；長房大兄侄被賊擄去，不知所終；三房弟鴻藻殉難湖北。戴獨得籌銀三十兩，從賊中贖回，得免浩劫。追思神諭，絲毫不爽。

余曰：『太夫人苦節，君又能苦修，逢凶化吉，遇難成祥，固其宜矣。』戴君小余三歲，是余侄孫女之夫兄也。大哲嗣鼎銘茂才現在鮑花潭學政幕中衡文，亦名士也。余來吳陵，得遇戴君於新安會館，劫餘話舊，情更逾恒，朝夕往來，互慰寂寞，幸矣！

常中丞殉難

咸豐紀元，余載書畫船出游西湖，謁常南陔中丞，暢談詩字，鑒賞收藏。余時摹勒古今名書，矢志二十四册，名曰《寶褉室法帖》，以了先大夫未了之願。初集十二册已成，爲籌資續刻二、三集。常中丞係先大夫年家子也，重余繼志之苦衷，贈余百金，助爲刻帖之資。余感其意，遂以米元章書《顔魯公碑陰》卷贈之。中丞大喜，謂其門生應菊裳孝廉曰：『齊玉翁，吾世好，工詩書畫，善賞鑒金石。意欲延之爲少子師，暇可籍談金石詩文，不知肯俯就否，盍代詢之？』應君來述中丞盛意，余以刻帖籌資無暇辭之。

中丞接以盛宴，贈以程儀，屬覓古帖數種，訂約來春暢叙。

一別四月，余適從袁江返棹吴門，舟泊胥江，見大官船，左右炮船護從，大旗上書一『常』字，詢之知常中丞奉命鎮撫湖北。船尚未開，余投刺謁之，中丞接見留飲，暢談半夜，邀余同去湖北作楚游，可增吟興。余約帖事告成，即當奉訪，辭去。

咸豐二年冬，湖北失守，常中丞殉難，余哭之以詩。三年春，金陵失守，余避地宜興和豐橋芙蓉園，忽接到鍾殿選書林太守寄來常中丞手書楹帖一對，云是中丞分付少子覓便妥送者。余閱楹帖，感深以泣。挽詩曰：『長髮妖氛陷武昌，聊憑一死報君王。平原遇害公尤慘，海岳書碑我獨傷。辛亥之冬，余游武林，中丞分俸助予刻帖，余即以米海岳書《顔魯公碑陰》卷奉酬〔一〕。浩氣已乘黄鶴去，忠魂應在華山陽。中丞奉命調任山西，未得替而遇害，故及之。談詩校帖情何限，回憶西湖更斷腸。』

〔一〕 米，原誤作『來』。

戴文節公殉難

錢唐戴熙醇士侍郎少時美姿容，好儉，毫無官氣，善畫山水，精賞鑒，喜詼諧。致仕在家，日與二三知己逍遥文宴，清談爲樂。余於咸豐紀元重游西湖，得與醇翁暢談書畫。吾友高小垞、朱子庚、程蘭圃、羅鏡泉、趙次閑、魏滋伯、周澹園、應寶時敏齋、王小鐵、周存伯諸君互爲東道主，西湖吟雪，西溪看梅，極一時湖山詩酒之樂。而醇翁在座，必多笑話。

記得醇翁説在都中某侍郎招飲，坐客道主人最好翡翠釧，有一對翠釧，天下無雙。醇翁手招司酒之僕耳語，僕點頭去，少頃僕以黄緞包翡翠釧呈上。醇翁遍示客觀，無不拍案叫絶，贊嘆不已。衆賓怪之，一耳語便得釧觀，似與内眷熟不可言者。客笑，主人亦笑。醇翁曰：『勿笑。一事必有一理，以理推事，事無不得。主人愛翡翠釧之尤者，即必賜與最寵之姬也。我知主人寵姬某氏，故囑价一索即得耳。理所固然，無足怪者。』主賓皆服，一笑而散。

醇翁見余所藏惲南田題王石谷山水大册十二幀，愛不釋手，借觀數日，親來小舟，送還巨册，跋一紙夾在册内。庚申之變，余從賊中携巨册出城，此紙失落道途，惜哉。聞有藏著名金石法帖者，必邀余徒步到門索觀書畫法帖，觀畢即催余行。主人詢姓，曰：『戴。』主人驚喜，款留進茶，醇翁早已脚出户外矣。謂余曰：『刻叢帖本錢費大，難以廣傳，不如單種精刻，本小易傳耳。』自今思之，誠哉是言。

庚申之變，西寇初犯錢唐，戴侍郎全家殉難，跳塘而死。有司聞於朝，重加恤典，謚曰文節。

醇翁爲余畫山水二幀，書畫箑一柄，盡付劫灰，承題余畫數條，刻在《壽鼎齋叢書》中，尚留鴻爪一印云。

菱殼達摩

周澹園喜古玩盆景，見花鉢古今磁皆好之，買不論資，以必得爲快。余見其藏菱殼達摩神像逼肖，有董香光題跋，存在匣中，又有諸名人吟咏一册，天生神物，有不可思議者。又見其藏大理石一小片，徑寸之中雲霞山海，具萬里之勢。又一面楊柳池臺，精妙絶世，真寶物也。

曹秋舫金石

吴門曹秋舫雅好大理石，家住盤門外汲水橋，築室精良，宛如盤谷。有三祝吾廬，向藏祝京兆楷書三種，因此名堂；有金石窩，藏鼎彝盤尊處，有刻縮本鍾鼎圖，石拓贈同志。軒館之旁皆插石峰，共有七十二峰。所挂壁間者無非大理石，山水人物、鳥獸蟲魚無不備具，古磁古玉陳設其間。高梧翠竹、幽草素蘭、几榻茗壺無不精妙。

秋舫年衰目瞎，猶能作大字，將友人名號押頭押脚撰句書楹帖以贈同志。二子，一能畫，一能書。余每至其家，必留談竟日，盛饌以待。余曾題其懷米山房品石圖七古一篇，詩曰：『吾家黄山峰六六，秀聳雲霄天下獨。曹君伎倆匹巨靈，三十六峰插盤谷。隨意安排屋數間，窈而深兮繚而曲。懷德重登君子堂，秋舫有懷德堂。精廬曾獲觀三祝。秋舫舊藏祝京兆楷書三卷，顔其廬曰三祝吾廬。何須海外尋蓬萊，到此便足誇眼福。玲瓏怪石且勿論，圖畫天開三百幅。重巒叠嶂李將軍，青山白雲趙榮禄。潑墨王治惜墨倪，粗筆范寬工筆陸。連天海水湧波瀾，拔地仙山起樓閣。半輪新月印秋江，百尺懸崖挂飛瀑。水村清夏似大年，紅樹秋山即黄鶴。其餘種種妙入神，禽飛獸走看不足。品石已足娱清懷，更有周彜與商爵。齋名不愧金石窩，懷米山人真出俗。鎮日吟哦坐石林，桐陰染得鬚眉緑。豈惟嗜好殊酸鹹，應事處人厚不薄。存心爲善無近名，刻意清修戒多欲。時時過我慰寂寥，論古談詩最精確。長言不足復高歌，四座聞之皆折服。平生友石壽而康，堪笑世間交酒肉。米顛畢竟是前身，我欲編茅傍君築。』

庚申之變，懷米山房、金石窩盡付劫灰，秋舫歸道山已十餘年矣。咸豐二年，余移居友來巷，昔名幽蘭巷，秋舫撰句書聯見贈，將我號押在頭一字云：『玉堂春燕喃喃語，溪渚幽蘭陣陣香。』此聯寫作俱佳，挂在寶褉室十年。西寇陷吴，同儕數百人所贈聯屏扇册，一齊付之劫灰，惜哉！

二　蕃　馬

咸豐元年冬十月十日，余重游西泠，訪高君小垞於清吟巷。談及秋間見二蕃馬，驍悍無匹，其一能越城堞，因傷人斃以銃，其一蹄嚙不可近，斃以飢。惜其控勒無主，哀之以詩。余索詩讀，不覺神沮，感作長歌，以紀其事。

詩曰：『冬初重作西泠游，訪我好友高青丘。青丘世住清吟巷，詩字道路開驊騮。談詩把盞坐東閣，酒酣耳熱豪情作。出示秋來哀馬篇，頻摩病眼燈前讀。一讀服君負雄才，再讀爲馬生悲哀。突兀胸塡萬壘磈，潺湲泪落黄金罍。人言驥德世所稱，二馬啼嚙多傷人。徒矜其力宜其死，何必歌詩爲愴神。我聞斯言笑不已，皮毛論馬馬不齒。王良伯樂今已無，二馬不死將何俟。天生良馬必有用，衆人那識輕和重。不逢項王力拔山，名騅在厩誰能控。控馭無能便殺之，馬乎馬乎真可悲。大材不用置之死，世道人心竟若斯。世固不幸喪此馬，馬非無故生斯時。假使將軍得此征西戎，日行千里如旋風。咆哮如虎騰如龍，臨陣與人成大功。凌烟圖繪功臣像，二馬亦爲窮殊相。大筆如椽自有人，賦成天馬留天壤。斯則二馬榮復榮，飛黄匹練堪齊名。金羈玉勒被其體，飽餐苜蓿養餘生。奈何天生爾材靳爾遇，飛騰奔軼遭人惡。可憐騏驥空絶倫，不如駑馬全其身。人生有才多轗軻，君不見蕃二馬。』

高伯平錢東平合紀

嘉興高伯平均儒能文工書，性好静，寒士中之端人也。出爲諸侯賓，不喜居衙齋，常寄住賢祠、古寺中。道光二十七八年，屢至袁江，常訪伯平於王公祠，得識錢東平於伯平寓中。東平豪放不羈，憐才悦士，揮金如土，有俠客風。余勸之歸，贈之以詩曰：『驚人一檄愈頭風，剿逆當時發願同。鬼館何難燒一炬，狐裘豈易適三公。荷戈塞外心徒壯，種竹庵前句更工。飄泊天涯吾與爾，一尊相對話途窮。』

東平曾作討夷逆檄文，真堪名世。曾起粤東義民燒鬼子館，真大快事。獨恨所遇非人，矜才使氣，口不慎言，卒死於雷公藿郊之營中。錢與雷在萬福橋營中對飲，論事不合，雷退命張小虎刺殺之。張乃虎頭之子，亦錢引薦入營者。錢冤未伸，雷職旋革。當時同儕竟無一人救之者，豈不惜哉！

然自西寇犯江南，我軍無兵無餉，東平首舉厘捐招勇之策，駐防萬福橋，保障裏下河十餘縣地，皆其功也。及至克復金陵、吴越，皆頼厘捐助餉之力，故得成功。由此觀之，東平有功於國明矣。

咸豐二年，又於西湖南屏六舟詩僧處遇伯平，同坐瓜皮小艇，跏趺促膝，看寳楔室新刻法帖，爲我題『即此是學』四大字并跋，刻在第三集帖前。亂後追思好友，久隔雲天，悲從中來，不可斷絶，感逝情懷，如是如是。

徐處士紀略

吾友徐迂伯慎獨處士家宜興溪上，好爲古文，能書《岣嶁碑》、鐘鼎文、八分書，尋丈『龍鳳』二字，以碎布紮棉花書之，人不能及也。曾爲余作《寳楔室法帖序》，久刻行世。余年五十，又作文以壽余，謬加贊美，愧不敢當。

道光壬寅年，英夷作亂，迂伯手著平夷奏疏六道、治安奏疏十道，徒步入都，親上封章，蒙恩朱批上諭云：『江南徐慎獨所奏一部留中，人任其去留自便，無容再行拘束。』行至天津，爲防堵官陸建瀛所執，疑作奸細，拘繫數日，查明始放行，然囊中所著《徐氏人物考》一部失落無存。忽聞老母見背，遂匍匐哭歸，廬墓百日，哭泣之哀，聞者流涕。

越數年，又著收清漕奏疏一道，徒步又入都上之。刑部都察院官勸之歸，還其封章。庚申宜興失守，迂伯駡賊而死。子紀南，能讀父書。

單莫誓報

無錫單三者，其父開米行，行名慶泰，在北門栅口，有舊夥莫五出幫南門他姓米行。單三有女嫁南門城内趙姓爲妻，趙開雜貨鋪，鋪號正茂。

單三出幫他姓米行管事，一日有事往蘇，時當盛暑，持蓋行至南門趁船，適船不開，返遇舊夥莫五。莫五邀入茶室，殷勤款待，謂單三曰：『天氣炎熱，無勞往返，在小店宿一宵，明早趁船往蘇爲妥。』單三從其言，遂留莫五同夥某房宿焉。某因母病垂危，歸家事母，故未到店歸宿，床頭包洋二十元，爲母辦後事用者。單三睡覺摸着洋銀，便竊而懷之，早起出店趁船。

莫五送至河干回至店，同夥某母已故，床頭取洋銀不得，正在喧嘩之時而莫五到。某謂莫五曰：『我床頭有番銀二十元，上有蔣義亨圖記，預備辦家母後事，遍覓不得。

聞爾昨留客宿我床上，速代追還，無誤大事。』莫五曰：『單三我舊東也，何至竊人財物。洋銀既失所在，是我留客之過，何容辭！』速向店主借支洋銀廿元還某，隨到信船尋單三不見，船家云：『單到船一坐便去，承惠酒錢十六文。』莫五知其婿趙某在大市橋開店，遂到趙店一問，趙答云：『家岳纔來換洋一元，買西瓜、豚蹄携至教場舍間看女兒去了。』莫五索洋一觀，見洋印果是蔣義亨店號，遂以己洋易之云：『我來正爲此洋，今得之可返還店夥矣。』去訪單三於教場中趙家。

單三見莫五來便驚曰：『爾來何事？』莫邀單出茶叙小城隍堂，謂之曰：『兄昨夜宿房床頭有某所置洋銀二十番，爲其母辦後事用者，某來取洋忽不見所在，向我追還，爲留兄宿故。兄如借用，遲日惠還可也。弟已代償，不須芥意。』單聞言大怒，起掌批其面曰：『爾誣我做賊，誓不甘休！』復遣人通知乃父乃兄，頃刻駕舟來與莫論理，父與兄共打之，旁人勸之去。

莫五受打，心實不甘，謂單三曰：『汝向趙婿換洋一元，洋印的是蔣義亨字號，口説未竊，何以明心？我與汝同至城隍廟神前發誓去！』單從之。兩人跪在神前，莫誓曰：『如我誣單竊洋銀者，使我家自老至幼盡遭天譴！』單誓曰：『如我竊某洋銀者，使我家自幼至老盡遭死亡！』」莫謂單曰：『今夜同宿廟候神判斷，有靈應後再散。』單從之，宿廊下，席地而卧。至夜分見燭光輝煌，城隍歸殿，問廊下卧者何人，陰役跪禀：『有單、莫兩人爲竊銀發誓，要候靈應方回。』神曰：『依他誓辦，無容在此酣睡。』陰役下堂依神諭告之。

天剛曉，單、莫起身到三官堂茶叙，單自聞神諭心怖，長跪莫前説自己一時昏聵，竊取洋銀，用過四元，容日奉還，現存十六元，請先收訖，還祈到神前求息誓案。莫曰：『何不昨日早言？』遂同單復進廟跪神前，求息案畢，各分頭而散。單歸家怏怏不樂，逾月趙姓外孫暴亡，未幾女與婿亡。越一年，單三子女亡，妻亦亡，自身亡，兄嫂相繼亡。三年内，父母以下無一存者。陰法之嚴，如是如是。

余聞無錫陳少卿口述其事，筆之爲世之負心發誓者戒。

卷七

痘司神充軍陳孝廉受杖

婺源　齊學裘　子治

嘉慶十七八年間，常州府卞太守幕中有陳孝廉某年高，衹生一子，出天花危極。陳禱花神，求籤問吉凶，籤説虔心還願，可保無虞。陳乃唱戲上袍。越數日，花疤迸裂，幼子頓亡。陳大怒，即在東岳大帝神前告狀，哭訴痘司貪財誆騙，乘醉返到痘司廟，毁其像歸。夜夢二役來説：『奉東岳大帝之命，着汝去。』陳從之至一大殿，見一王者端拱持笏向陳曰〔一〕：『爾陳某耶？』曰：『然。』『爾訴痘司一案確否？』曰：『確。』王者差役唤痘司到案，面質無虚。王諭痘司得賄，法所難容，當充三千里，遂上刑具，差役戒行，鋃鐺而去。王者諭陳曰：『痘司有罪，已發遣矣。汝受痘司誆騙，既來禀訴，

〔一〕拱，原誤作『供』。

理當静候判斷，何得私毀神像？罰受陽官三十大板。』陳驚寤，逢人便告此事。

越一月，居停卞太守昇督糧道，舟先過無錫，陳與卞少君同舟，泊錫山驛。夜間腹脹，上岸如厠，頭戴白氈帽，身穿短襖，外披一件黑紫羔馬褂，不褪褲而蹲厠上。又無燈籠，適值無錫縣令韓履寵便服查夜，見陳衣帽粗魯，不褪褲而如厠，非賊而何？呵問來由，陳强項亂罵，縣官叱責三十大板。陳大罵縣官曰：『我某科舉人，無故受責大杖，誓不與汝甘休！』舟中卞少君與僕役聞大聲罵，始知疏誤，受犯夜之責，差扶上船，好言安慰。陳怒不息，罵不絶聲，逾時倦睡。卞少君暗命開船，免得生事。一帆風順，頃刻到滸市關。陳醒，日上三竿矣，餘怒未平，大怪開船之速，未得與韓令理論也。

卞少君勸之再三，扶上岸茶叙消遣，陳勉强從之。行至痘司堂前，見『痘司堂』三字，便恍然大晤，如夢初醒，大笑謂卞少君曰：『奇哉怪哉！去年我告痘司於東岳大帝，大帝當時發遣痘司三千里，又罰我受陽官痛責三十大板。昨夜之受責，帝命之耳，非韓過也。』欣然氣平，瘡亦忘痛。卞太守差旋過錫，韓令大備盛饌，延陳上座，告罪冒昧，陳大笑而告之前事，共懔神靈之不爽矣。

其時先大夫梅麓府君宰金匱，與韓公爲同寅，裘年十一，恍若有忘，適遇無錫陳少卿口述其事，特爲書之。

許仲稼

無錫許仲稼，乾隆宦家許萬春之後裔也。世居南門，其宅即先賢高忠憲公舊宅，宅後有池，池中有亭，即忠憲校節致命之所，名曰高公止水。庚申之變，無錫失守，賊目館其中，將寶銀盛二大缸，埋之亭心，以大石板蓋之。

同治二年，官兵克復無錫，亭遭火焚，瓦礫堆積如丘。逾年許仲稼歸葺房廊，適有從賊中逃出者知此銀窖，來訪房主，告之窖所，求分金焉。仲稼信其言，雇工挑瓦礫，開石板，見兩大缸清水而已。空費挑力十餘千文，不得一金，憤甚，擊碎兩缸，水流於池，告者嘆息而去。噫！天下之物莫不有主，遇非其主，銀變清水。

陳少卿口述此事，特爲書之，爲世之妄想銀錢者戒。

活財神

沈旭庭與余言無錫楊浩生活財神也，足迹所至，銀即隨之。一日到大磁鋪買磁器，盡鋪所有而購之，鋪主索金，楊曰：『從我足底掘之。』一掘果得金無算，鋪主曰：『此是我鋪中金也，與君無涉。』楊即跳出鋪外，立在街心，令人掘之，復得銀如數而止。鋪内所掘衹見土塊，并無一金，鋪主懷慚，市人笑之。無錫北門外一帶橋路，皆是楊浩生修造。

楊死二日，成衣人見屋内白鳥飛出無算，以尺敲落一鳥，變成一金。諺云：『人死財散。』信然。

玉燕

江陰蔣鹿潭幼時隨侍尊人湖北任所，侍婢玉燕年十五六時，忽隱忽現，或出或没，爲鬼怪所迷，有時潛在夾壁，有時卧在帳頂，有時立在倉米中露出鼻孔。急爲擇配，逾年進衙問安，手抱嬰兒，端莊如故，問其起居，毫無鬼怪牽纏。

鹿潭口述如此。

驢屠現報

泰州翟懷卿茂才喈鄰近有驢屠某，世以屠驢爲業，將死之前日，抱柱而旋轉，如驢牽磨狀，既而卧床死，手足作縛形，如驢就戮狀。懷卿屢勸其子改業，終不聽。與余述其事。

蔡孝廉

蔡孝廉夜夢至曠野之中，有一大衙門，門上立匾『糾察司』三字，入門見大堂上有古衣冠數人端坐堂上，又有白鬚老者，國朝服色，危坐看案册，指揮堂下紅頂以下官員過堂而去，群官退堂呵殿。驚寤。逾數月，復夢至前處，閱案册者仍是白鬚老者，退堂呵殿時，蔡匿堂後，爲值殿者執見白鬚官長，官長見蔡曰：『此間不可久留，速去！』着差送之歸。驚寤，心焉記之。

後入都會試，出場遇一老者，白鬚飄然，似曾相識。老者謂蔡曰：『曩者我坐堂上閲案册時，見君匿堂後，着差送君歸，君忘之耶？』蔡曰：『夢也。』老者曰：『非夢，是君生魂往見之耳。我爲陰曹三年，不久君作替人。』蔡落第歸，越一年果代老者爲陰曹云。

錢唐張沚蒓大令口述，特爲記之。

車夫殺命婦

錢唐張沚蒓與余述，都中刑部郎中某出差不家，其夫人素待車夫刻薄，車夫恨焉，夜分持刀敲内室門，婢私開門，車夫持刀入房，殺夫人而自首。刑曹鞫實，誅車夫，并誅其婢，爲其不通知主母，私自開門，非同謀而何？

逾月某官歸，夜夢陰役來傳去見閻羅，主賓對坐，説有女鬼訴冤，特約君來同審。

傳女鬼到堂，女鬼見某官便作惡狀，蓬頭跣足，狂叫撲主。閻羅叱之曰：『事未剖明，何得如此猖獗，速下去！』某官怒曰：『主母平日待汝過嚴，汝心懷恨已久，開門入盜，假手殺主母，汝死有餘辜，何冤之有？』女鬼聞言，鬼身頓矮，不敢作威。閻羅拍案稱善，判斷不爽，差役送歸。驚寤，鷄初鳴矣。

鄒節母德報

鎮江鄒公眉觀察少孤，太夫人青年守節，教子成名，賢母之稱無間遐邇。觀察十一歲時，鎮江大旱，府尊請城鄉富户捐輸，賑濟飢民。鎮江最富者二百萬金，觀察家財不過二萬金，太夫人命之曰：『兒日後能成人，萬金亦可度日，倘不成人，雖百萬家財亦奚以爲？兒今日到府尊處輸銀一萬兩，親書上簿可也。』

觀察奉太夫人命到府廳，坐居末座，寫捐時群相推遜，共推觀察先寫捐數，觀察遂寫捐實足銀壹萬兩正。府尊曰：『聞君家財不過二萬金，今寫捐壹萬金，毋乃誤乎？』觀察對曰：『小子奉母命寫捐一萬兩，安敢誤寫？』府尊不信，同觀察親造門，着門上老僕稟知太夫人，寫捐到底多少，太夫人着老僕出回復府尊，捐銀一萬兩不誤。府尊回衙稱鄒太夫人盛德，大度不置，因此各富户踴躍捐輸，皆讓觀察坐首席。

後觀察官至淮揚道，太夫人年近六十。孫道源祖培從先大夫習舉子業，家産數十萬金，湖北行鹽。余曾屢訪道源於鎮江城中，尊酒論文，暢談書畫。咸豐四年，西寇犯鎮江，道源全家得脱虎口，避地江北，家道中落，人口平安，非太夫人之福庇，何以臻此？

戴遂良亦鎮江人，收藏頗富，時時相過，慰余寂寥，口述其事，書之爲盛德大度者勸。

姜福姐報仇

金陵張寶世業開機房，從父服賈至蘇州，道過無錫，與姜福姐有私，訂終身約，回金陵即央媒來聘。福姐贈以金帛，閨中静守。誰知張寶父母另聘金陵某氏爲子婦，張寶娶妻後遂忘福姐之約，絶迹不至無錫。福姐久待張寶不至，又聞張寶另自娶婦，知事不諧，遂藏金銀首飾於樓下，投繯死，蓋亦有年。

適有金陵賣耍貨客某租住無錫秦氏舊宅做耍貨，即福姐所居之屋也，夜分聞樓上婦女梳妝聲，駭甚，俄見一美人下樓，某五體投地曰：『與汝無仇，何嚇我耶？』女曰：『勿嚇，我姜福姐也，有冤未伸，有仇未報，今欲隱君衣裏帶至金陵訪張寶去。我有金銀首飾一銅爐，埋在樓梯下。』令掘之，果得一爐首飾，價值萬金，女即以持贈，某受而謝之。女曰：『君明日將菜羹酒飯祭奠，臨行焚紙錢，三呼福姐，逢橋梁關閘，登舟上岸，亦焚紙錢，送我至金陵張順泰緞鋪，説福姐至矣，我好報仇，君可自便。』某諾之，一一如其分付，送至順泰緞鋪，立在街心，以觀動静。俄見一少年手持利刃，先殺父母，繼殺妻子，再自刎而亡。

無錫陳少卿述其事。余曰：『張寶負約不娶，致傷女命，自刎而亡，固其宜矣。獨怪福姐之罪張寶，及其父母妻子，豈不謬哉？吾知福姐冤仇暢報，罪孽更深。張寶父母妻子無辜受戮，豈肯與姜氏甘休？冤冤相報，正無已時。自遺伊戚，人鬼同之。傷哉！』

族伯學仙

吾宗兄滋圃學培明經中年得痴病，忽高興作《陰騭文》《感應篇》，試帖終卷，痴病即愈。其人多才好色，年及古稀，宿娼如常。

其先尊，忘其名，少遇异人授以仙術秘書，遂居深山修道，不肯回家。年餘不食烟火食，日以松葉瓜果度日。身輕如鳥，能知未來休咎，日夜道友往來不絶。一夜頓起在桌上作法如八陣圖，明日家中人來報：昨夜家中被賊穿窬而入，到曉賊昏迷不得出户，縛送之官治之。先生曰：『余昨夜知家有賊，特作法錮之。』八陣圖尚在桌上。

越二年，夜起挑燈作法，即命侍者治裝歸家。天剛曉，家人來報：老母因子學仙，不顧無後，絶食不起；新婦因夫不歸，投繯得救未死。先生曰：『余早安排，吊神已被我作法逐去，束裝歸矣。』歸至家，長跪母前，誓不學仙。母曰：『我青年守節，養汝成人，不思接代宗支，反隱深山學仙，從古豈有不孝神仙哉！汝食鷄黍，夜宿婦房，再焚异書，我方起床。』先生唯唯。先焚其書，次食鷄黍，與婦同宿，是年生學培，幼聰慧過人，老壯健無匹。先生從此如痴如顛，送母壽終，尋亦去世。

古人云：『神仙可以學得，不死可以力致。』其言良不誣也。

犬還債

無錫高某欠徐某四萬青錢，生前未還，徐家一日母犬生下數犬，中有一犬肚底黑毛生成高某姓名三字，徐知高投犬還債也，善養之。犬長大，終日看家甚勤，一夜賊穿窬入室，偷衣服食物，犬即頭脚打主人房門，如泣如訴。主人知有變，持梃出房，見大門已開，數賊運物將出，見徐持梃大呼，賊遂奔散。計所竊物，不下百金，一物未失，犬之力也。徐老病死，犬亦隨斃。

沈旭庭與余述此事，記之爲借人錢財執意不還者戒。

子討債

無錫鄉人某借某六萬青錢，連索不還，鬱鬱以終。一夜負債某夢見討債人來，驚寤，妻遂分娩得男。某心知此子討債鬼也，因立一賬簿，凡爲此子用錢，登簿記之。逾二年，子生病且篤，某統算此子用賬，已過六萬錢，謂子曰：『債畢收，汝可回矣。』子即尋歿，衣棺殮埋，合算本利，不差分厘。

旭庭述此事，余曰：『人家好兒子，固是還債人。不肖敗家子，真是討債鬼。可不省歟！』記以警世。

掃葉出家事略

掃葉，宜興鄉間人，業儒，少爲童子師，弱冠時住鄰村會文，有十五歲學生來訪，師不家，天適雨，太師母留學生住宿。師母年少，美姿容，村中無賴子弟素來覬揄，師母正色拒之屢矣，無賴恨焉。忽見少年因雨留宿，群起而攻之，聲言師母養漢，把門捉奸。師母憤氣投繯而死。少頃師歸見妻暴亡，冤不能申，恨極出家。徐舍觀音堂是其落髮處，法名悟帚，號掃葉。越二年，爲龍池澄光寺書記。

道光十四年，余居綏安山中雲留軒，天寒歲暮，雪滿山中，聞扣門聲，開門見一僧人持書請謁。余進而見之，掃葉口稱先生，五體投地，出視一函，是吾故人吴菊畦先生所遺，説掃葉好學詩〔二〕，遣其執弟子禮，特來山中立雪程門耳，不知足下肯收爲詩弟子否？余索詩觀，掃葉袖出詩一册，余翻閲數章，謂掃葉曰：『爾來踬詩，求益耶？速成耶？』掃葉對曰：『小子好學詩，不得門徑，特求教益，敢速成乎？』余笑曰：『果爾，且留山齋，細論詩學何如？』對曰：『謹受教。』於是日評其詩，夜授『詩學根源，歸於雅正，取法乎上，僅得乎中』等語。掃葉初爲詩，專學袁簡齋而得皮毛者，近體尚有一二首可觀，古體全未入門。三日批改一册，無一篇全璧者。作論詩千餘言書其簡端，而望其有成也。

越一年，又袖詩過訪，詩學大有進境，可存者二十餘首，頗得唐賢三昧。後行脚西蜀、河南、湖北，讀萬卷，行萬里，詩學大成。著有《掃葉詩存》十餘卷傳世。凡寄余書，自稱方外詩弟子悟帚。游倦還山，修葺南門外地藏庵爲習静所。夏過田塍，有小蛇飛過脚背，脚遂腫不能行。巫者云是冤孽。延僧作佛事懺悔無益，夜夢女子來纏，形神

〔二〕掃葉，原誤作『掃業』，下『掃葉袖出詩一册』同。

日瘁。

數年後魔退病痊，自言十四歲時，借宿鄰家，與三女同寢，皆與合歡；十五六時又淫數女，共有七童女往來其間，殆無虛日。造孽多端，故得妻死非命，身罰出家，蛇咬魔纏，非生非死之報。庚申之變，宜興失守，掃葉無庵可居，立髮還俗，服賈大浦，頗饒於財，未幾病作而歿。

水東塢仙水

婺源巖前戴維莘明經於同治三年偶染時氣，患寒熱病，百藥不效。聞水東塢仙水療病神驗，遣兩孫往求仙水，焚紙燒香，拜取捧歸飲之，病立愈。因不避風，亂食生冷，身又發熱，心如火燒。時已暑，不能進塢求仙水，遂遣兩孫到村頭月池坦求井神代取仙水，拜祝後即汲井水歸奉乃祖。乃祖命秤水斤兩，與仙水合符，每斤校井水重二兩，知禱果靈，一飲而盡，病遂痊。

越一月，明經次媳落魂發狂，口稱：『月前乃翁禱井神借仙水，病愈忘謝，有是理乎？』乃翁聞知，即專誠往拜井神，并拜仙水。

據云水東塢仙水是吕祖師劍鑿山引泉以療人病者，誠心求之，其應如響。明經并欲還山築亭以護其泉，余曰：『此真劍泉也！虎丘劍池未聞有濟人之德，虚有其名，聞此劍泉，負慚無地。古之純盜虚聲者，大都類此，明經以爲何如？』

端人獲利

杭州於潛縣某村亂後還家者衹剩一婦人，有婺源人隻身流落他鄉，偶過此村，見房屋數千家，居人衹有一中年孀婦。婦問：『客何處人？來此何事？』客曰：『流落天涯，隻身無事。』婦曰：『吾村地廣人無，曷不留此耕種度日，何如？』客然其言，遂種婦田，收稻均分。一年得四十擔穀，分得穀二十擔，無處可糶，思幫人耕作，終不聊生，歸家爲是。辭婦言歸，婦曰：『再種一年田，多積廿擔穀，回家未遲，何急急欲歸乎？』

客口諾心猶未决，夜夢其夫來與客曰：『君端人也，蒙代内子種田，心感之至。然小村有人謀害，君宜速去。我家水缸底有大錢五萬，贈君二萬五千，其半付内子家用。』驚寢。明日以夢告主人，缸底視之，果得錢五十千，依夢分收。裝治將返里閭，又夢其夫來曰：『君且緩歸，謀害君者，我已安慰之矣，速燒紙錢以謝之。』客答應晨起燒紙錢，安然無恙。

逾年秋收後，客將歸，又夢其夫曰：『君歸是也，敬君正氣，敢不報德！吾家左墻角下有銀三百兩，君取其半歸家成室，其半付内子度日。』言畢而去。客告之主人，依夢墻角掘土，果得銀三百兩，與主人平分。客辭歸，娶婦成室，自食其力，無求於人，樂可知矣。

戴郁文從婺邑來泰州，與余述之，即同治四年事也。余曰：『人能正氣，鬼亦報德，而况於人乎？况於天神乎？吾願世之單身漢，能學魯男子則得矣。』

任渭長

浙江任渭長名熊，繪事無所不工，尤精於寫真，來蘇館黄秋士衍波閣，爲余畫校帖圖，身坐秋樹根，手持一帖，側面看帖，不露眉目，而形神逼肖，閱者無不道神似，真絶藝也。

杭州某大家有一閨女，素稱絶色，儕輩少年欲渭長寫女真，無由得見一面，悵甚。渭長笑曰：『勿悵！時值午節，正鬧龍舟，某家水閣臨河，美人定在簾裏，速買小舟，安排紙筆，舟泊在廉下，一探驪便得珠矣。』少年喜甚，買舟備席，請渭長看龍舟，好爲佳人寫照。舟泊簾前，細看女郎在内，龍舟正過簾前，渭長特地裝醉投水，群舟喧嘩救人，美人搴簾下望，渭長手扳岸石，目注嬌容，翻身跳上船頭換衣，笑曰：『真個探驪得珠矣！』振筆寫真，見者無不稱肖。

曾見其爲姚梅伯畫梅伯詩詞百幀，人物鬼神、山海奇獸、花鳥蟲魚、仙山樓閣，無不出神入化，真不愧月山之後裔也。梅伯無錢刻文鈔，有富人出千金購百幀妙繪而去。

我五十生辰，渭長畫艷禪圖立軸爲壽，亂後不知此圖流落何方。渭長年未四十去世，今亦無此畫手矣，惜哉！

甘氏祖孫同科

江西南昌府奉新縣南門内甘氏子，聘城外趙家女，皆世家老親子弟，素常來往。一日，甘氏子飲於岳家微醉，裝作十分爛醉，闖入内室卧岳母床上。岳母愁婿醉壞身體，出外堂求解酒方於人。甘婿以身穿皮衣裏裾，故意拖到火爐燒着，皮臭散出。女聞皮臭，私望房中，見爐火然婿皮衣，恐火燒着身，逼不及待，不避嫌疑，急走進房，爲婿撲滅火灺。婿輒起抱女曰：『我非醉也，欲與君歡耳。』女力弱不得脱身，半推半就，隨剪裏裾焦皮一塊爲徵蘭。

誰知春風一度，花結初胎，母氏懷疑，女也無愧。彌月生男，綳兒自得，吉期迎娶，抱子乘軒，軒到城門，命僕停驂，遣婿親迎，方肯登門。婿聞婦召，乘輿即出，婦曰：『爾來何遲，抱爾子去！』婿遂抱子，歡喜無量，乘輿在後，同進家門。上和下睦，夫倡婦隨。

後十餘年，祖孫父子同科中式。祖名晋，父名又來，孫忘其名，官至尚書云。

吴有章口述。

張愛棠惡報

蘇州吴縣吏張愛棠少好賭博奸淫，設局誘騙富家子弟，因賭敗家者不一而足。有某氏祖父大商，人丁單薄，家有寡婦三，閨女四，嗣子服賈遠方。一日張過其門，見婦女一群倚門觀望，皆有姿色。張不能忘，遂扮作賣貨郎，手摇唤嬌娘，早夜過其門。小憩門間，婦女出買花綫、香粉等件，概不取錢，任其欠帳，另送鮮花、蜜梅。群女德之，漸引入室，數月内婦女七人皆與之私。如此之類，不可枚舉。因之家道豐，交游廣，自爲得計，樂不可言。

咸豐六年，張局騙官家子賭博事發，蘇州府知府朱篠漚籛提到案，知府衙左清石承審，嚴刑鞫實，即驅入站籠處死。置之府前示衆，觀者如堵墻。其家人日以參湯飲之，十日不死，其母持香跪求朱太守施恩，開籠收禁。太守許之，遂放出收禁。薛覲堂知蘇州府事，知張惡名已久，即提張出監，坐大堂重責大板數百，血肉飛上堂匾，臀腿無完膚，氣尚不絶，執板者以板舂其卵子乃斃。

人以爲罪惡貫盈，站籠不足償其惡，故又活活打死。逾年張母死，其妻妾四人各抱琵琶另彈別調。惡人收成結果，如是如是。余親見其籠站杖斃，書之以示世之誘淫局賭者。

路御史快事

御史路小洲，先大夫之年家子也。咸豐初年，爲南河觀察，余書畫船泊袁浦，小洲過訪，暢談詩畫，因以訂交。

一日，席間有客問小洲在都察院時，枷杖梨園子弟一大快事，請道其詳。小洲笑曰：『此少年意氣，何足道哉！記得當時正月團拜，大例演戲，大家都要聽某戲脚《審玉鐲》一齣，傳某戲脚三次不到，托言相府喚去。余遣差役候某出門時鎖拿到院，逾時役回，説某戲脚已拿到院候發落。余即回院坐堂，拿某倒地痛責四十大棍，枷號示衆。是夕，投刺討情大人不知其數。余曰：「本該枷號三月，看諸公面枷號十天。」越日又值團拜演戲，即命枷號臺前，帶枷看戲。此脚都中馳名有年，目無官長久矣，遭此大辱，魂飛魄散，放枷後兩月病斃。同寅快心，相公側目，南河一役，其根由此。』

余曰：『昔趙忠毅執鐵如意擊魏璫於殿上[一]，不死反受害，君若生彼時爲内城巡查御史，塗遇魏璫犯夜，立斃杖下，爲天下除一大害，真是一大快事。惜乎！君負忠毅擊璫之氣，僅加之於伶人，豈非大材小用哉？雖然，一伶人枷號而王公大臣皆來排解，其聲氣如此，若生在熹宗時，殆亦魏璫之流亞歟！君與趙忠毅易地則皆然者，舉一可知其概矣。』聞者以余爲知言。

[一] 璫，原誤作『鐺』，下同。

卷八

婺源 齊學裘 子治

陸次山行藏

蕭山陸次山幾司馬，吾故人也，詩古文詞、經義書畫無一不精。西湖之濱，築室數十椽，名曰鐵園。庚子二月，余游西湖，屢訪不遇，見其金沙岡畫壁山水自題七絶二首，有『袖裏烟雲亂飛去，千秋抹煞李將軍』之句，知其非常人也。一日同人招飲湖心亭，乘醉爲友作丈餘大幅潑墨山水，觀者如堵墻，忽見竹笠芒鞋翹首而遐觀者，友人謂余曰：『此即陸次山也。』余出其不意，左手把其臂，右手指其面曰：『陸次山高自位置，不肯見人，屢訪鐵園不遇，今來觀我潑墨，想乞我飛霞珮耶？』大笑而散。

癸卯四月，余游蘇公祠，顧湘舟所葺之園也。士女如雲，衣香花氣氤氳之際，見陳小魯同一白布衫、青布鞋、圓眼闊口、方面短項、手執大蒲扇、笑言啞啞者，視之即陸次山也。遂邀次山回三太尉橋寓齋，詢來由，知其被仇所攀，避難到吴。一眇目僕，半肩行李而已。次山堂叔某在蘇試用，不問次山旅况，視爲塗人。余憐其才，悲其遇，遂爲尋下榻處。初住藥草庵竹山僧房，不數月竹山賣庵還俗，復移寓古柏山房道院中。到處挂起賣畫買山之室招牌，凡吴中紳士名流，代爲引識。吟詩作畫，把酒看花，殆無虚日。八月往洞庭山葉漁莊處詩畫半月，十月往上洋龔觀察處書畫，勾留一月而返。十二月半後，束裝二擔，一半衣服被褥，一半書畫法帖，所得潤筆不下千金。同人餞行，滿載而歸。

明年，某觀察聘次山到寧波辦修理城郭衙門廟宇事竣，次山得保舉以通判用。是役也，各工生意皆屬次山一人主持，頓發二千餘金。越一年，入都引見，出往西蜀候缺，道過吴門，舟泊胥江，徒步持大蒲扇，訪余西麒麟巷天空海闊之居，邀余出仕，同往成都。余曰：『人各有志，不可淆也。』撰句書聯贈之云：『君爲出岫之雲，澤潤蒼生布霖雨；我作鳴皋之鶴，天寒積雪守梅花。』又作飲水、琴思二圖，詩數章贈行，暢談三日而去。嗣後或一年得一書，或二三年得一書。曾寄《吴門竹枝詞》百首，余將刻入《壽鼎齋叢書》中，而西寇犯吴，蹂躪一空，惜哉！

余年六十有四，次山年亦近六十，此時天各一方，不知人間天上，見面何時，擲筆三嘆。所贈次山朱印、金石文編、褚遂良書《佛遺教經》墨迹，以及王石谷、惲南田山水，拙臨古大家四十幀諸畫，不知存否。往事過年，一場春夢，何有何無，一笑置之可耳。

姚孝廉風流

姚梅伯燮孝廉，定海縣人，工畫梅，能書，著有《疏影樓詞》《復莊詩問》《梅伯文鈔》行世。耳聾好色，聞吴縣水果四官美艷無匹，遂邀余同訪。見四官姍姍其來，姚雙目注之，長跪叩首而已，四官笑不可止，姚便叩首不止。年逾五十，風趣如此。

繪懺綺圖，裝池成卷，先索余題詩，詩曰：『絶代佳人姚梅伯，却嫌脂粉污顔色。年來懺綺繪作圖，穩坐蒲團適其適。金釵十二排兩行，抱琴執拂焚清香。最後垂髫捧劍立，白虹一道衝天光。眉飛色舞情何長，鬢絲禪榻心暗傷。年華逝水不可恃，世實危脆無牢强。結習未除花自着，結習已除花自忘。雲消現出團團月，放下屠刀便成佛。合教天女伴維摩，是色是空究何物。我亦有圖非懺綺，總領衆香大歡喜。行雲流水任悠悠，我自隨緣行樂耳。大千世界視微塵，十萬天女來紛紛。衣香花氣相氤氳，化爲一片妙鬘雲。争妍競媚左右陳，緩歌慢舞連朝昏。同登極樂之世界，一齊收入解脱門。綺亦不必懺，圖亦不必存。虚空粉碎了無碍，信我法力彌乾坤。』

梅伯讀余詩，擊節嘆賞，稱爲得未曾有，遂題余天空海闊之居圖，詩曰：『在家顛僧齊玉谿，乾坤窄小身何棲。求仙不願師老子，學佛未肯參牟尼。墮世爲蟲五十載，重膜刮碎金花篦。歌笑不活病不死，真元吐納連胸臍。有時酣飲瓮翻阮，或發浩唱琴彈嵇。東烏西兔聽明滅，子牛吾馬隨排擠。别開一境混茫始，包羅垣宿凌須彌。老顛手仗白龍劍，譴呵雄霤揮雌霓。昇雲偶得許君鶴，照水詎乞温家犀。萬古作級心爲梯，眼力所到無塵翳。何當破悶出關竅，我乘石瓠君浮蠡。』此詩刻在同人酬贈集中。

梅伯畫梅龍長卷索題，詩曰：『咸豐紀元辛亥立冬前，復莊道人畫梅視老顛。絹長二丈高尺一，老梅一株花萬千。如龍夭矯而蜿蜒〔一〕，之而鱗甲風中旋。藏頭露尾出復没，

〔一〕 蜒，原誤作『蜓』。

神乎其神仙乎仙。曷不騰身上九天，雲行雨施爲豐年。胡爲倔强潛深淵，如蠖之屈誠堪憐。不得嘘氣爲雲吐沫爲雨行龍之胸臆，徒爲春蚓之縈秋蛇之綰安龍之困眠。不如化作大梅生海邊，繁花插晴昊，疏影横桑田。華光過而取其韵，逃禪見而取其妍。煮石山農來樹下，取其花繁而瓣圓。道人究竟梅花身，玉雪爲骨冰爲魂。慕梅號梅結梅鄰，愛梅畫梅傳梅神。當其下手風雨快，絶去依傍無古人。槎枒破空出鹿角，圖轉胡旋成龍鱗。左拿右攫風雲屯，驚天破石雷霆奔。吁嗟乎梅耶龍耶不可分，道人自寫胸中無聲之佳句，有色之奇文。李白不必誇萬言，畫梅聊博青銅錢。得錢相覓便沽酒，登樓痛飲娱嬋娟。春風秋月領花趣，香閨綉閣薰龍涎。賞心樂事那有此，良辰美景堪留連。畫梅功德大莫大，道人得意圈復圈。老顛題詩至此笑不已，要借道人畫梅潤筆開華筵。師雄重入羅浮夢，明璫翠羽來翩翩。人在花間月在抱，探龍得珠無恨焉。明正鄧尉梅花發，再約道人香雪海中高咏追前緣。』

梅伯爲余題畫梅卷七古一章絶佳，刻在《壽鼎齋叢書》内，化爲烽烟矣。當日倡和詩頗多，不能悉記。梅伯曾作先大夫送唐石佛入焦山頌長篇，刊在梅伯文集中。兵燹之後，不知梅伯人間天上，書罷神馳。

妒狐

山東文登縣岳家泊，道光壬子，于七茂才年十八，路過伏險坡孫真人廟，遇一美人，携之以歸。家人祇聞其聲，不見其形，始知其爲狐也。狐妒甚，不許其妻入室同寢，于若與妻同房，陰陽俱痛，其妻恨焉，歸寧哭訴。父延韓道士到婿家驅狐，韓道士請諸秀才持械，代爲把門，候伊令牌一拍，見物便打。於是道士作法，令牌一拍，誰知諸秀才與道士滿面皆塗牛矢，污穢難受，各遁去。

于七謂狐曰：『我年逾壯，尚未得子，奈何？』狐曰：『已養五子，寄養母家，勿憂。』于七今年三十六矣，狐祟依然。

吾婿于漢卿之侄六甌口述其目擊之事如此。于七長六甌四輩，所居之地離大水泊五里云。

王太夫人德報

山東福山縣古峴村王隲尚書，其母太夫人初入門時，大脚步上門中石，石頓斷，家人以爲大不祥，咸勸其父封翁退婚。封翁曰：『勿爾，换一門中石，何難之有？』成親之後，伉儷情深。

歲逢大荒，飢民五人門前乞食，家中衹有穀三斗，封翁欲將三斗穀分濟五人，太夫人曰：『三斗穀能活五飢民乎？不如蓄之家，我夫婦二人日出采薪挑菜售之，亦足養活七人矣。俟來春年豐，可送五人回家。』封翁諾之，於是養五人過冬，來年送歸，皆係大族之後。

一日，村中有張姓服賈關東，妻在家與人私通，有娠，夫回家知之，欲殺奸夫淫婦，來請封翁助焉。封翁勸之曰：『君服賈關東，何患無妻，饒他三命，免受污名，幸何如之！』張然其言，怒解不殺，復往關東另娶成室，淫婦置之不問。

封翁與太夫人一生行善，不可枚舉，略紀其一二，概可知矣。自尚書以下，科弟綿綿，大官顯爵代不乏人。現在王西泊大守兆琛，于六甌鹾守之姑丈也，口述其事，故特書之，爲行善者勸。

任役刳心

常州陽湖東洲村任兆敬爲役生涯，年三十餘，賦閑家居。咸豐二年，發羊牽瘋病三日，見女鬼索命，云是前身騙伊銀八百兩并負絲羅結好之約，謂之曰：『汝真負心人，取汝心以雪我恨！』刳心而死。

庚申之變，余避地東洲村任金寶家過年，親聞金寶口述。兆敬即其從兄也。

沈畜生

梁溪沈貞元，張村人，無惡不作，人呼爲畜生。西寇將至境日，同土匪搶劫當鋪，搬錢運米，衣服、食物無所不備。無何賊至村，禽沈三縛於樹，斬其頭置之足下，將猪頭置其頸上。人見之皆曰：『此真畜生矣！』爲惡之報有如是者。

徐洪淫報

梁溪徐洪家饒於財，專淫於家，凡小輩如侄孫媳等皆淫之。鄉人惡之曰：『此子將來不知如何死法。』西寇到無錫，徐遣其家眷出外鄉避寇，獨自守家。寇至村，探徐身懷烟具烟膏，知其富，索其金，金盡取。先斷其左右臂，繼刖其兩足，後斬其首。如此死法，鄉人快之。亂倫之報，毫不爽矣。

吾友沈旭庭同知梧與余同客吴陵于婿漢卿寓中，長夜閑談，因述亂中親見之事如此。

黄婉君怪疾

江陰蔣鹿潭春霖鹾尹，詞人也，著有《水雲樓詞》一册問世。余來吴陵，見其人，誦其詞，憐其才，嘆其遇也。

亂後納宜興難婦黄婉君者，年近三十，中人之姿，性情怪僻，聰慧過人，縫衣調羹，無不稱善。生平不能見蠶豆，豆殼在地，偶見之，渾身發青，手足俱顫，吐瀉交作，僵卧數日乃愈。如此怪相，得未曾有。

沈旭庭善舉

吾友沈旭庭梧，梁溪高士也，善畫工書，能詩詞，精賞鑒，收藏名書舊畫真而且富。咸豐四年，客蘇臺，旅况艱難，思歸不得，與友約會借資回家。看囊祇剩百錢，徐行覓友，見一老媪提籃向隅而泣，問之知其爲人傭工，百錢置籃内，爲狡丐搶去，無錢買菜，難以復命主人，飯碗不保，故此悲哀。旭庭憫之，與錢八十文，留二十文爲待友茶資，再向酒店主人代募二十文錢，以給老婦，老婦欣然道謝而去。

旭庭日中覓友不值，小憩錢莊，忽見對面墻根瓦礫上有字紙飛動，即去拾之，迨紙拾出，中有番銀半餅。時洋價每元值錢一千六百文，因换得八百文，趁船以歸。友雖不遇，而歸計裕矣。天錫善人，良有益也。

沈旭庭前身介休縣令

沈旭庭自少幕游四方，爲諸侯賓客，年四十有四，客吴陵宗湘文源瀚太守館中。宗湘文與汪琴川太守扶鸞在小閣上，時旭庭赴友招飲回館，乩云：『沈某來，曷不到壇？』宗遣价邀之至。乩畫鬼面，眉低齒露，惡狀難看，云沈識面否，沈答不識。乩畫刀云：『識此何物？』沈曰：『刀也，何用？』乩云：『將以殺爾，以雪吾冤。樓上不便動手，下樓以待。』宗與客俱代沈求解冤，不許。財帛不貪，齋懺不要，衹要索沈命耳。宗與客虔請土地，詢其姓名宿冤顛末，代爲排解。土地去半時復回云：『鬼面姓曹，名天喜，山西介休縣人，業屠。沈前生爲介休縣令，時逢天旱，祈雨禁屠，曹素爲人所憎惡，紳董賄銀五百兩於令，誣曹犯禁，曹遭杖斃，冤未克申，不樂生於人世。今與沈遇，先投訴城隍尊神，神批縣官得贜罔民者當殺，准曹天喜取沈某之命。曹故執意索命，無法可救。此事非求城隍，不得了結，試禀城隍，再看分曉。』去二時久來云：『可喜可喜，城隍聞禀即着判官細查沈今世行藏，幸無罪過，因勸曹另法處置，免其一死。曹因説既承神諭，安敢不遵？速着沈當壇朗念《心經》一卷，此後排日朗誦《心經》

五十編，五月爲度，虔寫《心經》五十卷焚之，吾始甘心，否則速取沈命，毋多言！』沈誠心遵諭，當誦《心經》一卷而散。

明日敬書《心經》如數焚之，日誦《心經》五十卷，因事煩，誦經稍懈。半月後，許蔭庭與宗載之扶鸞，土地降壇，畫刀示沈云：『認得否？汝允曹念經五閱月以解宿冤，我匿曹刀，居中排難。今汝負約，怠不念經，曹復索刀以取汝命，我若還刀，汝命休矣！』沈拜謝懺悔，誓償前約，決不敢爽，從此虔誦《心經》，不敢怠解云。

伶人生子

任金寶之母，江西人，少時曾於省垣聞有伶人小旦懷胎十月，生下男孩如酒壺大，因無乳餓死，置之床下，觀者不一而足。任母與余言此事，人多不信，謂其説謊。余曰：『明季男人産子，女没生鬚，見諸《北略》久矣，何足怪？』衆唯唯而退。

許杏元任伯益潘阿喜投畜生

宜興鄉人許杏元死後投生爲牛，背白毛作『許杏元』三字。宜興城中任伯益行凶作惡，親疏内外，人人畏之如豺狼，死後投生爲猪，猪腹底白毛作『任伯益』三字。又有潘阿喜欠蔣船户之妻數十千文，屢索不還，潘死時謂其妻曰：『我死投生狗，在蔣船，罰還宿債，頭黑身黄。』潘死下棺，頭黑帽，身穿黄襖。越日，潘妻至蔣船，見生小狗數頭，中有黑頭黄身一狗，昂頭向潘氏吠不休，如乞憐狀。潘氏不忍見夫爲畜生，急還蔣債，抱而歸，飬之以超其生云。

三弟小麓射龜果報

吾三弟學斗，號小麓，少時好射箭，家居買大小龜懸於堂下屏門上爲射的，射死無數，戒之不聽。庚申之變，賊陷蘇城，三弟以首飾、金珠、寶石價值數千金藏於臨頓路陸氏廢園陰溝中，上有蕪穢瓦礫覆之。弟陷危城，苦守不出，多半爲此。閲數月，園地忽出一龜，仰天不走，小長毛賊兩個見龜便欲捉之，龜走入瓦礫中，兩賊撥開瓦礫不見龜，復起石板搜之不得，乃得珠寶一瓶，携之以歸。三弟見之，來謂余曰：『射龜果報，兄其記之。』

活鬼

清江河庫道婁晋者，韓文川縣丞之外舅也，曾與沈旭庭言外舅道署中有打雜小子，貌醜如鬼，通衙人呼之爲活鬼。五六年服役矣，忽來老幕友某君，住署中後園空屋三間，不嫌幽僻。人言有鬼作祟，某亦不懼。於是同事中少年好事者數人密遣活鬼裝拌鬼形，蓬頭散髮，高冠大袖，推門而進，試某膽氣如何，許以五百錢賞活鬼。

活鬼欣然裝鬼形，作鬼叫，推門而入，諸少年伺其後，覿其動静。誰料久不聞聲，少年异而趨進其室，駭見某老跌死在地，氣絶成尸。遍覓活鬼，了不可得。衙無後門，諸少年衹見其入，未見其出，何以某死而活鬼從此滅迹，奇哉怪哉！此其故真不可解也。

雲留軒狐

荆溪張渚山中釣橋村雲留軒，我年三十三曾挈眷讀書於此，房東陳文耀，其祖陳亢宗，富甲荆溪。内廳六大間，樓上高敞，四山環翠，梨花三十里，一望如雪。左有仙人洞，右有鷄籠山。余喜樓居，日夕誦讀其中，頗得佳趣。半載後，夜深燈燼，讀倦隱几假寐，聞和合窗開，驚寤，見一黄毛獸大如狗，肥如猪，頭圓尾粗，從窗外跳下，燭之不見。小婢入房尋踪，見床裏帳垂，以手探之，綿軟如猫肚，捉之脱去，下床一旋而滅迹矣。余曰：『此狐也，當擒而烹之爲快。』言畢就寢。明早起見壁上花紙四面燒焦，中心完善，知狐爲祟，遂移居樓下，每月朔望日以鷄蛋、燒酒供之，設位焚香。每月上樓灑掃，見地上有乾矢一大堆，色黄無臭，餘無所見。

逆婦地滅

離釣橋村十五里有不孝婦某氏，平日待姑甚惡，一日到園地摘菜，兩足陷在地下四五寸，力拔不出，周圍丈地人不能行，行即婦號疼痛。自言平日待姑惡事，今遭地滅之罪，觀者如堵墻。有憐其餓者，以飯餅置籃中，竹竿送食，婦亦能食。半月後滅頂，地無裂痕。

王子復畫螳螂

婺源王子復流落漢陽，獨游岳陽樓，見一道士，偶談旅况艱難，欲歸不得之苦衷。道士授一筆教畫螳螂，一拍飛去。王得此筆，售技以歸。歸家後再畫螳螂，不飛不動。後十年，王子復扶乩，吕祖降壇云：『十年不見王子復，今日相逢鬢已蒼。記否岳陽樓上坐，與君相對畫螳螂。』

董友愛女化爲男

道光乙未年，婺源西阬農家張泰埠新婦董氏，年十八化爲男。董氏爲游山董珠桂之女，生甫兩月，西阬張姓抱爲子婦，姑黄氏乳哺成人。小字友愛。十四歲時，私處有物墳起如豆，其家疑爲内瘤，初不介意。十五以後漸變男音。年十八爲其子合婚，始知其异，遠近轟傳。

明年丙申夏，先大夫梅麓公旋里掃墓修譜，西阬距吾村廿里，張姓亦有姻親。七月廿六日，先大夫親至其家，泰埕呼友愛再三，然後出見，高鬟纖趾，尚是村姑，腰直頭昂，全非女態。廿八日，泰埕携友愛至舍，因諦視之，項有結喉，胸無突乳，下體真與男子無二，非世所傳五不男、五不女及佛經所云值男成女、值女成男之比。先大夫作詩四律以紀其异。

毛孝廉家難

蘇城西船場巷毛一亭孝廉工詩，著有《一亭詩存》數卷；精賞鑒，收藏甚富，家饒於財。有弟號叔美，貢生，亦名士也；子一，號慕萱。一亭中年喪妻，不繼娶。老年買一妾，生一幼子，纔三歲，孫二十餘歲。一亭年近古稀，好買骨董，日暮獨行市上，提壺沽酒，咏歸而飲，人呼爲毛痴子。家業自持，不傳其子，每月付子三十千文爲月費，子婦不得透用。

慕萱職捐佐貳，結交匪人，好爲訟師，取人財物以供揮霍，有毛老虎之名，人皆畏之。一亭知而不問，亦不戒也。慕萱性同梟獍，欲殺其父，得父家財爲大揮霍，與叔美胞叔謀。一日，一亭買酒市脯歸飲，將食粥，慕萱闖門入室，碎其杯盤，擒其老父，揮其拳，以繩縛其手足，置之第七進倉屋内。一亭善念咒語，念觀音咒至二鼓時，繩自解，手足鬆縛，趦趄行至大廳，遇逆子慕萱。萱大怒，痛打一頓，易以鐵練練之，倒推置屋地下，以柵門鎖閉。四鼓時分，一亭卧地叫苦，忽見火光漸近，仰視見叔美持手照來視一亭，一亭心喜，幸其弟來救我出禁。呼之不應，求救不理，望望焉去之，寂然無聲，一亭始知其叔侄同謀也。

明日，慕萱與叔美揑一亭發痴，殺人放火，理宜鳴官禁錮。糾匪徒毛姓爲族長，具禀吴縣。姚公批當堂驗明再禁，逆子逆弟以病重不能上堂爲覆。時余寓三太尉橋馬宅，黄丈穀原住西麒麟巷，相去百步，時時相遇，慰余寂寥。適來徐君隨軒，申江人，精鑒賞，邀同穀原訪一亭，觀其新購書畫、古帖，以消清興。行至其家，入門見慕萱揚聲指揮家奴，目無尊長之狀，一見便知。余三人素不相識，不顧慕萱，直入大廳訪一亭，良久見叔美出而待客，説一亭老更痴絶，欠娼家花酒錢，爲人繩縛送至家門，弟輩不便解縛，報知族長、鄰里、地保來看情形，再行解縛。近日一亭懷慚，不肯見客。我聞叔美一面之辭，大不爲然，邀黄、徐二君回去，無多言，歸途語二君曰：『叔美語言支吾，其中必有别情，爲人弟者見胞兄被娼奴束縛，不爲兄報仇，反爲兄揚醜，有是理乎？』二君唯唯而退。

越一日早晨，繆某來訪，泣謂余曰：『吾師毛一亭被其逆子逆弟謀害，命在旦夕，特來相告，設法救之。』余曰：『汝何以知之？』繆曰：『昨早途遇吾師僕人某，得聞其故，即訪吾師。叔美、慕萱口稱父兄發痴，殺人放火，禀官禁錮云云。請見之，引至第六進屋檐下，遥見吾師受縛在地，氣息懨懨。欲問無由，祇得退出，急來與玉翁商救。』余曰：『我客也，不便動禀呈官，汝是一亭門人，理宜代請毛氏族長、親友、鄰保、門人公禀訴冤，我居中代爲籌策可也。汝無多言，速動公呈爲急務！』繆欣諾而去。余即細叙顛末，告知董琴涵年丈，乞其内助以活一亭。

越一日，繆來云：『公呈已進，官差提驗，慕萱賄差禀覆毛某病重不能到堂。屢提屢賄，命更危矣，奈何奈何！』余即密書一紙告董丈云：『毛一翁昨被逆子一斧背腦漿迸出，命在須臾。姚令憑差蒙蔽，致成逆案，何以自處？如此劣令，令人髮指！』董丈見字大怒，即以此字加封送與姚閲。姚急統差役百餘人，親到毛家提驗。慕萱知之，即同叔美將一亭鬆縛送出。縣官到門，一亭出門，縣官回衙提訊，一亭手具親供，如上所云。逆子收禁，逆弟發學。一亭補進呈詞，縣令不收，爲其詞太利害，有礙地方官耳。一亭持呈訟詞商於余，余曰：『子謀殺父，人人得而誅之，友有急難，理當救之。友已出難，可告無罪。至於呈詞不收，如何改法，爲父者獨斷之事，朋友不便代籌，一翁速去無多言。』

數日後，董丈笑謂余曰：『好辣手，好刀筆！「一斧背腦漿迸出」七個字嚇得縣官手足俱顫。』余曰：『不爾，一亭早赴鬼門關矣，呵呵！』事前數月，余刻父詩缺資，將涿州拓本《快雪堂》一部押一亭處，得番銀二十元，許免子金，後將番銀如數取贖，一亭翻悔不肯還帖，説是買不是押也。余特書長扎駡之爲富不仁，駡至三扎，乃肯贖回，收去子金一餅了此公案。楊丈龍石與一亭不睦久，知押帖怒駡之事，聞余力救一亭出難，來謂余曰：『君忘贖帖不還，怒駡再三耶？何前怨而後德也。』余笑曰：『帖事一人之私怨，子謀殺父，坐視不救，安乎不安？忍乎不忍？可乎不可？余不願以一人之私怨而滅天下之公憤也。』楊爲之面赤。

後一年，一亭思其子，禀官赦罪，叔美罰銀修聖廟，出罪歸。慕萱歸年餘，故態復萌，使其妻暗害幼弟以死。其妻驟得惡疾而亡，慕萱繼發腰疽一圍如帶，痛不可耐，父憐之，命子誦經消災。子日誦經，夜間陰曹痛責數千板，告曰：『佛經豈配孽口所誦？再誦再責不赦。』由是自説平日唆訟害人，罪惡種種，罪當腰斬。疽大潰，腰足异處死。余聞之曰：『毛老虎遭天譴，莫余毒矣。』時道光壬寅、癸卯間事。

卷　九

婺源　齊學裘　子治

陸依仁報德

宜興孝廉萬念齋先生事母極孝，家貧無室，住萬氏宗祠。與陸依仁爲友，同應禮部試，陸至山東道，病作不能就道，萬在旅店服事湯藥，兼旬不愈。試期已誤，陸時催萬赴試，萬不忍捨之去。陸臨死謂萬曰：『無以報德，收吾骨歸，當爲爾子以報之。』時萬母在家患病且篤，家人謂萬不家，倘有不測，將何以處？母曰：『勿愁，吾子明日同陸君扺家矣。』家人陽諾之而陰訝之，越日萬果扶陸柩歸宜，母病旋愈。

後二年，萬婦有娠，臨娩前一夕，萬夢見陸負包裹至，謂萬曰：『我來報汝矣。』驚寤，出恍見陸交肩而過，回顧無人，須臾萬婦分娩，產次男，即吾友貢珍荔門方伯也。萬知依仁再世，常呼貢珍爲小友。幼就塾，過目成誦。

余年十七隨先大夫寄居宜興，得見萬念齋先生於吴星舟梅泉齋中，荔門方入泮，爲星舟子侄授經。先與荔門胞兄貢璆香草交，繼交荔門，朝夕往來，殆無虛日。後荔門舉孝廉，中進士，入詞林，出放府道，官至方伯。封翁與太夫人皆及見之。

鐵鬼四

婺源鐵鬼四，相傳某婦育兒至六七歲而殤，母憐之，盛鐵棺，造鐵像，供香火，年遠成怪，出外作祟。燒人房屋，損人器具，穢人飲食，奸人婦女。鄉人患之，築廟奉祀，尊其爲神，庶不作祟害人也。廟有木雕夫人某氏，即其所淫致死者也。

余村冲田水口敬主老爺，神靈最顯，鐵鬼四到村頭，被神鞭走，從此不敢來冲田。又一村忘其名，適有彈棉花匠在人家彈棉花，鬼四變爲紅髮嬰兒，弄棉花不歇手，匠人惡之，即張彈弓彈其髮，痛叫不已，求罷彈，不敢弄花。匠罷彈，抽髮逃去，不敢再至此村。城中有先達董先生忘其名，恨鬼四殃民爲害，到廟怒罵一場，將鬼四鐵身抛糞窖内，鬼四亦不敢加害於董。

咸豐四年間，西寇到婺邑之前一日，鬼四告廟祝曰：『賊至矣，快埋我於後園，汝等速宜避地，遲即禍至。』信其言，埋其木身，各自逃竄。明日賊果至城，焚掠一空，始信鬼四之先知也。妖由人興，妖不自作，吾於鬼四信之。

黄主簿

黄縠原主簿均，蘇州元和縣人，幼貧孤無家，出爲道士，從李先生讀書，學畫山水。年十五，立志尋仙，偶見爛腿乞丐，疑是鐵拐仙人，欲師事之。十九歲，館於昆山某氏家訓蒙童，往還趁舊識漁舟，舟有少女媚黄，因與漁女私焉。破色戒後，尋仙之念稍衰。廿三歲，族兄爲之娶婦。

嘉慶初年，織造大人考畫，黄得主簿選入内廷供奉，日日見駕親臨畫院觀諸畫史作畫，辰入申出，每日得賜羊餻半斤，食餘懷之而歸旅館。越一年思歸，告假南旋，抵蘇，室人問何故告假，答以思家甚切，并無他故。室人嘆曰：『貧如夫婿，可謂極矣！才有生路，弃之南旋，妾無望矣！』鬱氣成疾，半載而殂。黄家徒四壁，詩賦悼亡，不得已復入都，而内廷出缺，不得復入，流落城中，時形拮据。同鄉蔣竹村同官供奉者知黄窘，每夜携酒一壺，銀五錢，持紙一幅或扇一柄，來就黄飲，以銀五錢給黄，屬畫一幅，不要書款。黄得潤筆，聊以度日。店主人知黄窘於遇，一日謂黄曰：『明日法梧門大人在某道院作詩畫雅集，君速往入社，吟詩作畫，當爲諸公賞識。門路打開，便有法可想矣。』黄然其言，明日到社中，見諸名公巨卿，高談滿座，揀小几坐下，拈題吟一詩，拾紙作一畫，書雙款請正。主人法公見而悦之，延入上座，詢家世官職。黄以實對，法公由是大爲揄揚。一登龍門，頓增聲價，由是旅費不虧，稍有生色。

一日徒行街市，見賣菜傭過，將菜籃觸破頭戴頂盤、身穿外套者衣袖。黄適與此公并行聯袂，此公見袖破，不罪菜傭，端罪於黄，手捉黄臂，令賠衣服。黄曰：『爺，進店呷酒去。』應曰：『諾。』當爐暢飲，互談景况，俱處窘鄉。黄付過酒錢，尚餘三金，贈之。破袖爺大喜，詢黄寓處，容日過訪。黄亦詢其居處，歡然而散。從此時時訪黄，黄必有贈。未及半年，破袖爺已得天下庫總差事，黄往賀之，至即延黄上坐。二客同飲，一爲山東巡撫，一爲湖北巡撫，命二巡撫與黄爲异姓兄弟，即命山東巡撫帶黄去幫辦東巡差事，又命湖北巡撫代捐分發湖北主簿，以便提携。當贈黄白銀三百兩，洋縐十二匹，雇車送歸寓。

明日，山東巡撫車來迓黄同往辦差，事畢，黄得銀三千兩還都中，恍遇老嫗，引入天台，飢食胡麻飯，消受桃花仙子事，更喜出意外也。少時刻意尋仙都中，竟得在朝方朔授以煉氣歸神、采陰補陽之法，自是君身有仙骨，世人那得知其故。黄部署一切，辭爺出都，奉檄抵湖北，爲中丞巡捕官十有餘年，主簿本缺讓人代理，中丞去任他遷，黄亦致仕歸〔一〕，年已六十矣。

卜居西麒麟巷，買一小園，名曰成趣，軒曰復予，心契參同，有勖貞堂、没底船、紫雲樓，有亭有橋，有水一池，有柳數株。迴廊精舍，窈曲可娱，石虎楡龍，天然真趣。辭官賣畫，林下逍遥，佳客滿堂，肥婢盈室。畫即邀余訪友尋幽，看花啜茗，游山玩水，小飲敲詩，聽説古今全傳，閑談仙佛奇踪，與余盤桓已及十載。朱筱漚廉訪謂人曰『麒麟巷裏兩仙人』，即謂黄與僕也。余嘗臨黄大痴山水尺幅裝池成卷，畫後空白一方，擬仿倪高士而未動筆，黄見此卷，振筆仿倪迂平遠山林，精妙之至，題跋者數十人，卷首『齊黄合璧』四大字，即吾友蕭山陸次山司馬璣所題也。

〔一〕仕，原誤作『任』。

道光三十年春三月，黄得小疾，謂余曰：『與君交游已十年矣，世味嘗完，吾將去世，知吾者莫君若也，一生事迹遭逢祈代記之。』越數日，乘軒拜辭蘇城親友，見余堂前倩人刻米元章書《顔魯公碑陰》真迹將成，細閲一通，嘆曰：『刻手精絶，惜余不克見其工竣耳。』余曰：『何出此言？』徘徊顧眄笑辭而去。歸即趺坐閨房，囑辦後事，命以紙墨筆硯置棺中，再結翰墨緣也。飲食漸減，思女童唱書，唤之來唱，邀余同聽樂甚。二日後，余去問疾，曰：『明日子時告别，諸蒙見愛，心感不已。』以首點謝。一鼓時，沐浴畢，衣冠齊整趺坐，言：『我去做財帛司官，李先生管賬，已來請謁。』命以茶點待之，分付兒子看鐘：『子時我即上任，儀仗久待於外，家中人不要唤我，不要哭，亂我清心。』言畢趺坐而逝。妻妾兒子唤之，張目曰：『勿爾勿爾，吾去不返矣！』如老僧圓寂，毫無苦惱牽挂。三日入殮，余見黄面貌如生，更加金色，异哉，黄真羽化而爲神矣！年七十六歲，髮鬚全黑，牙齒未脱，精神充足，目光如電，來清去白，知死知生，非得仙，其孰能與於此。

子一，弱冠學錢穀，繼服官浙江鹽庫大使，未幾瘵疾卒。遺腹孫生纔周歲，西寇犯吴門，妻媳抱孫避地他縣，一妾俞氏留守家園，賊至不知所終。同治二年，吴門恢復。

三年秋，余返蘇臺，訪舊，過成趣園，一片瓦礫，蔓草荒烟，不勝今昔之感。訪其孫所居，杳不可得。祇留余舊作《成趣園》長歌一篇，存在《蕉窗詩鈔》第十八卷中，其詩曰：『大痴後人黄穀原，辭官賣畫歸家園。園居何物作生計，數方端硯爲良田。硯田所幸無惡歲，衣食適足以飽温。少好導引老不廢，遂以復予名其軒。日坐軒中寄笑傲，得少佳趣於此間。園中水，清且漣，中有鯉魚躍復潛。他年雷雨忽大作，定化飛龍騰九天。園中花，香且妍，春日桃李夏日蓮，丹桂寒梅相後先。蘭之芳兮菊之色，紉爲佩兮采而餐〔二〕。惟有牡丹色慘淡，富貴清高兼得難。園中竹，青琅玕，亭亭勁節方不圓。齋藏方竹裏，日日報平安。園中樹，榆龍蟠，高柳半天入圖畫，颶風梳月籠輕烟。先生不知其何許，以柳爲號誰不然。園中石，祇數拳，少皺瘦，渾多堅，可以供小憩，可以容醉眠。何必洞天一品石，袍笏日拜如米顛。不慕醒酒著平泉，爲寶一石戕其孫。石上有橋堪接引，橋邊穩泊没底船。神仙可渡人難渡，虚空粉碎仙乎仙。園中有榭招明月，園中有閣延紫雲，園中有琴無一弦，園中有書半真詮，園中有庭長却掃，園中有酒不開筵。時飲

〔二〕兮，原誤作『分』。

一杯兮或吟一篇，妻孥熙熙兮鷄犬閑閑。如鳥在木兮姑務巢安，如魚在沼兮不知海寬。安神閨房兮思老氏之虚玄，嘘吸精和兮全至人之天真。裴相功名兮固無足論，漁樵身世兮亦憐許渾。孰若陶令兮有德傳聞，三徑就荒兮松菊猶存。造物在手兮筆老荆關，壽臻無量兮供養烟雲。求書索畫兮客其盈門，笠澤何小兮包納乾坤。勖貞之堂兮垂裕後昆，我來蘇臺兮八載爲鄰。朝夕過從兮讀畫論文，志同道合兮交許忘年。匡余不逮兮願步後塵，園容我涉兮趣容我言。相與逍遥一世之上兮，睥睨乎天地之間。發清商之妙曲兮，歌小紅之絳唇。續長統之《樂志論》兮，繼香山《池上》之篇。曲終擲筆而三嘆兮，思吾故里之梅源。風月嗟其無主兮，亭榭荒而樹石閑。忽破涕而爲笑兮，得遇成趣園中之主人。結鄰何幸與元八兮，緑楊真作兩家春。』

女僵尸還陽

常州北鄉王家村有王氏女未字而殂，年餘成僵尸，日暮徘徊墓側，雀躍而行。有劉家兒業農屢見之，愛其美色而恨其爲鬼物也。歸告母，母曰：『明日汝食飽糯米飯，抱女歸家，我燒浴湯以待。』子應曰：『諾。』

越日薄暮，女鬼姍姍其來，劉兒出女不意，從後抱持而歸，置之浴鍋湯内，以竹籠覆之。須臾女尸活矣，唤曰：『湯太熱，我欲出浴，取衣來穿。』劉母欣欣然衣之，梳洗畢，插戴花鈿，居然一個美人，留爲子婦。事姑甚孝，逾二年生一男，家漸豐裕。與劉兒爲結髮夫妻二十五年，無病而終。

余避地陽湖東洲村，任氏子金寶爲言其异，時庚申十二月廿八日也。

沈明府李明府合傳

安徽石埭沈明府諱衍慶，進士出身，才兼文武。咸豐初年，知鄱陽縣事，折獄如神，人稱包龍圖再世。有店夥某出外收帳，晝卧大樹下，以包裹枕頭，鼻息如雷，耕田夫葉三寶見客酣睡，便起盜心，伺客不醒，潛抽包裹而去。包内有銀數十兩，遂辭莊主，托病回家。

客睡覺不見包裹，大哭，失去銀包，不能回店見主人矣。人勸其訴之官，客無可奈何，衹得進城喊冤。沈公坐堂問何事，某以實告，公曰：『汝爲店夥，收有銀包，自不小心，懶惰貪眠，因而被竊。重責二十板，以警將來。』某曰：『責則責矣，包裹何在？』公曰：『本縣自有官法追還包裹。』發籤飭差鎖拿大樹，挂牌示衆。

某日審大樹，人人傳爲奇聞，皆要去看。公出城坐大樹下，問大樹包裹何在，樹不應〔二〕，命重責數百板，再問不應，再責數百板，觀者如堵墻。樹受責不已，枝葉亂摇，俄落葉三片。公曰：『勿責，賊已得矣。』唤樹旁田主到案，公問田主姓名，再問雇工姓名中可有姓葉行三者乎？對曰：『有葉三寶。』問人何在，曰：『前日告假回去。』公命田主尋來，衆人中推出一個田夫到公前，即葉三寶也。公曰：『葉三寶，汝竊人包裹銀兩，托病辭去，發財納福矣。今日還來看審大樹，優游自得，不亦樂乎？』葉不肯承認，痛責五百板，鞫實立追包裹銀兩到案〔三〕，交某領去。百姓群呼青天不置。

有兒女親家因事口角，女親家年老髮稀，男親家年將老而力强，怒駡不足，又從而鬥毆。女親家小辮如錢大，竟被男親家拔下。女親家平日一毛不拔者，一旦拔其全辮，

〔二〕應，原作『膺』，據下文改。
〔三〕裹，原誤作『裏』。

其根入骨髓可知矣。鳴之於官，沈公勸兩親家重修舊好，毋多事，徒争閑氣，無益而有損也。訟遂寢。

越二年，男女長成，男家要娶婦，女家要賴婚，另自擇配田家幼子，年纔十二歲，女年一十八歲，議定即時過門，與十二小郎成親。三日女回門，便不肯去。男家告狀賴婚改嫁。沈公立提三姓親家到案，先訊業田親家，責其不問明白，擅娶有夫之女，重責四十大板。田家子年雖小而知慕少艾，向官索妻回家，沈公以指鼓其腦曰：『無耻狡童，終非善類。』問女願從何姓，女曰：『女子從一而終，既許於前，敢從亂命？故三日回門，誓不再往。』沈公曰：『善！立志堅貞，能明大義，不愧賢女。爲我寄女，汝心願乎？』女曰：『田家女蒙恩擡舉，敢不遵命？』沈公大樂，曰：『賢哉吾女！』命到後堂拜寄母。諭女前夫曰：『汝妻甚賢，爲我寄女，汝宜速娶完婚，毋生枝節。』男曰：『女已賴婚改嫁，何得擅奪人妻，自干法紀。』公笑曰：『十二孩童，能婚媾耶？』命褪褌認之，陽如小指，公指示之曰：『何如？』前夫低頭無語。諭女母曰：『汝女已許某姓爲妻，何得因小故挾怨，竟敢賴婚改嫁。汝女甚賢，能明大義，願爲本縣寄女，汝宜聽本縣分付，速令完姻，毋違干咎！』女母執意不憑官斷，喚女出堂，大駡女曰：『汝是母生，汝要嫁前夫，母必挂起木柴一堆，燒汝成灰，送汝去做官家小姐！』女泣告沈公曰：『爺恩莫大，母怒難回，女願居母家，守貞不二，求恩准前夫另行娶婦，無誤大事。』沈公曰：『賢哉賢哉！』命製銀鎖，上鏤『守貞不二』四字以遺之。公依女斷，遂息訟焉。

有孔氏女，幼爲彭氏養媳，長男殤，改爲中婦，少子年纔十二，養媳年已十四。一日女歸寧，村傭某麻子二十八歲與女私，某又引誘官家子二人，一年十六，一年十四，俱與女歡。某又思量野合終非長策，密與二子商，用計謀殺其夫，夫死女必改嫁，二子出銀娶爲己妻，二子時時往來，豈不甚妙？二子受其愚，應曰：『諾。』某達其意於女，女然其言，屬某購毒藥，女懷之歸。是夜將藥置飯碗底，夫食飯見底有灰塵便不食，告之母，母曰：『我碗底無灰塵，汝碗底獨有灰塵耶？』不信，取碗來看，女即奪碗，落地碎之。姑命掃飯置猪食內，女覆其毒於灰堆上，恐斃猪敗事也。

明日，至村亭會見某曰：『罷罷罷！昨事幾露。』某驚，既而曰：『汝自裁之。』女曰：『明日午後，我同他至深林采野菜，汝三人約在亭中，待我到深林中，再作計校。』某首肯。明日，女同夫荷蓧至亭，亭上三人望見女來，先行入深林，女引夫去。亭中適有賣糖者，見其五人前後過亭，初不介意。女到深林，先與某交，繼與二子交，夫見之大怒曰：『汝日出外，竟敢作此勾當，我必訴之母，看汝如何過得去！』女怒便起身，將纏頭布縛其口，夫不受縛，某走出以纏足布緊纏其口，以鐮刀背打其小腹不死，女以大石舂其腦，腦漿迸出斃。兩人擡尸抛之塘中，浣頭帕歸。

姑問兒何往，女佯爲不知，姑大哭。女私語人曰：『兒已失足落塘矣，哭何益哉？』姑聞言，急倩人車乾塘水，擡兒歸驗尸，渾身青紫，腦骨粉碎。姑憤極，吊女痛撻，女直説前事，鄉約父老投訶孔村。官家二子央中調處，許彭氏母千金，擬將某奸夫同淫女活埋，誘奸誘殺皆其兩人之謀也。某心不甘，曰：『同一奸也，同一殺也，有錢者生，無錢者死。』囑其母以私回人命嗚之官。沈公立提人犯到堂，鞫實，見十四歲官家子短身幼稚，何能爲奸，先行釋放不問。十六歲奸夫體雖長大，美秀而文，若非某傭引誘，斷不爲此潑天大事，罪擬絞監候。某奸夫斬立決，淫女凌遲。

罪定，案未消，值西寇犯境，沈公將印交新任李進士公某，年二十二歲，守城。沈公帶領鄉勇數千人飛騎橫刀，衝鋒殺賊[一]，彼衆我寡，糧絶人飢，一戰而亡，眷口在外無恙。城陷，李公全家殉難，老僕抱一公子遁去。賊退城復，饒人思沈、李二公，鳴其忠於朝，得恤典，特起雙忠祠於鄱陽城中，傳爲美談。

婺源富村吴有章向在奉新縣令吴焕其衙中，深知其詳，口述其事如此。

燈异

錢塘張仁甫上達觀察家有老婢姓張氏，泰州樊汊人，小字六子，以其六月六日生也。年十二，父母殁，無依，外祖母憐其孤苦，撫養無力，遂送與張官家爲婢。迄長，每聞主母擇配，婢便哭不肯嫁，欲投繯，故終身不字。一生信佛長齋，除刺綉外，惟静坐誦經而已。尤好誦唐詩，善度曲。見善舉無不爲，貧人有求亦無不應。

七十五歲時，睡醒，忽見燈光離檠，旋轉房屋，婢下床，燈光返檠如故，心异之，

[一] 衝，原誤作『衡』。

不知主何吉凶，後亦無恙。今年八十有二，尚能刺繡，行路如飛，齒髮完好，望若神仙中人，真貞女也。其作婢於張官家七十年，勤儉慈祥，親見張家七代，未嘗稍逆主人意，故主人亦未嘗以婢待之。張觀察幼女十齡，於同治五年七月上浣吴陵寓中夜分時，亦見燈光旋房，逾時復位。

觀察之弟沚蒓大令上龢口述其事，觀察之子小軒雨田視以貞女節略，故特記之。

藩王宫妃

張藻川映辰侍郎，錢唐人，雍正癸丑翰林，官至兵部侍郎。爲江西學政時，有侍女年十五，智慧過人，公鍾愛之。一日女浴於衙室，半日不出，衆婢覓女不見，祇見衣裳而已，遂起地板尋得。女已氣閉，滚湯灌醒，問故，女曰：『前日我浣衣後庭，見一美人邀我同游，呼我妹妹，我以無暇辭他去。今日我在浴盆中，美人手攜我去，謂我曰：「儂是藩王宫妃也，葬於此地，大官居住，殊覺不安，望妹妹禀求主人，起棺遷葬郊原，實爲德便。」』公聞言，擇日祭奠，掘地五尺許，見朱棺一具，擇吉地而遷瘞之，立碑志墓，稱盛舉焉。後公官至兵部。

張仁甫觀察之子小軒口述如此。余曰：『宸濠將反，婁妃泣諫不聽，及被禽，與監軍官痛哭言曰：「紂用婦言而亡天下，我不用婦言而亡家國，悔恨何及！」所謂藩王宮妃者，或即是婁妃歟？抑即婁妃之儕輩歟？歷年數百，精魂如生，是不可磨也。』故特爲紀之。

張牧爲泰州城隍

錢唐張東甫之杲知泰州事十年，愛民如子，未戮一人，兩袖清風，政聲四播。咸豐三年，揚州失守，泰城土匪謠言賊至，居民奔散，十去其九。張公乘小輿獨自巡城，索出謠言土匪三人，立斃杖下，由是謠言遂絶，居民各自還家。公嚴督兵勇，日夜守城，城存民安，皆公保障之功德也。是秋，公積勞成疾，遂卒任所。民盡哀之，如喪考妣。後一年，城隍廟祝夢公爲城隍尊神，紳士同夢者居多。公之德政，民不能忘。

吾友張沚蒓大令即公之哲嗣也，聰明正直，能詩工詞，出爲民牧，定能振厥家聲。

善人有後，良然。

劉家義婢

荆溪綏安山中離釣橋村數里，有劉某年五十餘，陋貌虬髯，與陳君文俊、文耀有親戚之好，往來其家。余作綏安寓公時，屢屢見之，喜與之談，因知其先世作官，買一小婢，勤儉服役，不肯嫁人，親操井臼之勞，至老不衰。年近八旬，行路如飛，負薪種田，靡所不爲，全家賴之。賢而且義，是可風也，故樂爲書之。

義盜

順天龔幹卿之格刺史需次南河，同治二年閲京報，知其父爲台州知州，西寇陷城殉難。幹卿到泰州，心尚懷疑，特訪沈旭庭扶鸞請仙指示，仙詩結二語云：『堂堂大節成千古，修到能忠亦是仙。』幹卿痛哭流涕，知其父遇害不虚矣。友人相助數十金，速往台州收拾父骨，行至崇明遇盜，川資劫去，進退兩難，密訪盜踪，直言相告。盜聞知台州龔大老爺，素仰清官，又見公子孝思不匱，遂如數奉還。

幹卿旋到台城，遍覓父骨，忽遇台人指示父棺，棺板有縫，現出脚着綿套褲，乃信。知父素患脚氣，雖盛暑，綿套褲總不能脱，職是故耳。扶櫬以歸，往返無恙。

旭庭口述其事，余曰：『人知忠孝可以格天，豈知忠孝還能格盜！視世之靦然人面、全無心肝、聞忠孝節義之事置若罔聞者，真義盜之所不齒也。』旭庭爲之軒渠。

仁盜

金陵李家有一子弟，初出門服賈都中，父訓之曰：『汝初出門，逢人必恭必敬，老者父事之，長者兄事之，少者弟愛之，勿慢勿傲。』子受命唯唯而去。入都辦貨，身帶重資，老盜側目，結伴出都門。一路打店，李盛意結客，服勞奉養如子事父。盜心愛憐，不忍下手傷其性命，劫其資重。行程五六站，李事之惟謹，盜謂李曰：『承君盛待，此何以故？』李曰：『小子初次出門，家父面命，路逢老者父事，長者兄事，少者弟愛。今逢老客官，敢不父事乎？』盜曰：『善哉善哉！汝真誠篤孝子也。我本强盜，覷君資重久矣，感君盛情看待，故不汝傷。今已説明，從此告別。』

李聞言，且驚且喜，謂盜曰：『老客官既乏路費，敬奉白金五百兩，聊申鄙意。』盜却而不受，曰：『此去幾程，到某地方，汝恐難過，我授汝旗號一面，若逢人問旗來由，即説我姓名里居，與我交好，一同出都到某處分手，記之勿忘去！』李數日到某處，果有人呼車停下，細問來由，李告之故，於是群盜前來，争拜下風，各贈程儀，護送出境。從此入都服賈，往返必到老盜莊上，盤桓一二日，厚贈禮物。一生游歷盜鄉，視爲坦途，財源滚滚，到老無差，皆得敬遵父命，謙恭下人之力也。

丙寅秋夜，旭庭與余談此事，余嘆曰：『凡爲盜者，負其牛羊之刀，凶其水草之性，終日以劫財殺人爲事，與之説仁義，豈非語海於井蛙，語冰於夏蟲，語道於曲士乎？异哉，李之遇盜也！李以父事盜，盜即以子愛李；李以金奉盜，盜却金，復以旗號贈李，護李往來了無挂礙。如斯盜者，可謂仁矣，視世之貪贜罔法、荼毒生靈、哀鴻滿澤、漠不關心者，其相去何啻天壤。謂之仁盜，有旨哉！假令仁盜尚在，吾定裹糧訪之矣。』

王曉秋

揚州王曉秋，良家女也，祖貢生，忘其名。善鼓琴，工吟咏，尤精蘭石。常與顧顧山、洪石梅飲酒持螯，聯句云：『歡語不知人醉後，且將詩句亂題箋。』一時傳誦，亦韵事也。王前生，某孝廉曾見於夢。龔幹卿爲撰《蘭因小記》刊行。

咸豐九年，清江失守，王避地梁溪一年，始遇沈旭庭，歡不可支。月餘西寇犯常州，王買舟到蘇，招萬春樵舊識出城渡江，寓鹽城年餘。萬娶王爲繼室，將過門之前一夕，萬暴卒，王亦尋殁云。

卷十

婺源 齊學裘 子治

黄傳臚逸事

嘉善黄霽青年丈安濤，嘉慶己巳傳臚，先大夫同年友也。著有詩古文詞傳世，尤精書法。道光庚子春，余游西湖，返棹至魏塘，袖詩請謁，敬奉壽星竹杖一枝、石章兩方、長歌一章。年丈見而愛之，大開小竹林園，下榻水月窗，接宴息耕草堂，縱談穩泊處。索繪小竹林園圖，按景題詩，復以長歌殿之，即以留別。又索畫丈二尺宣紙大幅雲山圖，丈題詩其上云：『迷離樹，懞懂山。雲一片，屋幾間。近可接，遠莫攀。樵徑斷，飛鳥還。疑此境，非人寰。欲往游，愁老孱。』清明後，園中桃花盛開，忽然風雪大作，滿園桃李盡變瓊花。

一日，黄俯之邀游梅道人墓，晚歸，丈問：『今日散步何處？』以訪吴仲圭墓對。丈曰：『我得仲圭山水大卷，遂備酒肴祭畫於墓前，屬友人繪祭畫圖，自題長歌，同人和之甚衆，子治不可無詩。』裘對曰：『諾。』夜飲園中，口應丈談，心起腹稿，飲罷，丈回家，余命老僕舉燭磨墨，伸紙疾書。稿成，即命僕送呈丈閲，時剛二鼓，丈尚未寢，接詩閲罷，拍案驚奇，謂俯之曰：『古詩之妙，固不待言，如此神速，世所希有，汝宜師之，毋貽後悔。』遂加墨圈點，長評嘆賞。

明晨丈持詩并圖邀同子未丈、潘某封翁來息耕堂，笑謂裘曰：『子治好詩，如同宿構，令人敬佩。』顧子未曰：『祭畫圖中詩，除老兄元倡外，首推子治長歌，然乎否乎？』子未丈曰：『子治十八斧法，難當其鋒，老兄之論，夫子自道耳。』年丈大笑，隨命厨人備旨酒嘉肴，特爲賞詩。酒酣，丈離席去抄和裘所呈七古詩上稿簿，憒來擲筆，自鼓其腦曰：『天乎！黄霽青僅以詩傳乎，何不幸之若斯也。』潘封翁曰：『人生能如霽翁詩傳亦足矣，何云不幸？』裘曰：『年丈經濟寓文章，大才未大用，僅以詩傳，真年丈之不幸也。裘亦不願僅以詩傳，何况年丈哉？』丈聞言，起立大笑曰：『子治真可人哉，知我者其子治乎！』

南園圖成，吟詩告别，年丈留行，邀裘同游天台、雁蕩爲作詩計。裘曰：『離家四月，柴米不敷，秋以爲期，追隨杖履何如？』年丈嘆曰：『吾不料子治處境如此艱難，天寶爲之，如之何哉！』留住一十八日，贈程儀四十金，粤東貨物八色，贈行五古一長篇，盛饌餞行，年丈愛才悦士如此。

越數年，余移居吴門西麒麟巷，刻先大夫詩文全集成，呈之年丈，求作先大夫家傳。越一載，年丈來吴，過訪小齋，見裘，以手加額曰：『可敬可敬，典衣賣田以刻先集，求之古人亦不多得，况今人哉？』出示先大夫家傳稿本，即付剞劂，刷印廣傳。年丈見裘《題鍾馗秤鬼圖歌》，拍案稱賞，振筆和之，裘命工雙鈎刻入《寶褉室法帖》三集中。

後年丈來吴，館張西齋司馬寓中，裘謁之，丈留談至夜分。記得中年在京當翰林時，除夕見某同年家債主辱駡，丈不能忍，即至都察院某同年處，訴其事，借衙役、刑杖，跟至債主辱駡家，至即命役拿下債主，痛責四十杖，送至都察院枷號三月。假虎威以治貪狼，平生第一快事。丈爲湖州太守時，潮人患盜，丈七晝夜捕盜，不得片刻息。有客官入覲，過潮來訪，丈出見坐談，身覺倦，以肘靠亢枕。客官色變，起别去。丈知慢客招尤，急備程儀、酒席送至舟中，親自回拜，自陳捕盜七晝夜未息，多多待慢，統乞海涵。客官不答，微笑置之。半年後新放廣東臬司，則前時過潮變色之客官也，丈聞一驚。臬司到任，凡潮州縣命案無不掣肘，三年公事極其難辦。一日，丈之同年某御史起服進京，過潮來訪，丈留之宴，席間詢及臬司聲名狼藉，可有實據。丈以小摺授御史，御史略閱，即藏諸懷中而去。逾時丈先知臬司被議鎖拿來京之信，即命駕上省垣，請見臬司，門口回官有疾不能見客爲辭，丈笑曰：『不必瞞我，貪贜事發，鎖拿在即，何疾之有！』丈即將前靠枕之事，三年受辱百端，歷歷數之，大聲疾呼，雪憤未了，提犯官臬司欽差已到，頃刻鎖拿出衙。丈步行隨後，一路指駡而去。此平生第二快事。

行年五十，告養親歸田，杜門却掃，不問世間事，謂裘曰：『我欲行者，上司不肯行；上司欲爲者，我又不忍爲。上下不相得，薰蕕不同臭也，不退何俟？』年七十寄自壽詩九章，余次韵和呈，端寫《阿彌陀佛經》一册爲壽。後到吳門，囑裘代延四方詩畫友得七十餘人，在七襄會館爲秋禊集，大宴賓客，極一時文宴之盛。逾年壽終，蓋七十有三云。

辛亥十月初旬，舟次魏塘，重訪俯之於小竹林園，展謁丈墓，感賦一詩，詩曰：『不到南園十二年，重臨水月泪潸然。先生騎鶴辭塵世，令子關門守硯田。三徑新篁無俗韵，千秋盛業有遺編。懸知地下掀髯笑，白髮詩生拜墓前。』

附録倡和詩於後。

庚子二月下浣，西湖返棹，訪黃霽青年丈於魏塘，敬奉竹杖一枝、石章兩方、長歌一首

詩卷長留天地間，釣竿欲拂珊瑚樹。少陵二語誰敢當，魏塘今有黃叔度。石印二方，鐫『詩卷長留天地間，釣竿欲拂珊瑚樹』『詞源倒流三峽水，筆陣橫掃千人軍』杜詩四句。汪汪千頃波難度，澄之不清淆不濁。逍遥雲水一閑鷗，超脱籠樊成懶鶴。丈有『鷗閑鶴懶』小玉印。勤勞王事憶當年，潮州政績追前賢。多少蒼生望霖雨，竟容名士乞歸田。習懶得閑殊可喜，東坡笠屐從此始。橫掃千軍筆一枝，遍題海内佳山水。三峽迸入詞源流，片紙隻字皆千秋。小子得詩再拜讀，如醉初醒夢初覺。廿年苦學寒蛩吟，一旦得師真是福。行將鼓棹訪青蓮，從游五岳尋飛仙。懸崖絶壁恐難上，敬奉先生一枝杖。

子冶世講過訪南園，以所著《蕉窗詩集》及石印、竹杖、賦長歌見贈，次韻奉酬

忽驚老眼披雲霧，玉立風前謝家樹。坐談安可無阿戎，置膝由來有文度。子冶爲梅麓同年令嗣。此君未易常情度，末契還從老夫托。何意摧頽澗底松，能招冲舉雲中鶴。看君齒髮方盛年，鄭公三絶空時賢。飢來煮石兼種紙，未妨陽羨無多田。詩成能令阿翁喜，彷彿玄音聞正始。袖攜五色靈巖雲，君家本籍婺源，有靈巖四洞，境極奇詭。筆濯三篙畫溪水。大波軒然江海流，酸吟肯作蟲鳴秋。一編貽我燈前讀，想見蕉窗塵夢覺。鵬鷃逍遥等是游，林泉清浄焉非福。看花不羡相府蓮，置身不慕瀛洲仙。小山一簣憑虛上，阿翁能來共扶杖。

留子冶下榻南園，倒次前韵索畫

吾老不能遠策龍頭杖，懸崖陡壁直共猿猱上。也復不願躡迹蓬萊仙，浮江渡海一葉舟如蓮。向平願了餘清福，今昨是非歸獨覺。日長何計破餘閑，有畫有書皆可讀。南園斷手閱幾秋，草堂左顧多名流。一拳之山一勺水，從兹息壤相終始。藜藿斬艾骴䯏逃，時聽跫然足音喜。負郭劣有二頃田，尊中不乏酒聖賢。但看四壁滄洲趣，卧游一室堪窮年。玉谿畫手今黄鶴，心事憑將毫素托。蒼茫咫尺勢千里，短長束絹煩量度。人生合并能幾度，君是茂林我枯樹。也須真迹爲儂留，十日關門避春霧。

送子治回宜興，并呈尊甫梅麓同年

通籍三十載，雙鬢驚摧殘。每見故人子，巍科居達官。生才有差别，所得通人難。齊郎名父子，秀茁庭階蘭。迅軼髦駒足，爽刷雛鳳翰。素向戀丘壑，冶習删綺紈。偶爲有方游，不事長鋏彈。惠然顧老朽，一豁千愁攢[一]。幸得子將詣，敢作鮑佐看。吴篷卧三老，十日停釣灘。把酒共藉草，啜茗同憑欄。説詩夜灺燭，讀畫忘朝餐。有時聞法要，輒深啓子嘆。但乞絹素掃，何取衾裯完。坐令几席間，突兀生烟巒。淋漓元氣濕，墨水無時乾。師聖不師心，進有百尺竿。藝也通乎神，小道良可觀。而翁久解組，江湖樹騷壇。虞山與申浦，游踪悵沙摶。交群更拜紀，那慮鷗盟寒。子今别我去，趨承鯉庭歡。歸遲倘致問，爲我陳肺肝。蟬聯阿大語，留滯非無端。溪柳烟漠漠，籬花雪漫漫。歸艎望不極，清興殊未闌。

丈贈楹帖云：『靈巖蕩胸，畫溪滌筆，乃得此孤詣；大痴仙踪，黄鶴妙

[一] 攢，原誤作『鑽』。

手，今復見替人。』

庚子二月二十五日，風寒雪作，時與子治同坐息耕草堂，口占索和

雲頭潑墨黑漫天，正是新圖出米顛。忽地暄妍變淒冷，化工難奪畫師權。時子治仿米畫初就。

玉谿世講以《題鍾馗秤鬼圖》詩見示，圖既新奇而詩歌尤極怪瓌之致，非手鐫夏鼎、胸懸秦鏡者不能道隻字。余題此作，不在奇形詭狀者，老馗見之，當折衝而遁耶〔一〕

我聞鬼有大小未嘗分重輕，茫茫冥路自古無權衡。終南進士太多事，欲以心稱持其平。『心稱』二字見釋懷清《山居》詩。公然秤鬼仍役鬼，那知有錢鬼可使，應高而低低或高。老馗焉能鬼手逃，一罌罄矣方酕醄。君今作詩將鬼罵，下筆酣嬉不能罷。其奈鬼臀未曾紅，前人《老吏》詩『鐵鞭他日鬼臀紅』。鬼膽那得怕。矧乃威靈有憑藉，卻

〔一〕衝，原誤作『衡』。

爲老道留話欄。

分賦南園勝境，共得七首，呈霽青丈

接引橋

不是長虹挂碧霄，名園一水隔迢迢。此間最是游魚樂，慣聽獨吟人過橋。

息耕草堂

蒼生無數望東山，底事秋風忽引遠。縱有西疇可歸老，天心未必放公閑。

穩泊處

宦海波瀾不易回，中流幾輩賦歸來。試看水淺蘆深處，那有瞿塘灩澦堆。

水月窗

溪坳流水碧淙淙，皓月生時影蕩窗。虛白室中都了了，夜深不用點銀釭。

友鶴亭

曾爲胎禽結小亭，籬邊新長砌苔青。我來不見雙棲鶴，要讀華陽《瘞鶴銘》。

梅巘

小山曲折徑通幽，人共梅花幾世修。香雪滿林春似海，何如仙子住羅浮。

桃岨

爛漫紅霞映酒杯，尋芳客似到天台。天台四萬八千丈，都被先生携得來。

二月廿五日，魏塘大雪，霽青丈以和子未丈雪詩示裘，裘時方繪南園圖未成，不及次韵。廿八夜枕上偶得一詩，即以奉呈

南園桃李酣春風，虎兒得意潑墨濃。硯池方寸騰蛟龍，風雲奔出湘管中。青天白日忽生黑，仰視長空如潑墨。狂風陡起來西北，大雪紛紛一片白。桃花倏忽變梨花，價長江南賣酒家。炎凉世態想如此，翻手作雲覆手雨。相如未典鷫鸘裘，任爾漫天飛柳絮。天公深意我知之，還要坡仙咏雪詩。當時禁體都成例，白戰不許寸鐵持。自捫儉腹笑空空，險韵重吟定不工。獨樂園圖將脱稿，春光依舊屬温公。

爲霽青丈繪南園圖成，并賦一詩，即以留别

不作畫已近十年，哦詩終日成痴顛。世人紛紛視白眼，賤子出門笑仰天。天公有意成就我，特令中路逢坡仙。坡仙今住魏塘上，小築園亭寄幽暢。扁舟一葉西湖來，袖得新詩親馬帳。先生見我到，欣然笑口開。留我十日住，携我南園來。下榻水月窗，縱談穩泊處。接宴息耕堂，索笑梅花樹。情深千尺桃花潭，何以報之心懷慚。不才自笑中書秃，命繪南園圖一幅。愁無佳句娱青蓮，敢操破筆追黄鶴。刻意經營日復日，天台庚嶺方圖出。梅巘桃開最勝。芥子可納須彌山，得毋造化藏筆端。先生笑且言，孺子尚可教。畫家重取神，總在能離貌。一言知遇重山河，感激不已吟長歌。吟成拜别載詩去，丈惠詩四首。心係汪汪千頃波。

題黄霽青丈祭畫圖

梅花道人畫中豪，使筆如使昆吾刀。鋒能切玉渾餘事，游刃直可劘秋毫。破空而下不可擬，金釵玉屑堆滿紙。崇山峻嶺陡然起，忽接一片滄江水。咫尺真堪論萬

里，氣勢磅礴誰能似，祇有白石老翁耳。有時寫竹三兩竿，出入與可東坡間。豈特墨戲高千古，草書揮灑龍蛇蟠。雲林山樵皆妙手，若論勁敵惟子久。家藏真迹有八九，不及先生所藏深且厚。先生藏畫思道人，携至墳前奠杯酒。道人有靈當快心，五百年來得一友。當年賈島曾祭詩，先生祭畫祭更奇。要知此舉非偶爾，祀典一出千秋知。祭畫圖，不忍讀，讀之令人雙泪落。一坏之土横目前，筆墨生涯多感觸。

題鍾馗秤鬼圖，爲伊松坪作

吾聞鬼有小大辨故新，未聞鬼有肥瘦秤重輕。嗟哉鍾馗生而爲英，死而爲靈。驅鬼縛鬼殺鬼啖鬼無不精，任彼山精水怪魔王鬼母大力不得逞厥能。此理易曉非難明，能克百邪憑一貞。吾獨不知何鬼重何鬼輕，亦復不知秤鬼重輕何所營。試問鍾馗馗不應，着意秤鬼立階庭。柳枝縛鬼鬼哀鳴，得毋秤罷將就烹。方今聖世何以魑魅魍魎猶横行，海風吹人作血腥。安得鍾馗降此司雷霆，一舉手，九垓清。大鬼小鬼皆潛形，妖孽掃盡蒼生寧。嗚呼安得眼前即見鍾馗來復生，驅鬼縛鬼殺鬼啖鬼用快蒼生情。

吕祖師門弟子

湖南左清石仁，吾故人也，知宿遷縣事。有吴人習醫者，忘其姓名，招牌上寫吕祖師門弟子某，捐五品銜，終日出入衙門，慣撞木鐘，招摇撞騙。一日守府患熱症，某誤用薑附，一劑立斃。左素與守府交善，聞之怒甚，往送入殮，索方觀，方中有一味藥有三名者。袖方回衙，籤提某醫到堂，將其刻板吕祖師門弟子招牌擡來。

左坐大堂，某醫衣冠來見，長揖不跪，左大怒：『汝是何物，謬稱吕祖弟子！』某曰：『扶鸞得蒙吕祖師收録晚生爲門弟子，故有此牌耳。』左曰：『胡説！』左出方示之曰：『守府患熱，汝下薑附殺之，是何居心？方上某藥有別名否？』曰：『無。』左怒，命出本草醫書示之，此藥共有三名，某無辭以對。左曰：『爾在此害人殺人有年矣，我今特爲罔死鬼報仇！』即命去其衣冠，重責一千小板，打得血流滿地，臀無完膚。枷號示衆，枷上硃書：『自稱吕祖師門弟子某妖言惑衆，劣醫殺人，枷號三月。』一月後，某病篤，取保放歸，旬日斃，官紳百姓稱大快事。

左知震澤縣事，到任未百日，盜賊站籠死者八十餘人，路不拾遺，夜不閉户。十餘年後復署震澤，爲漕務鬧事撤任，從此杜門却掃，日與詩僧高士游，不問人間世矣。著有詩文集，未刊行。寇至吳，隱居東洞庭山，病卒。

余曾記清石説夢至一處，堂上三座，首座文信國公，二座楊忠愍公，三座無人，楊謂左曰『殺身得不死，彭慳非正命』十字。余當時意其必能殺身成仁，捨生取義者，不料其明哲保身，優游泉石以終天年也。清石曾刊《左氏雙忠集》表彰先賢，清石豈其苗裔耶？何剛毅之若此也。二子伯敷、仲辛，能詩文，工書畫，仲辛尤工鐵筆，皆有官職。

水落鬼成神

常州陽湖鄉間有扳魚爲業者，依樹搭棚，扳繒達旦。有水落鬼時來與談，扳魚者喜飲，鬼亦喜飲，每夜人鬼同酌，鬼酒酣，便下水趕魚入網，得錢沽酒，與鬼作長夜飲，樂甚。

一夜，鬼來告別，飲不成歡。漁者曰：『何往？』曰：『明日午後有笠者過此，風吹笠落水，客下水拾笠，我便拖脚入水淹斃之，得替投生，故來取别。』明日果見笠者遇風吹笠落，笠者欲下水取笠，漁者急止之勿取笠，此塘多水落鬼要討替身。客聞言縮足不下，望前而去。是夜鬼來怪漁者説破機關，不得替身爲恨。漁者曰：『勿惱，爾去我便無伴，獨自飲酒，有何趣味？况塵世多憂，不如冥間之自得也。』鬼然其言，趕魚飲酒如故。

越三年，鬼來曰：『明日又得替身，真個要投生去。』漁者問是男是女，曰：『是女。』飲酒告别，相對唏嘘而已。明日見一婦蓬頭散髪，臨流大哭，意欲投水。漁者好言相勸，事姑要孝，事夫要順，作水落鬼不如做人快活。勸之再四，婦氣平，拭泪回去。夜間鬼來怒曰：『好事又被君弄壞了！』漁笑曰：『救人一命勝造七級浮圖，爾得替不替，功德無量，其將爲神乎！快浮一大白，勿介於心也。』鬼聞言大悟，不作投生想，夜夜伴漁暢飲，頗得鬼趣。

逾年，閻君點鬼冊，知某水落鬼二次臨替不替，當昇土地，某處土地出缺，着赴任。鬼來笑曰：『君言驗矣，閻君點冊，知我二次脱替，當升土地，某處土地缺出，着我到任。君從此不必扳魚，好到我任所做個香火廟祝，亦足過世，記之勿忘去〔一〕。』明夜鬼果不來就飲，漁亦收網，襆被以從，到某處，果見土地廟新開光，與鬼友形神逼肖，因與地方父老説其緣故。土地先示夢衆人，知有老漁翁是土地公公故人，遂請漁翁爲廟祝，奉事香火，以終天年。

余聞其事，喟然嘆曰：『鬼能修行，便昇爲神，人能修身，豈難作聖？其如行之，不修何哉？』書此以自警省，毋忘漁鬼之修行云。

小香

無錫俞望之工寫生，沈旭庭之同硯友也，入都爲兵部司吏目，屢空，晏如也。有伶人小香者，色藝俱佳，馳名有日，慕俞風雅，因與契交。凡俞喚小香出局，終不言錢，交情愈深。無何俞疾作，小香勤事湯藥無虚日，尋歿，小香哭之哀。衣棺後事皆小香一

〔一〕勿，原誤作『忽』。

人承辦，家人來京盤柩，小香又助多金。其高誼如此，視世之勢利結盟、酒肉交友、財盡交疏、勢去盟寒者，其相去何啻天淵！如斯類者，真小香之罪人也。俞君得遇小香，所謂得一知己，可以不恨。

旭庭口述，樂爲書之。

小雲

揚州名妓有小雲者，頗愛才，尤好名人字畫。與富貴人交，必恭必敬，徒取金玉錦綉而已，從未嘗有一心交也。見有寒士風流儒雅、氣宇軒昂者，則心焉慕之。有急難，傾囊救之；乏考費，倒橐助之，人呼爲女狹客，良不誣也。吴讓之，揚州善書者也，曾爲小雲書楹帖，集成語云：『小於幺鳳輕於燕，雲想衣裳花想容。』

吾友沈旭庭云曾見小雲，時西寇初次陷城，克復後，此聯猶懸齋壁。二次城陷，小雲他適，不知所終。世之欺貧重富者，小雲視之，真禽獸之不如也！如小雲者，當以心香一瓣奉之。

行脚僧自刎

梁溪北門外高長岸人某來城兑洋貳百元，值打包行脚僧窺其囊中有物，隨某行至郊外。天欲暮，野無人，某心怖速行，僧亦速行，伺其後。適霧起，某潛身岸下田缺中，僧遂置包擔道左，持刀直前追之。某見僧向前去，遂上岸反向後走，挑包横路而歸。包中珍寶不下數千金，從此作富人。僧追之不見人，退而覓擔，則杳不知其所之矣，徘徊道路，空手持刀，擔無影踪，無可如何，自刎而死。

乾隆年間事，旭庭與我言之。余曰：『行脚僧之自刎，宜哉！身入空門，貪殺不戒，包中物皆不義之財也。人遭其毒不知幾許矣，而某隨機應變，遇難成祥，非具大智慧者，何以臻此！吾能鬥智，不能鬥力，由此觀之，智取勝於力者多矣。』

水西張二先生

水西張二先生，宜興水西人也。家有薄産，人丁單弱，父爲人欺，張二憤氣往少林寺習武藝拳勇。三年技成歸里，鄉里無賴少年畏之，由此安居。

道光初年，余患咯血遺精癆瘵之症，百藥無效，偶遇張二於鄰人周三裱畫店中。張二見余氣虛力乏，謂余曰：『君有虛症，非藥所能醫。』余曰：『然。服藥無益，奈何？』張二曰：『是不難，祇要用《易筋經》摩腹一法治之，四十九日即愈矣。』余延之緑天小構，坐卧與俱，飲食同席。子午二時，令卧桌上，以手摩余腹，離腹數分，推左扳右，覺腹内輪轉有聲，運氣置腹，臟腑調和，漸能食飯。又治遺精之症，祇用鉛條半寸闊，半分厚，開合如耳環，兩頭外卷，置紅頭繩。睡時持繩分開，枷陽之根，睡後陽起，鉛枷嵌痛，痛即醒，醒即坐起吞津，陽遂軟，精不遺。再睡，陽再起，再用前法治之。此即修煉家孫行者上腦揷之一法也。月餘諸症皆愈。

張二年逾八旬，望若神仙。天賜异人，療余瘵疾，今年六十有四，健勝中年，皆張二先生之賜也。恩同再造，何日能忘！至其武藝通神，筆難盡罄，特書事略，以永其傳。

卷十一

張涵生太岳傳略

婺源　齊學裘　子治

無錫張涵生茂東公，吾太岳也。世居西門外，家貧，破屋三間。太岳母日以紡織爲生活計，公善書算，多病失業，口饞思食肉，無錢買肉，蹣跚往岳家，岳母一茶待之而已。憤甚，賒藥以歸，藥爐置半墻上，煎至片刻，藥罐有聲，半墻自坍，地陷一穴。以火照之，見一小缸，探缸内，盡是寶銀，約三四千金。公取一小錠，買鷄魚肉、紙錢、酒飯奠窖神。祇取百金爲川資，仍以土封固，戒内子勿妄動窖藏。

旋病愈，治裝出門，問卜利往西方，於是趁船日夜向西而行。半月後舟泊江邊，見大船來泊，俄頃又見一小艇直對大船停橈，艇上坐一僧人，手把算盤對大船撥子不休。公知僧人决非善類，欲以術法算取大船金銀，遂取算盤與僧對算。僧見有人破法，技無所施，摇艇他適。大船頭立一老叟，見公與僧對算，又見僧遁去，心知公非常人，遂邀公上大船，細詢家世、姓名、里居，出門何營。公以直告。

叟善相面，尤精算命，見公相貌魁梧，氣宇軒昂，八字主大富，遂與公訂交，結盟兄弟，謂公曰：『愚兄薄有家財數百萬，生業滿東南，衹生一子尚幼，不能代父勞。兄老矣，欲覓替人，求之不得，今得吾弟，真天賜也！凡兄東南店業全歸弟一人督辦，此後利金，兄弟兩股平分。』即將賬摺字憑交公收管，十載爲期，山西重會，立書議墨兩紙，各人存據。盛筵話别，將大船、家丁付公常用，自携小童駕小艇回鄉。

公由是東南分馳，營運七載，一路順遂，獲利金六百八十萬。年近四十，尚未有子，思歸念切，遂訪盟兄於山西交賬，即擬南旋。叟聞公來，出郊迎接，唱戲接風，情深骨肉。交賬七年以來統獲利金六百八十萬，照議墨兩股均分，公該得利金三百四十萬。公辭不受，叟固與，公始受利金二百四十萬，却金百萬爲盟兄壽儀，叟復以黄金萬兩爲盟弟賮敬。

歸至家，室人依然紡織爲業，旋生子，即挹山先岳也。公居家布衣粗食，終日持籌營運，年來五旬，家産已逾三百萬。一夜，隔壁鄰家被盜，明火直上，公常守夜，聞人聲，見火光，開門視之，見盜持刀，呵曰：『快進去，不干汝事！』公驚，閉門無恙。

先岳長成，好結交，鄒相國炳泰、孫制軍爾準皆其盟兄弟也。喜刻書，工書法，善鐵筆。輕財重義，有豪士風。公與某錢莊銀錢往來，某暗刻張涵生圖記，流播於外。先岳暗下支用銀錢，戒勿令公知，張涵生圖記即某索先岳刻者。一日早上公付某錢莊銀二十萬，是夜某莊合門逃遁。在外銀票上皆是張涵生圖記，一齊來向公索逋，約二十餘萬緡。人勸公呈子抵賬爲解逋計，公不忍，照票發錢，人始散。公由是得痴疾，常懷寶銀與途人，不一年怏怏而歿。

朱處士

陽羡朱橘亭老詞翁，吾故人也。古貌古心，性静情逸。喜詼諧，工算奕。處貧茹苦，晏如也。衣棕色布袍，歷三十年無一汗點。填詞構思，達旦不寐。或一年得一首，或半年得一首，意深詞達，律協音和。吴穀人、史補堂兩先生素所佩服，皆爲序弁其簡端。同鄉徐星珊觀察代刊詞稿行世。

庚申之變，宜荆失守，年八十餘，朱一慟而歿，真白石老仙之流亞歟！惜其詞稿流傳甚少，安得購其遺本而重刻之，以償吾願。子桐孫工畫。

張刺史

休寧張聽竹刺史朝翰承父分授家財二十萬金爲布商，開張吴門閶門外義慈巷，廣交天下士，自都中王公大臣以及江南督撫司道以下，無不知有聽竹者。其爲人也，言而有信，義而有禮，救急扶危，樂善好施，故人樂與之交。

余曾至其家，見其所用陳檢討湖海樓著書硯，張船山先生題蓋，心甚愛之，摩挲不置。張曰：『君愛此硯，即以持贈。』余拜而受之。余藏硯百餘方，從兵燹中帶出兩硯，其一即公所贈硯也。張曾出示友人投贈書畫箑扇數箱，約數千柄，屬爲鑒别高下。余展閲五日，定其甲乙。承贈書畫俱佳便面二十餘柄。其交游之廣，酬應之闊，概可知矣。

道光初年，張爲人籌辦捐官事務，余患咯血不能鄉試，意欲捐納小吏，致書於張，懇其代辦。張回書云：『小吏不合君爲，我代君捐通判，候到省得缺後再還我錢，何如？』我少不樂仕進，性又不肯負人，故力辭謝衹須得一小吏職銜足矣，未能免俗，聊復爾爾。

張終日應酬極繁，積勞成疾，年未五旬卒。子二，皆廩膳生。

潘明經

宜興潘曉村光序明經品學兼優，生徒科第者甚衆。少時隨父宦游淮安清河教諭，與先堂兄康進士知縣改教授淮安府教授爲同寅。後隨父廣東縣任，辦刑名書啓。父歿，盤柩無力，歸里變賣舊産，獨身入廣扶櫬歸里。設帳爲生涯，喜友才士，謙光照人。好爲詩古文辭，有集未刊行。善飲酒，暢談古今，笑聲達户外。

道光十四年，余因伯宏始識曉村。月後余遭家難，寄住綏安山中，曉村亦館於桃溪余氏家，相去十五里，詩筒往來殆無虚日。綏安梨花三十里，花時置酒邀客，如徐祖香、伯宏、慕雲、朱橘亭、崔仲綸、戴柳堂、陳文俊、文新、文耀、蔣安壽諸君，飲酒賞花，同吟香雪，不工詩者，罰之以酒，作十日游。長夜飲，互爲主賓，詩箋滿壁，五色琳瑯，顏之曰『詩世界』，即余所居雲留軒也。

曉村六十生日，余延之雲留軒，邀友朋畢至，共置酒爲壽。余繪圖題詩以壽之。曉村自壽詩五古四章約百十韻，稿初脱，從桃溪館中專人送至綏安釣橋。辰時接詩，走筆和之，巳正脱稿，封置詩筒，交書童帶回。桃溪中飯纔上，和詩已來，見者嘆爲神速不置。同游龍池，倡和達旦。余曾題其攤書浮白圖七古一章，又題其文集五古一章，刻在《蕉窗詩鈔》四卷中，後人見之，亦可想見其爲人矣。余刻先祖雨峰公《思補齋日録》，乞曉村爲序弁諸簡端，久已傳世。

居山七年，移寓吴門三太尉橋，曉村旋亦辭館歸家，教育群英，逍遥墨林。每逢文宴，必嘆曰：『玉谿入吴，舉座減歡多矣。』掃墓回宜，必先訪曉村，茶話半日而别。曉村年七十，余壽之以詩，逾年無疾而終。子一，名謙受，號竹虚，茂才，工小考時藝，有《竹虚小題》行世，年五十餘卒。孫二，長怡卿，茂才，次業儒。兵亂後，怡卿無恙。自今思之，令人下淚，如曉村其人者蓋亦罕矣，如之何勿思。

余星橋

吾友余君星橋，武人也，曾爲葛雲飛提台大將。葛與英夷戰七晝夜陣亡，余飛出重圍，遁迹江左。曾館溧陽伍牙山下王薌堂孝子家，教其二子技勇，與徐伯宏友善；常郡張宦家亦請其教子武藝。余善書，早起臨柳誠懸《玄秘塔》三百字，用純羊毫懸腕書之。性静心細，與人交接，怡然如處子。每以《易筋經》授徒。

來吴門，寓學士街，樓窗甚低，樓板甚薄，人行樓動。一日，予同客訪之寓樓，見其徒以沙袋、木棍自打兩臂兩股。余懸筆臨書，書畢，自取茗壺斟茶敬客，旋捧湯饂兩碗從樓窗進來，樓板不動，湯水不滴。食畢，持碗復從樓窗下街。樓窗上下，如過門檻。予曰：『君之神勇，大概可知，請示一技可乎？』余笑曰：『無他技，奈何？』時余兩足跟貼壁而立，言畢胸面、雙手一齊貼壁，下視足跟，仍然貼壁不移。上下身旋如兩段，此其故不可解也。從此一别，後遂杳然。

符孝廉

揚州符南樵孝廉葆森，吾盟弟也，著有詩詞稿，未見刊行。繼《國朝詩别裁》後，續選詩數百家，名之曰《寄心集》，二十四册，選先祖雨峰公詩三首，先君詩五首，拙詩三首，刊在集中。符至吳門，主於顧湘舟藝海樓蘇公祠，與余倡和，互相題圖。余到揚州，邀符同游平山堂，酌酒賦詩。

符忽得瘋疾，舉步維艱，館金山縣令署中有年，尋卒。子業儒，亂後不知何處寄居。近晤揚州王小汀詩人，知其子尚存無恙。聊識數語，俾吾子孫毋忘符君選詩之高誼云。

侯學博死難

金陵侯青甫雲松學博，居碑亭巷，著有《根香圃詩稿》傳世，工寫生。年逾八十，康健如仙。咸豐二年，余同左清石到金陵，始晤青翁，贈之《寶禊室法帖》數種。青翁寫生一幅，長歌一首，祝余五十壽。余即次韵奉和。青翁多情，又約湯雨翁公分招飲。余與清石辭謝，有秋以爲期之約，青甫貽詩志愧，余和詩告别。

咸豐三年，金陵失守，青甫求死不得，西寇養之老人館中。逾月病作，命舊僕剃髮，尋卒，僕覓棺葬於高原。至其子孫安否何如，則不得而知矣。

倡和詩附録於後。

寫祝玉谿仁兄大人五十誕辰，初意以紙幅大，屬割而爲二，兹畫有餘幅，拙句亦附録，仍併而爲一，希兩教之，俟雲松并識

畫家之壽身其康，金石之壽尤延長。况君年歲方富强，吉金樂石多珍藏。昨來坐我堂東廂，高談娓娓風生凉。贈我石刻蘇暨黄，《蕉窗》一卷鏗琳琅。君家太守雄文章，昔年倡和邀扢揚。君起而繼名譽彰，一家著作誰頡頏。示我書畫皆擅場，乃復索及薑芽僵。自言將介五十觴，屬耆艾者爲之倡。許我潤筆非姬姜，精婢願以精帖償。來書中語。衰遲那復謀專房，且訂石交毋相忘。君年百歲纔中央，壽世之業在縹緗。排次石墨樂徜徉，摹搨不惜金壺漿，便是不老千金方。

與湯雨翁公訂奉邀玉谿仁兄暨清石公祖假館追凉，而來書皆體恤賤子衰老，未可觸熱出門，有秋以爲期之説，賦此志愧

官奴渡口泊輕舟，刻欲招邀上酒樓。爲怕炎歊侵水檻，竟虚良會却冰甌。披來簡翰詞尤美，過辱矜憐老可羞。還恐紆期延爽籟，重逢容易負清秋。

予年五十，承金陵侯丈青甫八十八歲老人壽之以畫并贈長歌，感不去心，次韵奉答，時壬子六月

畫家何緣多壽康，宇宙在手命自長。九十老翁精力强，身易高隱名難藏。碑亭碑亭，巷名。屋破東西廂，梧風蕉雨延清凉。寫生終日研丹黄，吟詩作記堆琳瑯。會心天地大文章，隨意揮灑皆清揚。盛名豈藉青雲彰，今人誰可相頡頏。嗟予久避翰墨場，眼膜未刮十指僵。贈我屏幛誰濫觴，引年尚齒君宜倡。竊聞偕老失孟姜，精婢可代願可償。予許以精帖代精婢爲丈潤筆，時丈有簉室之感。仙山不必求雲房，是翁即仙何日忘。交訂忘年樂未央，辭歸裝畫裁縹緗。高懸素壁堪徜徉，食桃餐菊酌瓊漿，醉卧思君天一方。桃菊皆畫中物也。

秦淮水榭納凉，用侯青甫丈舟字韵

纔向秦淮泊小舟，納凉先到水邊樓。好拋江上山千疊，來啜花間茗一甌。青眼易邀名士盼，白頭難避素娥羞。莫嫌酷暑消無計，柳岸蟬聲已報秋。

王丹麓

磁州王丹麓承楓，吾盟弟也，善畫山水、人物、獅象。道光廿四年來吴，爲余作畫最多，贈余分書楹帖云：『開卷常交千載上，閉門如在萬山中。』吴市得董香光山水巨册，索余題跋。時有吞舊欠而反欺凌者，余爲之排解，得收前債賦歸與。後官河南爲通判，不復見云。

包大令

安徽涇縣包慎伯大令世臣，先子之故人也。著有《安吴四種》集傳世，工書法。中歲爲江西縣令，因漕挂誤，去職歸田，流寓揚州、白下等處。咸豐二年，余刻《寶褉室法帖》初集十二册成，二集六册、三集六册尚未告竣，出游袁江，訪慎翁於河帥園中，以所刻先集、拙詩集、拙書帖、《寶褉室法帖》就正有道，謬加褒贊不已。手書聯屏見贈，楹帖云：『日有所思，經史如照；久於其道，金石爲開。』屏書六片。與余論書學源流，頗以余爲知音。又作拙刻『寶褉室法帖』五大字并長序一篇見惠，寫作精妙，歸付剞劂，弁諸帖首。暇即徒步訪余於于湘山觀察舊雨軒，暢談逾時而去。時高伯平、錢東平寓王公祠，日中會晤，四人同飲。東平好食魚翅，每飯必具魚翅一大盤，慎翁勸東平少食魚翅，諷其日用太費也。東平笑曰：『包老恐我要餓死。』余曰：『東平自餓不死，東平每飯必食魚翅，恐爲食肉者垂涎側目爾。』慎翁聞言，捧腹大笑。

別後聞慎翁往海州就養哲嗣興實任所，途中遇盜，不知寶藏王右軍《大都帖》墨迹無恙否。受驚，尋卒。逾數年，屢見興實刺史於丹陽仙廟糧臺。

今記慎翁兩世交游，并録其《寶褉室帖序》於後，毋忘父執之高誼云。

寶褉室法帖序

予論學書有句云：『心已不及目，手更如心何。』蓋學人得古拓，其始也以心運目，以手從心，稍久則字勢在心而未能上手，此人所同苦而共知者也。最後檢帖則目能識，掩卷則心未能存，是則心不如目，非沉酣數十年，幾不解爲何語。然非有真正古拓，隨俗執筆，高者事塗澤以悦人，下者記名姓而已。

彙帖始於《昇元》，予年二十六，有志學書，友人惠假《昇元》初拓，《戎路》《調元》《畫贊》，枕葄三載，差見古人正書用筆之故。繼得《淳化》棗本及《澄清堂》五卷，思翁采殿《戲鴻》之祖本，漸通行草。嗣得《大都帖》真迹，以《澄清堂》拓本較之，神理相距猶遠，然後信米老『雙鈎至精者，乃下真迹一等』之言不虛也。時工鎸時賢之書，氣味相近，常得其真，至摹古人手迹，風尚久殊，若重摹舊拓，隔膜尤甚，佳者略存形骸而已。

近世彙帖輩出，鉅册大部，可人者不過數種，如《鬱岡齋》之缺角《樂毅論》、《渤海藏真》之《靈飛經》、《戲鴻堂》之歐《千文》、柳摘句之《蘭亭詩》、《至寶齋》之《曹娥碑》、《綏後軒》之《外出帖》、《秀餐軒》之《蘭亭》《西昇經》、《夢禪室》之《夢奠》爲精善，與單行之《劉太冲》《争坐位》《律公》《客舍》《大仙》，俱爲善本。蓋單行本皆珍弆墨寶，精撫問世，不似彙帖之誇多鬥靡故也。是以善學書者廣收彙帖以備書勢，而精研筆訣以究書源。古人論書多有强作解事、罣誤方來之談，務宜察其是否，以一趨向而定旨歸。

齊君玉谿，予同歲生梅麓先生之長嗣也。弱冠遘孟嘗之厄，操危慮深，克自樹立。梅翁厭世，乃裒集其詩古文詞，并旁求乃祖雨峰先生之遺，片紙隻字悉付之梨棗。復取梅翁生平購藏歷代名家手迹，及梅翁所見深慕而不能得者，委曲乞假，覓良工摹拓，爲《寶禊室帖》前後三集，共二十四册，以卒先人未竟之志。

又其庶弟皆稚齒，或不善守成業，玉谿悉心爲經理，使不失所，庶幾無忝所生，爲孟嘗之後勁者已。况所刻諸名迹，什八九皆梅翁使予别其真僞者。今閱墨本，多能逼真，遠過前此諸刻耶。梅翁在天之靈，當嘆古人所云父子之間相爲知己之不易言矣。予幸觀厥成，故爲題其首册。

咸豐二年四月二十一日，七十八歲老民包世臣書。

劉地仙

道光二十一年，英夷作亂，牛制軍鑑帶兵鎮守上海，着吾友楊蕉隐振藩來蘇，特訪地仙劉清溪先生。楊先到余寓西麒麟巷，同訪劉於火神廟後。至其寓，見小屋一間隔爲兩進，前堂後房，一几、一榻、四椅，旁有小竈茶爐，几上置香爐、茗碗、課筒，中壁挂鬼谷子神像，右壁挂年羹堯所贈清溪先生詩數章，署雙款。有小童看屋，問師何處，曰：『師出爲人安竈去矣，少頃即至。』

坐片刻，劉果回。身長五尺，長眉方面，鶴髮童顔，飄飄有凌雲之概。相見一揖，呼童取茶，茶罷互道姓字。楊達牛意，奉請到營商辦軍務，請卜休咎，夷亂何時得平。劉曰：『夷務主和，不日即平。天下事患不在夷，無須小老一行。』問其高壽幾何，笑曰無多。再問，垂眉不應。余與楊告退。後數日再訪不遇，聞其鄰居老叟説，少時見劉先生鶴髮童顔，與今無二，不增不減。劉先生於雍正年間爲年羹堯軍師時，年已老，至今一百二十餘年，幾及二百歲。

逾時夷果主和議，息兵戈。余再訪劉問道，至即飄然遠徙，不知所之矣。客謂余曰：『劉真地行仙也，爾既遇之，曷不乞授金丹以换凡骨乎？』余曰：『坡仙詩云「不願學長生，但學長不死」，人之所以長留天地間者，蓋自有道在耳。血肉之軀，壽夭一也，何足道哉！』客唯唯而退。

富陽二孝子

寶山蔣劍人敦復言，胡孝子謙，富陽慶護里人，生有至性，七歲喪母，哀毁若成人。既長，以不逮事所生也，事後母姚尤盡孝。父病，涉江求醫，至湯家步陰霾風怒號，舟人摇重戒勿渡，孝子不可，自操楫至中流溺，仰天呼曰：『死矣，如吾父何！』一斷木躍浪至觸於肘挾之，出没洪濤巨浸間，俄頃達岸，兩岸見者咸大驚。尋得醫，市藥歸，父病良已。

他日於病涉處造舟置田，除道築亭，遠近賴利濟焉。父殁，廬墓所終三年。母病，則辭於墓而歸省，及愈仍往。母恒鬱鬱念姚氏無後，爲立一法喪祭得如禮。母好佛，乃建一庵於近側。邑令某顔曰『悦親』，紀實也。其他庸行及諸義舉，詳相國董文恪公所爲傳中。乾隆十三年旌。

蔣孝子元順，富陽大源莊人，四歲喪父，家貧，偕其兄日樵采以養母。兄夭，母哭之瞽，終其身得風痺疾。孝子負以卧起，食飲匕匙、便旋牏厠，躬進奉之弗稍懈。妻朱亦賢，食姑恒飽，己則糠覈而已。病歸母家遽殁。孝子懼傷母心，弗使聞，頃之乃言曰：『得好婦亦易易，無深念也。』

母患頭眩，祈神籤，須野猪腦、鮮荷葉。時隆冬，二物不可得，則之餘杭，越嶺冒風雪，顛踣幾殞，迄無有。旁皇空山中，繼之以泣，忽獵者提一物至，視之野猪首也，大喜，長跽道所以，獵者憐而取腦與之。返溪中浮一葉，果鮮荷，益大喜。歸進母，眩頓差。有稱其孝子者，嘆曰：『吾不能愈吾母身之疾，天酷我，天酷我，奚孝云！』晚年家漸裕，有三子九孫，以上壽終，人僉謂行孝之報。咸豐五年旌。

余謂：『人孰不愛其親哉？顧門内之行，質之隱微，士大夫猶愧之。一失其心，萬事瓦裂，可不大哀乎哉！考國家旌門盛典，婦女多全節著，男子鮮孝行書，厚人道，薄天倫，非其明驗與？』余以修志來富，寇警不果，避兵山中，聞二孝子事，亟書之，裨名教，維世運，不獨爲此邦采民風者助也。

訟師惡報

婺源余星垣明經與余言，道光年間如皋有開豆腐店，其妻有外交，一日被夫撞見與人私，夫怒持刀殺其妻，所與私者遁去，不得殺。某患之，商於訟師某，訟師曰：『庸何傷，候明朝侵晨有買豆腐漿來者，隨殺一人當奸夫，便可挑兩人頭去報官矣。』某然其言，奉教而行，歸家夜磨利刃以待來朝。

黎明聞叩門聲，便持利刃開門，見一人便殺之，以當奸夫。細視其頭，則係訟師之子也，大驚，奔告訟師，求恕誤殺之罪。訟師無可如何，遂令某將頭報官，以了一重公案。諺云害人害自己，由此觀之，其言真不我欺。

設救生船德報

余星垣與余曾言，道光初年漢陽有善人某創造救生船，在漢陽以救往來客船遭風浪沈溺者。一日狂風大作，波浪掀天，覆一船，救生船急出，救出溺人一個，視之即創造救生船主人之子也。諺云救人救自己，良有以也。

孝子指斷復連

咸豐十年，長毛到松江城外闊街，有一老者被長毛刀斫傷，血流不止，僵卧在床。其子歸家見之，遂將刀斷一中指，補父傷處，血立止，臂如故。父起床，子欣欣然笑舞承歡，自視其指無一斷者。噫！孝能格天，天其佑之有如是者。

休寧方嘉進孤子與余言其事，特書之爲天下後世之爲人子者鑒。

文昌帝君開心聰明神咒 附魁星神咒

九天大帝，身披白衣。日月照耀，乾坤斡音挖。隨〔二〕。有能敬者，聰明如斯。黄老丹玄，與念合宜。五神衛守，八聖護持。誦之不輟，萬神赴機。我司大化，光耀生輝。心開茅塞，祛鈍除迷。誦之萬遍，文治瓊瑰。詞源浩浩，筆陣風馳。九天開化，萬章洞微。

〔二〕 斡音挖，南圖本作『斡音乾』。

玄皇上帝，勿稽勿違。急急如玄皇上帝律令敕。

魁星神咒：唵。通靈呀。通徹呀。通靈達悉呀。通靈奇悉呀。奇特達悉呀。奇靈奇特奇達呀。唵呀。撥呀。唵唵撥撥呀。叫呀專呀。莎呀訶。魁。十三筆，一筆一句，共十三句。

卷十二

婺源　齊學裘　子治

汪封翁德報

婺源對塢汪驥，翰林正元之祖也。少時賣布爲業，偶到鄱陽湖宿客寓，夜聞鄰家夫婦哭泣之哀，詢其緣由，知其夫爲債主所逼將賣妻還債，夫婦不忍生離，故哭不絶聲。汪聞言，惻然嘆曰：『古人云悲莫悲兮生別離，無怪其哭泣之哀也。設有人代償其債，可留婦乎？』鄰人父老皆曰：『可留。』遂傾囊如數四十金贈之。某得金還債訖，遂焚賣婦券，破涕爲笑，一時鄰人傳頌汪德不置。

汪教子孫讀書，子茂才蔚文；孫翰林即正元也，咸豐己未科浙江舉人，壬戌科進士入詞林，字少霞。同治二年，少霞出都，道過南通州石港場，訪余於于家莊，得識一面。越三年，余寓泰州城北，與巖前戴維辛明經閑談，因説少霞在浙候榜，測字得一『恕』字，少霞謂測字人曰：『此字我代汝測，贈汝百錢何如？』測字人欣然曰：『諾。』少霞提筆將女旁加三點水是『汝』字，口字中加一竪是『中』字，心字中加一撇是『必』字，共成『汝必中』三字。又與夾路張某、中雲李某撞戲，見戲臺上一人提鑼報喜，人問中者何姓，曰：『非張非李是汪姓也。』揭曉，汪果中式舉人。人謂汪驥好善，得有賢孫，記之爲好善樂施者勸。

猪异

文登縣于次鶴壽之通守從河南來泰州，與余述乙丑年河南督學歐陽保極考衛輝府，有豆腐店所豢老母猪攔輿長跪不去。使者問猪有冤乎，猪即點頭，遂命差隨猪去到店空地上，猪壂地，差掘地得尸一具，使者發省究問。傳聞逆子殺母也，按律誅之。

畫异

封丘縣古廟中畫壁上人馬，忽然下地奔馳，見者大駭，遠近來觀。縣官惡其惑衆，封鎖古廟以寢其事。

于次鶴口述。

藏畫招尤

泰州城隍廟東鼓樓巷，前翟懷卿茂才於江蘇庚申之變時，流民來泰。翟以青蚨四千文購得倪高士手製竹石霜柯一小立軸，上有五律一首，云：『十一月燈下戲寫竹石霜柯，并題五律一首：久客令人厭，爲生祇自憐。每書空咄咄，聊以腹便便。野竹寒烟外，霜柯夕照邊。五湖風月起，好在轉漁船。雲林子。』下有圖書一方，名人題跋悉與《書畫彙考》相符，上有石琢堂殿撰藏印。余在蘇城曾向毛一亭孝廉借觀數次，手臨數幀，與黃穀原主簿同賞，嘆爲世所希有。不意於劫餘垂老之年猶得復觀於江北友人家，真眼福也。

翟愛倪畫，過於頭目。同治五年丙寅十一月，江西黃椝川大守從滁州來，代李某觀察購畫來泰，黃聞倪畫在翟家，訪知翟父當泰州官吏，遂與州官長雲衢刺史商之。長曰：『翟某州吏也，其子藏倪畫，得價不昂，取之便。』於是飭家人五班坐索倪畫，父懼官威逼，命子呈畫免禍。子曰：『秀才可革，畫不可奪也；頭頸可斷，畫不可勢取也。』父怒呵不已，畫終不出。

予聞其事，大爲不平，乘月携兒童往代排解，到門見懷卿之父静伺大門内，如恐州差之復至也，見我到大喜，開中堂延上坐，與余述其事，責其子之不識時務也。予以好言慰之，即擬作書致黄與長，力解其結。其父聞言，感謝不盡。次日余徒步出訪黄，勸其勿學古人豪奪之惡習，使人家父子不和。越一日，懷卿來謝云：『現有趙漁亭出爲調停，倪畫擬價一百六十金，俟黄價來，即將畫往云云。』余曰：『翟懷卿真壯士，他日爲官真强項吏哉！倪迂何幸，於身後數百年得一知己。』逾年黄客死於滁。書之爲世之藏畫吝不視人者鑒，爲世之見物便起奪心者戒。

人面瘡孽報

婺源查姓服賈他方，悦一尼姑，私訂終身。尼將衣物、銀兩付查携歸，約期來取。

誰知查歸家，將尼衣物、銀兩營運生息，逾年另自娶妻，負約不娶。尼待查三年不至，訪知查娶妻，投繯而死。

查家居納福，忽夢見尼來索命，次日膝生大瘡，形如人面，日食猪肉數兩，不喂之食即唧唧有聲，痛不可言，夜間更痛。查命家人延僧懺度，尼終不許，數月後瘡大潰，命遂絶。妻另嫁人，財物散去。

張榮春述其事，書之爲世之負心者鑒。

湖山張孝女

婺源西鄉湖山村張某妻子俱喪，祇有一女在室，張老憂愁欲出家，女慰之曰：『爺勿憂，有女兒在膝前奉事，足供子職。爺在堂，女兒誓不出門。』張然其言，憐其孝，遂不出家。女蓬頭赤脚親操井臼，服事乃父至百歲，終天年，女亦年逾古稀矣。鄉人重其純孝，并請旌焉。

張榮春述。

犬咬符咒

人被犬咬，即於土地上書一『虎』字，口念咒曰：『一二三四五，金木水火土。凡人被犬咬，請土地揭起土來補。』咒念罷，即以口涎吐在土上，揭土敷在患處，以手摩之，立愈。

治難産方

硃書『語忘敬遺』四字於黄紙上，貼在産婦卧床對面，令人口念四字不歇，立産。又一方，用藏香焚之，立産。藏香不可使女人着手，女人着手，便不應驗。

機星現

同治六年正月二十七日二更時分，機星現於中天，光芒四射，共有二十四道，至三更星滅。安徽鮑花潭學督按臨江寧，試院中見此星，查星圖知爲機星。吾親戚戴彝齋茂才鼎銘在幕閲卷，目見耳聞，與余述之。余曰：『搶匪猖獗，其機星乎？』

月中下雪

戴彝齋云：『丁卯正月十四夜，在江寧試院中見星月皎潔，忽大雪寸許，星月依然，亦一奇也。』

地震

丁楚玉庶常原籍泰州〔一〕，寄籍泰興，與其子柔克言道光十年五月二十二日戌刻，直隸、河南、山東、山西、陝西等省同時地震，而直隸之磁州尤甚，壓斃者萬餘人，可稽

〔一〕籍，原誤作『藉』。

而報册者僅五千餘人，衙署、城郭、民房蕩然無一，署中有五六人團一室中門牌，一室全覆，而數人皆悉爲梁空處架住，得不死，乃徐徐破屋而出。

又一縣幕友某正寫文卷，聞地震，屋欲坍，心慌，急思排闥而出，所用之筆猶持在手。適至門而門已壓下，乃急歸房以兩手扒窗欲出，而以所持之筆横銜於口，蓋匆遽忘擱筆也。時梁又壓下，斜壓其顱在卓，而口中所銜之筆適代爲抵住，以故不傷，遂爲人救出。甚矣，筆之爲功也！此公蓋以筆救人，而還以自救者，操筆者可不動心歟？

柔克於咸豐二年引見出都時過磁州，見城外大橋皆崩，甚疑之，今始恍然。

猪言

丁庶常又言揚州東臺縣地名安豐場，有曹四者畜一猪，壯將賣之，日午有客來，許價五千六百文，曹索錢六千，未售。晚間曹出，其妻忽聞曰：『曹四，汝莫賣我也。』其妻驚聞，以爲人聲，秉燭尋之則無。次日客復來，出價五千八百，曹復不售。晚間又聞曰：『曹四，汝莫賣我也。』聲音極似其母，急燭之，則正在猪栅内，猪方流泪，問猪是誰，猪乃言曰：『我汝母也。』問何至於此，曰：『汝嫡母生產時，爲我所害而死，故致此報。』

蓋曹之父故妻妾二人，曹乃其妾生，妻以產死，爲妾所害，無知者，使非自言，則終無知之者。因涕泪交流，言憶其女其姊妹，皆奔歸。鄰居有孝廉姚古亭名典在，目擊其事，爲醵錢五千六百文，買送東臺三昧寺放生。余亦道光十年正月在三昧寺親見之，紫琳曰：『此猪得免於烹宰幸矣，意别有小善以解此厄耶，然烏知非天之故留以示報也？』

异物

直隸某縣有大蘿蔔，一年一枚，大如圓棹面〔二〕。凡出則親朋鄰友必置酒相慶。每年必有，有則儘一枚，别縣則無。廣東有火鳥，毛白如雪，蘸油燒之，枯黑如炭，瞥眼復成一白毛。又火布、火鼠、火鷄之不同。此毛余所目擊。又聞陝西某縣鴨蛋皆方有棱

〔二〕圓，原誤作『圖』。

角；河南鷄蛋其黄在中，蓋河南爲天地之中也。

女化男

馬啓田明府言吴家楣解元生一女，名吴紅，字其甥莊某。女頗秀美，能詩文，年十五六，莊某已游泮矣，將訂合巹，而其女忽一夕小腹痛甚，漏五下始昏昏睡去；及旦驚醒，已化爲男矣。遂退婚，習舉業，與莊某往來爲詩文交。夫婦也而朋友焉，豈非千古奇事哉！後孝廉聘山左某氏女爲媳，携其子走京華，某達官家課讀。余應試都門，曾遇孝廉及其子，朝夕詩文往來，大慰旅懷。

丁雪符云。

狐友

丁言余姊之舅官天津總兵，未顯時，居家誦讀，聞叩扉聲，急啓之，見老人童顔鶴髮，年約期頤，烏巾藍袍，青杖赤舄，長揖而入。延之登堂，自稱胡姓，心知爲狐，而人品甚高，風度亦雅。不惟不异，且加敬焉。狐曰：『聞君高誼，故過談，今果名下不虛，願納交。』自是過從甚殷，意氣相得。

一日，狐曰：『君貧甚，我當助之。凡櫝中青蚨，用時即取，不必言無，當如源泉滚滚不絶。』無何，狐曰：『我奉命守京都正陽門，明晨即去，閑即來。』漏四下，灑泪而别。於是設位供奉，每年必至四五次，每次必四五日。家人但聞言笑，夜静忽爲步履聲，叩爲誰，狐必答。習以爲常，亦不之怪也。

癸亥夏，余走天津，詢狐踪，云前秋僅一來，邇年公趨不遑，幸乘傳解厲鬼三百去南方，暫屬土神守之，特來過訪，不能一日留也。欷歔嗟嘆，聞之凄然。狐之子獲罪守滇南，其女守九江之琵琶亭，名極雅，惜忘之矣。

尸鳴冤

丁雪符言過廣西靈川縣時，見一役解男女二囚，宿古蘭若中，旅寓閑步，姑詢其何獄，對曰：『有石姓者采樵爲生，其婦與鄰人某通，欲謀殺其夫久矣。一日，夫婦與鄰人某皆樵於此山，遂以斧殺之而弃尸山頂。三日後，別一鄰人過此山下，死者立山頂而呼之。鄰人問數日不歸之故，遂泣告曰：「我已死矣。」令陳顛末，鄰人趨視至山頂，則傷尸一具，遂鳴之有司，故置此二人於法，檻車解之也。』

噫！附體鳴冤，覆盆可雪，厲鬼攫賊，淫惡可誅，此亦常事，未有光天化日之下如人告語，殆亦得請於地下而示此异歟。獨怪奸夫淫婦爲歡幾何，卒駢首凌遲，可快也。

治疝疾

丁言劉文典，如皋人，在直省候補典史。自言幼有疝疾，每夜睾丸腫大如鷄卵且過焉。一日與某人同齋，卧床相近，飯後無事，偶憩某床上。床頭有《説鈴》一本方摺一頁，隨手翻看，是頁正説某處某人幼患疝疾，與某病同，後其母屢禱於神，夢神告之曰：『汝子食田鷄之故也，若不食田鷄，當佑汝子愈。』其子後不食果愈。時劉亦素食田鷄，正患病發，即隨心默禱，永遠不食，當晚即愈，至今卅年不發。此事劉親爲余言。

沙市舟火

丁雪符云，余於咸豐十年過楚時，至荆州沙市，日已晡矣，欲就一碼頭繫舟，而此處之船皆稱船不合幫，堅不準擠進。蓋沙市船多，欲泊舟時，必分船而進也。然天色昏黑，江水洶湧，舟子不得已，遂仍開去。家人皆憤憤，余亦覺不平，姑忍之，遂泊於下。三更時，忽一碼頭舟中不戒於火，延燒大小舟千數隻，合江大號，死於火者各半焉。問其地，正余欲泊舟地也。沙市船雖歸幫，然間有一二隻者亦無不可，如當時堅欲進泊，彼亦無如之何。伊恐多一船則愈擠，而又少一隙地。火發時，余舟人皆合掌誦佛可知也。噫！冥冥中若或使之歟。

凶鬼

丁雪符述馬先生言，西蜀北社鎮李孝廉家宅後造一樓閣，工人起土，忽挖出一巨罈，衆以爲金銀，請孝廉視之，自諭衆曰：『此我前人窖的。』工人唯唯。是夜，率父子家人親往挖開，上蓋石板，封布數層。去其布，一股青烟直冲萬丈，頃間飛沙走石，屋動地摇，舉家皇皇，莫之所見。惟孝廉見一凶鬼，身丈餘，頭斗大，鋸齒、紅髮、青臉，純身鱗甲，幾至嚇死。鬼以手執孝廉曰：『拿酒來！』衆莫可如何，急送以酒，頃刻數罎〔一〕，不能滿其量。又呼要肉，每食數十斤。晝夜不離孝廉左右。

家人遍請僧道，不能革黜，并不敢在此屋居，於是衆人遷避，惟孝廉難離咫尺。初則睹者如市，後半年許，人稀屋荒，四壁瀟然。而孝廉已形瘦骨削，遂問巨鬼曰：『我與爾何孽，爾何纏我至此？』鬼言：『前五百年孽，我焉能容你！』後鄰里鄉黨勸將以宅作廟祀此鬼，孝廉從之，命名赫風觀，乃安然無事。

鍾馗

丁雪符云，余在都時，寓倪海槎宅中，其宅多鬼，卧不安，遂商之於居停。倪出一

〔一〕罎，原誤作『潭』。

鍾馗，借倪鎮之。余懸之帳前，三更後，鬼聲嗚嗚進門中，忽聞鍾馗畫軸大響，室中有軟底靴聲，屋中器皿皆動。余大驚呼，忽畫軸大響，風平浪静矣。

次日，余索鍾馗於倪，倪曰：『是不可與也，此畫乃余先祖在浙江某任，五日午時，延一有道全真在大堂凝神畫此，旁立書侑作呵叱之聲，以黑犬七、紅雄鷄冠血七點目。此畫余珍藏家傳之寶也，安能與之！』遂强收而去，余悵然數日。

紀文達惡謔

紀文達公雖一戲謔，皆人不可思議。如一平公娶親，紀送《詩韵》一部，莫不駭异茫然。後平公思之數日乃知之，蓋韵有平上去入，讀本字每字一念，平切其姓也。又一林鳳梧進見，紀問命名之義〔一〕，林夸曰：『昔生時，母夢一鳳棲於梧桐，故名。』紀浩嘆曰：『太夫人之兆可謂美矣，設使不幸而夢一鷄盤旋於芭蕉之側，則足下之名便不好聽

〔一〕問，原誤作『聞』。

矣。』直惡謔也。又散朝時，一老宫留之，請説一笑話方走，紀沈思曰：『昔有一内監。』此句之後，不言下文。老宫俟之移時，不能忍，詢之曰：『底下何如？』紀曰：『底下一樣無有。』莫不絶倒。才大心靈，雖戲謔亦人所難能也。

王節婦

丁云滇省某鄉有王節婦者，苦節四五十年，心如鐵，鬢如銀矣。有一孤孫六歲，晚坐樹下嬉戲，忽突出一狼銜去，被人噪逐，始弃而奔。滇省固多狼，土人謂之山猫驢。常出食小兒，此節婦獨孫若被食，是無天道也。先君在時，每月給錢米焉，欲向有司言，代爲請旌，不果，惜哉！

刺蟒

啓田又言，浙江寧波某甲力大膽粗，嘉慶初，白蓮教猖亂，披甲從征，奉令出哨，偕同人操火槍、挾利刃而往。入一谷口，徑狹而歧，時霧氣迷漫，月光黯淡，五步之内不辨爲誰。同人由他徑折去，甲以緩步落後，雖獨行，猶謂同人爲前驅也。約半里許，得大道焉，而兩面絶壁，古木夾道，參天蔭地，更覺昏昏。忽狂風驟作，吼聲如雷，四山響應，驚心動魄，轉瞬有紅燈二，愈行愈近。心知爲虎，倉猝登樹，而已爲虎所見，虎徘徊樹下不肯去，遂蹲伏焉。甲急取火槍，而鉛藥已失，無如之何，惟彼此共守之耳。

夜深覺冷水澆面，以手拭之，面皮應手而落，痛甚駭甚，倒身向後，强爲仰視，覺樹杪有物大如斗，凸凹不齊，冷水自其中出。甲略斂神志，輕緣枒槎而過别幹，於隙處見其物長且大，似有鱗甲。樹故依山，莫窮其尾，知爲巨蟒，其如斗者，知蟒首也。甲心竊謂虎已不堪，蟒又相逼，有死而已，烏能逃。然幸蟒意在虎，不知有人，與待其驚覺，何如殺之，先絶一患，即殺之不死而爲所吞，亦同一死耳，何損焉。

左右思之，無從着手，諦視良久，覺蟒呼吸時項上有扇動處，欣然得計。而解衣帶束利刃於火槍末，曲躬躡足，如猱升木，迫近蟒身而蟒仍不知也。急竭平生力舉刃向動處刺入，蟒負痛直奔，勢極洶洶，山石角裂，樹木披靡。甲墜地，魂魄俱喪，身之有無，命之存亡，毫不自覺也。嗣覺耳中轟轟有聲，少頃如夢初醒，手足略動，微開兩目，見東方已白。勉力自起而起落者數回，坐定環顧蟒、虎，莫知所之，心甚慰。惟筋骨酥軟，難於舉步，休息半晌，仍尋舊路而還。出谷口，遠見沙上卧一巨蟒，蟒前數武，卧一巨虎，始悟蟒、虎俱死於此。然蟒之死爲意中事，虎之死則不可解。

不暇思索，踉蹌歸營。同人見其來，抵掌相慶，蓋疑其爲虜禽也。滿面血痂，人皆愕然，急詢之，甲具述顛末。大帥聞之，寬其不歸伍之罪，且壯其胆。洗去血痕，面上始復痛楚。帥令甲士數十人去解蟒負虎而歸，虎頭幾斷，同人疑蟒奔時，虎不知所爲亦奔去，蟒忿無由泄，遂噬虎，虎與之抗，被嚙而死，故爲同死，所謂嫁禍於吴者也，理誠不謬。甲以軍功官至游擊，余友靈筠生中翰遇甲於武林，怪其眼耳口鼻或歪斜，或缺落，曾親詢其故焉。

丁雪符云。

險韵

高宗純皇帝萬壽時，御詩自壽，係六麻韵。衆大臣恭和韵時，惟中有一『嗟』字皆難設想。一江南布衣某因此事進謁某閣學曰：『此何難，某已成一聯矣，曰「帝典王謨三曰若，騶虞麟趾五于嗟」。』莫不叫絶。進御時，上大稱賞，閣學以實對，即召見賜一知縣，不受，固辭而歸。

丁雪符云。

人足牛

吴虞吉觀察言，昔日過湖南郴州時，已停驂矣，忽街市喧嚷，鬨傳一人化爲牛，後二足猶人足，居停及僕從皆出觀，言之鑿鑿。先是，某鄉有不孝子摧凌其母，殆無人理，母雙瞽，恒無食。一日，有人憐之，與其食，子歸大怒，奪食痛詈以去。母摸索飲泣，忽有叟過問，母具告之，且曰：『子回則受虐，子出則忍飢，有子如此，將奈何？』叟慰之曰：『汝無憂，我有衣一件贈汝，可以禦寒，可以質錢。』解衣遂去。子復歸，見之愈怒，奪衣着之，未幾忽遍身蒙茸毛，蹄悉現，遂化爲牛，特足不變，意天之留以示報也。相傳元惡大憝化牛者多，故牛常遭雷擊，余恐此人當世世爲牛，世世遭雷擊也。

丁雪符云。

鉅典

改天下爲郡縣，始於暴虐之秦政；因民之田而制稅，不復收爲公田，始於刻薄之商鞅；進士科，始於弑父烝母之隋煬；殿試，始於濫淫之武后；韵書，始於賣國弑君之沈約；五經印木板，始於長樂無耻之馮道；四書文，始於執拗誤國之王安石；請謚孔子爲至聖先師，以木主易像，始於逢君廢禮之張璁；請謚杜甫爲文貞，始於元内監。其中有其事甚是而其人甚非者，有其事不甚是而至今相沿不改者，坐令千古要典出於此輩人之手，而後世踵而行之，亦可怪矣。

此丁雪符之言如此。余曰：『君子不以人廢言，言尚不廢，况其事乎？』

無名考

丁云豫讓漆身吞炭，妻不識，友識之，友青芹也。赤壁吹洞簫者，四川綿竹道士楊世昌也，有句云『有客吹簫楊世昌』。桃源漁人，武陵人黄道真也。潯陽妓，裴興奴也。石敢當，劉知遠時勇士。

牛蔸

丁雪符云雲貴鄉中多牛蔸，據土人言此二字，未知是否。禁約甚嚴，凡鄉中有妄取一物，或誤犯一事者，不訟亦不罰，但以木杆上繫一鐵鈎，擊鼓聚衆，每户出薪一束，積而焚之。不分事之諰故大小，人之男婦耄倪，雖有司禁令亦不遵，雖天倫行旅亦不免，真蠻俗也。

聞貴州别鄉某女嫁牛蔸之鄉，新婦不知也，甫三日，誤掐他田，爲首者大怒，擊鼓，俄頃薪積如山。新婦哀號遍乞，其中亦有憐之者，欲免之，首不聽，且促焚。新婦夫大恚，時手持一短烟具[一]，趁人亂時，將烟袋玉嘴潛置於爲首身間大荷包内。俄焚婦訖，衆人將散，婦夫大言曰：『適烟筒玉嘴不知何人竊去。』首復大怒，遍搜諸人無有也，衆人復搜首，則儼然在荷包内。首大驚，雖知復仇，然無可辨。婦夫遂亦擊鼓聚薪而焚其首者焉。

然貴州最多而最行，牛蕟之鄉大有夜不閉户，路不拾遺之像。余游羅次過數鄉，見其竿焦黑如炭，鐵鈎亮如銀者，亦有微黑者，恒惴惴悲之。荒陬夷徼，殘忍至於此極，從不經官，故官亦蹣跚省事。噫！是誰之過歟。

瓦口寨

咸豐四年，回匪圍滇城，城圍甫解，余奉板輿避亂出省。路皆焦土，死尸枕藉。微行數日，將至曲靖府，地名瓦口寨。夕陽在山，忽樹林中突出賊數百，殆圍城而敗潰者，

[一] 持，原誤作『特』。

攔路將欲搜殺。幸家慈於平素有膽，對賊云：『行李皆聽取，素無冤，乞勿殺人。』賊審視良久，問余何姓，余怪其出語不倫，且勢稍緩，遂答以丁姓。賊訛聞爲『金』，挾余上輿，并代覓已逃僕夫。至云爾固不動，但同行者皆聽吾所爲，遂大加搶戮，頃間尸血載道。忽一人似兵役，奔至家慈前，授以一囊云：『此係陣亡某把總火化骨也。』擲囊竟去。

晚至曲靖，撿行囊未失纖芥，僕從亦未殺傷。是役也，蕭恭人、李嗣元司馬、鄧少君某及同行者約數百人，皆被害於道，不可枚舉，而余獨以問姓得免，豈金姓之人有恩於彼耶？計余幾死於刀兵水火瘟疫十一次，此其一也。把總骨遍詢無有識者，待其負尸之人不至，遂葬之。

丁雪符云。

卷十三

婺源　齊學裘　子治

范天球投猪還借

同治四年，宜興東鄉卞瀆張鳳岡養猪賣與屠户，得錢數千文，剥白見猪耳上有『范天球』三紅字，詢張姓有欠債人名范天球否，其家尋舊券，果得范天球欠錢十千未還。此事陶士寅親眼見之，與我述其顛末如此。

飛龍

關東有物曰飛龍，形似母雉稍大，味甘寒，酒醬熇煠以入醲醲之羹油輒澄澈，食之美逾他品。富將軍明阿督師揚州，曾出以餉客，并云：『此物非高樹不棲，清泉不飲，聞人步聲，輒入空中，急不可得。』殆其性耿介過於雉也。

假吊神嚇走真吊神

金陵龍渡某村人某婦最喜假意投繯，以嚇其夫，先必啼哭上樓，裝束畢，再行此詐。夫患之，商之伶人旦脚某郎，某郎曰：『是不難，候其作詐時通知於我，我扮吊神嚇他一次，他日後自然不作詐矣。』某然其言。

一日，婦又啼哭上樓，某郎聞知，即扮吊神上樓嚇婦，忽見婦背後立一真吊神，便大驚，跌倒在地。婦亦驚倒，真吊神大叫一聲而遁。從此婦不投繯，能安於室矣。

孫澄之云。

朱羅氏烈節小傳

應敏齋觀察寶時爲上海道時，有表弟朱孝錫係杭州仁和縣人，佾生，在廣東游幕十有餘年，因觀察太夫人是伊胞姑母，同治五年來滬省視，即在滬城賃屋挈眷居住。詎於十一月初二日，孝錫因病身故，伊繼娶妻羅氏年二十四歲，痛失所天，悲哀欲絕。應太夫人遣人慰問，朱羅氏泣曰：『孑然一身，上無可事之翁姑，下無可撫之子女，但能不辱門楣，以保此身名節而已。』

至十二月十九日，逢孝錫終七之期，朱羅氏祭奠後，將所餘箱籠什物概行收拾完善，閉户仰藥，告其僕婦侍婢曰：『今日吾得死時，後不復語。』僕婢戚屬急相灌救，不肯下咽，延至次日，瞑目而逝。觀察憫其從容殉節，無愧完人，不忍令其湮没不彰，據實稟報，虔請旌獎，以昭節烈，真盛舉也。樂爲書之。

鬼詐騙酒食

四川廖養泉明府綸與予言，陝西人某乘馬到四川某處，見井上坐一男子，馬蹄踏人落井。某心怖，加鞭過去，行十來里，回顧馬後，有鬼追隨，心愈怖。到親戚家，見鬼索命，某病狂，親戚許拜懺超度不依，端索酒食，終日醉飽，則病者無苦，否則疼痛難當。

一月後，鬼去人安，復乘馬于歸，快到井邊，心更怖，恐落井鬼又來索命也。正徘徊路側，忽見落井人蹣跚而來，指謂某曰：『爾真忍人也，見我落井，不思救援，反加鞭逃去，若非枯井，一命休矣。今又相逢，爾有何說！』某口不能言，面無人色，觀者如堵墻，衆論紛紛。某始知落井人未死於井，索命鬼詐托謀食。

奇哉怪哉，不信世人行詐之風竟移之於鬼蜮也，噫！

天雨豆地生毛

金陵孫澄之廣文文川工詩古文詞，與余遇於應敏齋觀察衙齋，酒後談鬼之餘，又説白下未遭兵亂之前，見地上小豆紛紛，皮黄實緑，可以療飢，人曰此天雨豆也。又見地上生毛如棕。因得詩兩句云：『天憫腹枵因雨豆[一]，地憐膚剥故生毛。』

[一] 雨，原誤作『兩』。

詹長人

婺源北鄉虹水灣詹衡均身長九尺，頭如斗大，腰大十圍。娶吾祖母俞太恭人之使女節喜爲妻，生子四人，長庭九，身如長人，次進九，三壽九，四五九，身長如其父。同治四年冬，夷人聘五九二十五歲至夷場，閉置一室，來看者每夷一洋錢，聘金每月六十元。五年正月，夷主要看長人，因以九千洋錢包聘長人到英吉利國，代長人娶一妻一妾同到外國，居爲奇貨，亦可怪也。

聞將回滬，特爲記之。六年六月初七日，余心軒表弟晤於滬上，口述如此。

伶人張錦死節

吴門伶人張錦爲二面脚色，有名於吴久矣。年四十餘，庚申四月十三日蘇城失守，賊入張錦家索洋錢，張以當十錢包二百枚爲兩封獻於賊。賊開視，知是銅錢，大怒，謂張行詐，欲殺之。張曰：『我爲戲脚，何來洋錢？爾爲逆賊，終日殺掠爲事，天譴難逃。爾今殺我，我必爲烈鬼殺爾矣。』賊大怒，殺張，張未死，罵賊不絶聲，賊復殺之，乃死。張猶怒目握拳，其狀甚烈。賊退，鄰人殮張，瘞於城中。

吴人與余述其死難甚詳，余曰：『張一伶人耳，其所演戲半屬奸邪之輩，其死節也，何其壯哉！雖古之忠臣烈士，罵賊而死者不能過之。噫！如斯人者，豈可以伶人而少之哉。』

史家醜婢爲活財神

盧品珊與余述宜興城中，史紹文進士之祖茂才貧甚，傍伴入都，館某明府家。居停有婢女，貌醜如鬼，事史甚勤，史好之。逾年居停放外任邊省爲縣令，史不能從，因辭館歸宜。居停贈之川資，并贈以醜婢，爲師好婢服事之勤也。史歸將館金三百兩略償宿債，隨手散去，貧窘如初。自言寒士無銀之苦，搔頭搓手，寒態百出。

婢見之，謂主人曰：『所謂銀者何物也？』主人告以銀之狀，銀之用，婢曰：『是不難取之物，何憂爲？』主人曰：『汝目有所見也，何言銀之易取也。』婢曰：『能依我言，銀取之無禁，用之不竭也。』主人詢婢所言，婢曰：『快買香燭、猪頭、三牲，花費千文錢，交我到彼狹衖裏古井旁，供請財神。移時君去叩頭虔禱，自有所見，切勿怕也。』主人信其言，依其所需而與之。婢即持香燭、三牲，携入狹衖井旁。移時主人親去拜禱，見雙燭碧光射人，凜凜可畏，醜婢頓失所在。俄見金甲神手提金剛杵謂史曰〔二〕：『汝須寶銀若干，汝自説來。』史曰：『一萬兩足矣。』於是金甲神入井中，發出寶銀一萬兩，堆積井之四旁。史叩頭謝神，取銀安置内室，從此營運無不如意，利市三倍，至今尚饒於財云。

和事嶺

婺源東鄉烏坑有兩親家某某結訟進城，同上高嶺，嶺路崎嶇，十分難行，因小憩嶺側，相對談心，謂因言語不和結訟到城，不論理是理非，總要花錢，既花了錢，還要傷了和氣，

〔二〕杵，原誤作『杆』。

到不如兩家將此結訟之錢造了此嶺，使千百歲後往來行人感德無窮，豈不是好，胡訟爲？兩心和同，還家各興石工，造此峻嶺。後之人名其嶺爲和事嶺，至今傳言不替云。

余曰：『《易》云：「訟則終凶。」諺云：「衙門八字開，有理無錢莫進來。」又曰：「情願氣死，不要打官私。」甚言訟之不可結也。』今記和事嶺，因有感於斯言。

咸豐縣孝子

丁雪符述友人盧敦五司馬言，承乏湖北咸豐縣時，某地數百家，居民輻輳。一夜忽陷爲潭，中有劉光貴孝子也，其屋移至卅里外。天曉出門，視之四無居鄰，在温黄田中，屋中樹木以及所有用物皆移於此，温黄人以强占結訟。

時陳達甫太守知安陸府事，親至縣踏勘不爽，無不駭异。聞之中丞胡問芝先生，贈銀三十兩，欲奏不果。此事通省皆知，天之重孝子如此。余樂爲書之，爲世之事親者勸。

蛇變青蚨

戴汝登聞車夫云，三山營某村某家人，早起見廳堂梁壁盡挂青蛇百數十條，畏甚，延道士拜懺，焚紙錢送之。越一日，開廳堂門視之，梁蛇不見，衹見滿地青錢一百六十餘千文。丁卯三月間事。

杉樹將軍

婺源城外湯村街有古杉樹一大株，咸豐十一年，西寇犯婺邑，官兵築營，杉樹有礙營門，主帥命伐樹。兵奉命伐樹，頭遂昏痛，手不能動，禀之帥，帥怒，易兵伐之，兵遂噴血不能起。

帥聞之心駭，親來樹下祝之曰：『汝能助我滅賊，當奏聞天子，立廟奉祀，封汝爲杉樹將軍。』是夜樹神示夢，約先破賊巢，驅賊出境。主帥信其約，舉兵伐賊，賊果遁，境内安。主帥奏聞，奉旨立廟，封樹神爲大將軍。至今香火大盛，男女祈禱，殆無虚日云。

戴希英冒火救母

明朝戴希英世居婺源西鄉巖前，一日其家失火，二、三、四弟祇知運財物出外，不顧其親生瞽母死活。希英從外趕歸，蒙水絮被蹈火中，負繼母出外，母曰：『我平日待汝極惡，今日救我出火中者還是汝，我生三子，皆不顧我死活，汝真孝哉！願汝千子萬孫以報汝孝。』希英後嗣至今綿綿幾有萬丁，其餘三房絕嗣無一存者，誰謂天道無知也？萬善孝爲先，爲人子者其可忽諸！

巖前戴毓雲口述。

雄海關

巖前戴毓雲之父十約，今年六十有一，前年夢到陰間，遇一人謂之曰：『爾何往？來何事？』戴曰：『我弟年未五十便去世，我要求君同到陰曹衙門，細查陽壽，恐爲陰差誤捉耳。』其人曰：『未滿五十死者，皆入罔死城中，予不能同爾去查，爾之年壽可代查之。』戴遂請從之去，至一處見大衙門中問竪匾『雄海關』三大字，左邊横匾『彰善闡惡』四大字〔二〕，右邊横匾『善惡分明』四大字。進大門，上大堂，木闌干外立定，其人進取簿書，出示戴，簿上書『婺源桂巖戴十約年古稀有二』。閲畢，命戴速出回陽，毋少留。戴驚寤〔三〕。

其子毓雲同寓泰州，口述如此。

李堪輿

江北口岸李某堪輿爲業，年五十餘患病在床，一夜被陰差唤去，至一大屋中，見諸衣冠中有相識者，留之坐談，遂同去見一王者，高坐大堂之上，謂李來何故，李對曰：『蒙差使唤，不敢不來。』王命判官查李年壽，判官查之云：『李壽七十有四。』王怒指差曰：『混唤人來，重責一百大板。』李代求免責，王不許，痛責揮去。王因命

〔二〕闡，疑當作『癉』。

〔三〕寤，原誤作『寐』。

李入内堂，賜坐，賜茶，盛饌以待。飲罷，謂李曰：『我清江人，祖墓在清江某處，墓前爲人造屋，遮蔽風水。君回陽，望到清江代我理直爲懇，勿忘也！』李敬諾，唯唯而退。

王命輿馬差役，護送回陽。家人聞門外馬鈴聲到門而止，怪之，李床上病蘇坐起，口述陰間情事，遂乘船到清江訪問某姓名墳墓，果爲人墓前造屋遮住風水，李遂申明地方官立拆房屋〔二〕，還其舊墓。歸家夢見閻君來謝云。

張紫章，婺源人，口述如此。

帶陰差替死

婺源巖前戴福元娶妻有年，未得一子，其母苦節，長施乞丐以米。一日，有帶陰差戴某來向福元説：『昨夜陰曹點簿，注汝絶嗣，不久於人世矣。吾與汝善，不敢不告。』

〔二〕拆，原誤作『折』。

其母聞言，忍而不哭，夜静背人，膝行至村廟神前禱告，願以身代兒死，求閻君免其絶嗣，以存祖宗香火。

越二日，帶陰差某奔來告福元曰：『昨夜陰曹因汝母禱求以身代子死，免子絶嗣，陰判細查汝母積年施舍長生米，其善可嘉，其子可免絶嗣。遂責我漏泄陰間事情，痛責數十板，再查我在世行事，無善可取，不如替福元死，了此一重公案。因此特來恭賀，并以告别。』去後數日，帶陰差某果然無疾而終。福元現有二子四孫，衣食頗足。

丁卯九月初二日，戴毓雲口述。余曰：『一施長生米，其善足以補絶嗣之過，而况世之博施濟衆者，其德報爲何如哉！』書之爲世之樂善好施者勸。

救一家添壽一紀

張紫章與余云，泰州有一人，忘其姓字，趁船過江。船中先坐一人酣睡，旁置黄布包裹露出一紙，上有人名。某竊取閲之，己名在首，知爲帶陰差者捉人名單，俟其睡醒，長跪求緩數十日，以便歸家料理後事。帶陰差者見其哀求，憐而憫之，遂將己名倒置在尾，令其速歸，約期來喚。

某拜謝而歸，途中見有夫妻相抱大哭，難分難捨之狀，驚而問之，其夫曰：『我父被人謀害，置在獄中，今有友人代爲排解，必須二百金方可出獄免罪。小子家貧，祇有一妻，不得已賣妻，再擬賣屋，庶救父出罪。今妻已有受主，片刻將離，故此慟哭耳。』某聞言心惻，曰：『勿哭，勿賣汝妻，從我回家取銀二百兩，贖汝父出獄免罪。另贈百金，服賈度日之費。』其人贖出父罪出獄，并得服賈之資，父子夫妻依舊團聚，樂不可支，拜謝而去。

某抵家速辦後事，安排家務停當，坐以待斃。一日，忽見帶陰差者來喚，又聞門外馬鈴聲，見陰差持札來報云：『某因途中救人父子夫妻團聚功德，添壽一紀，帶陰差者速去，毋少留！』

余曰：『一念之善，救人一家之難，便添壽十二年，而況世之爲大功德濟億萬人者，其壽無量，蓋可知矣。余故曰害人者害自己也，濟人者濟自己也，所謂君子樂得爲君子，小人罔了爲小人。諺云：「救人一命勝造七級浮圖。」又云：「人有可延之壽。」以此觀之，益信其言之不我欺也。』

岳皋題壁

吴陵城中有岳皋，崇祀岳鄂王，江山環供堂下，曠然大觀，真勝境也。余游岳皋，慨然有作，得一長歌，久刊問世。寃獄責在高宗，暗使秦檜殺鄂王以固偏安帝位。丁卯秋，重登岳皋，兒子功成、猶子功炎、外孫貳之偶於壁間見一詩，意與余同，抄視云：『崇祠在高皋，時難復登臨。碧樹自春色，青山空鳥音。欲加名將罪，豈獨佞臣心。寃獄成三字，高宗意亦深。』署款延秋二字，不書姓氏。功深見卓，必傳無疑，書之以公同好。

余詩附録於後。

吴陵岳皋謁岳鄂王廟歌

高宗南渡據神器，二聖還朝置何地。長君之惡伊何人，十二金牌出奇計。鄂王不死金必亡，東京克復無建康。高宗避位歸藩邸，不爲天子爲諸王。檜也乘間居奇貨，鄂王乃在榻側卧。嗚呼何待風波亭，朱仙一戰獄已成。不聞檜語是上意，鐵案莫須有三字。已拚笑罵由他人，且固偏安君相位。史書矯旨檜殺之，爲尊者諱何須疑。不越境與不討賊，《春秋》誅心歸罪誰。東窗詭謀承旨耳，彼婦長舌何能爲。觀其褒贈有深意，檜死封王復封熺。熺封旋令熺致仕，委曲保全情可知。檜也遺臭千萬世，高宗隱慝無人窺。惟王當時識此意，君賜臣死胡容辭。今日趙家無寸土，吴陵一坏名岳阜。同時部將聚一堂，懔懔英風振千古。子死孝兮父死忠，萬年俎豆何其崇。我來陟阜携孤笻，拜瞻王像泪沾胸。王書自譜《滿江紅》，忠貫日月聲摩空。昔年摹勒《寶禊》中，碑照天地光熊熊。余刻《寶禊室法帖》二十四册，王書在焉。方今盗賊如屯蜂，海陵一隅慶安墉，豈非王靈保障功。江南一帶無數峰，羅列堂下如附庸。大江東去浪洶洶，落日蒼莽悲英雄。感時懷古歌當哭，譜入迎神送神曲。騎驢湖上豈無人，茫茫遠海摇空绿。

丁卯科場記异

丁卯江寧鄉試，戴彝齋明經場後回泰州，與余云有宿遷人，忘其姓名，年一百零一歲，本年入泮，秋闈三場考畢，文字不差，精神矍鑠，望之如神仙中人。曾中堂國藩擬奏爲人瑞。又卷房失火，見魁星跳躍，卷未傷，火亦旋息，有八十歲老人場中文成交卷，忽發病身亡，適有幼子同號，得以送終，亦一奇也。

吾兒功成，場中見一士子文寫三藝未畢，忽大書『天理』二字，又書『忽然錯了』四字，再畫蘭花一叢，復以墨汁灑卷，發痴擯出號去。又見一士倮體赤脚奔出頭門，口稱：『賊中慣掘冢，剥尸衣，致有冤鬼剥我衣履，逐我出去，不許我作文云。』

又聞程笠青六十九翁說，前有上江士子四人，各帶一僕到江寧租寓，租金四十，先付十金，後搬行李進寓。寓東見四士人後有一少年美婦隨入，寓東駭之，因謂四士曰：『我租考客，不租眷口，君等携一婦女來，何也？』四人曰：『本無婦女，爾獨見之，是大不祥，我等速回故鄉，不敢應試去。』寓東送客出門，回家見鬼婦猶在堂屋，怒謂房主人曰：『我萬苦千辛，方尋得冤家討替，被汝説破機關，阬我不能報仇。今日定取汝命，以雪吾恨。』房主人曰：『無怒，士去不遠，汝去索命，何遲之有？』女鬼曰：『噫！場屋中奉命申冤，可以索命，今被聞爾言，懼而回去，不進考場，萬難下手。今索汝命定矣！』房主苦求，許以齋懺，即將十金超度乃去。

翟懷卿云場中以竹籤籤心者有人，以刀剖腹抽腸者有人，斷臂者有人，至於在場出場病死者不一而足。由是觀之，士之無品敗行者不宜下場，免遭顯報，書此爲習舉子業下大場者戒。

童勇誓報

登州蔡鶴門司馬允壽，咸豐初年爲桃南同知，在豐工督辦築壩。聞少婦喊冤，問知少婦蕩山縣人，李德輝廩膳生之女也，嫁顧氏子，隨翁姑夫婿逃水災，被衆冲散，獨身爲無賴所困，故此啼哭喊冤。蔡遂收留少婦於别室，雇老婆子伴宿，遣人尋其父李德輝來認。

李至，父女相見，泣訴前事。蔡遂贈李百金，同人樂助二百金，共成三百金。李感德不盡。又慮父女回家，身重難行，恐被人側目，蔡欲擇役遞送，即有徐州人童勇前來討差，送李回去。蔡素知童勇盜嫂爲妻，不法之徒，不准其請。童遂對天發誓，如有見財起盜心者，死被狗食。蔡見其發惡誓，遂命之送，再加十餘金與李作路費，交童收下，代李開發車力飯食賬。

後數年，蔡避地淮城，李來拜謝，始知李得金，重整家園，復還舊業，居然小康，其女婿親家皆團聚一處。時童勇已死，埋大黄堆[一]，與其嫂同穴，俱被狗食。因問李當日送歸情狀，李曰：『老公祖所賜路費十餘金，皆係童勇藏匿未吐一金，到家後將數十金藏在房中抽替内，亦被童竊去。』蔡始知童誓之顯報也。

同治六年丁卯十月二十七日，余訪鶴門於上海陸氏花園，口述如此。

古樹能言

壽州禹王山頂有古白果樹，不知其年壽幾何，相傳禹王問樹幾千年，即此樹也。咸豐初年，捻匪張禄行兵過樹下，張欲焚樹，樹大聲疾呼張賊曰：『汝若焚我，叫汝連打敗仗一百回。』張怒，命焚之。賊去未及半時，而火自滅。嗣後張賊連打敗仗，被官兵擒而誅之。

[一] 埋，原誤作『理』。

四川周以忠口述。周即蔡鶴門之親戚也。

朱福保惡報

朱福保舉人，吴縣人，日以詐騙横行、包攬詞訟爲事。道光二十年間，朱被人告發，革去舉人，長禁獄中。咸豐元年，大赦出獄，依舊故態復萌，無惡不作。吴人憂之。庚申之變，蘇城失守，朱爲賊羽翼，設計害人。同治二年，蘇城收復，朱逃至東洞庭山。山人見朱來，駭甚，聚衆擒而誅之，投尸太湖中。吴人爲之大快。丁錦帆口述其事，特書之，爲世之包攬詞訟、無惡不作者鑒。

土地押妻

泰州南門外東村有土地廟，一日失去土地婆婆，鄉人遍尋，竟於西村土地廟中見有兩位土地婆婆。東村疑西村人盜去，遂抱之而回，仍置土地婆婆於座上。明日視之，土地婆婆仍然失去。衆人又到西村廟中，又見土地婆婆兩位在座。於是東村人與西村人争論結訟，官亦難明其故。

是夜，東村土地示夢東村衆人曰：『勿興訟，是我與西村土地賭錢，輸銀四十兩，無銀還賭賬，祇得將婆婆抵押。限期未滿，尚未成親，望諸君見憐，將紙錠若干焚之於西村土地廟，則可贖回婆婆，否則婆婆終要過去，不我有矣。』問紙錠一張抵銀多少，土地曰：『一張紙錠可作銀一錢五分。』於是東村衆人依數焚銀錠於西村土地廟。明日土地婆婆自回本廟座上，嗣後土地公婆一雙至今尚在。泰人傳爲美談，老少皆知，亦一奇也。

余曰：『世人好賭輸錢，賣妻還賭賬者多矣。不信土地公公既爲一方之正神，亦染此惡習耶？土地輸錢質妻，尚有衆人焚錠贖回，團聚如故。世人輸錢賣妻者，不知可有土地公公代爲贖妻團聚如故否耶？』書之爲世之好賭賣妻者戒。

李湘舟死難

吴門伶人李湧號湘舟，事親孝順，作人正直，能傳神，善畫戲文，無不逼肖其情狀，天生妙筆，非畫師所能及也。住顔家巷，吴中名流善畫者皆好與之往來。其爲戲則做奸臣醜脚，其爲人則中正和平。余曾見之。庚申之變，李死於賊中，惜哉！

雷擊惡夥

無錫蕩口飯店中，有客人身懷洋銀四十元，飯罷出店，遺失銀包在店，店夥某見而匿之。客來店尋銀包不見，因向店夥索取銀包，許以十元酬贈。店夥不認，回客未見銀包，反留客吃點心，出買毒藥〔一〕，放在麵中。客將下箸，忽然腹脹要如厠，天頓昏黑，霹靂一聲，祇見店夥手捧銀包跪在客前，已被雷擊死矣。麵變黑色，始知其置毒殺客也。同治元年事，丁錦帆口述，書之爲世之謀財害命者戒。

〔一〕買，原誤作「賣」。

卷十四

婺源　齊學裘　子治

假隨

滬城盧殷輅蔚廷氏言，康熙癸巳，孝廉閔望字雅生，本世裔，屢躓小試，無意功名。一夕忽夢其父告曰：『爾今科當發榜，某題文字三篇不可不熟讀也。』覺而异之，即檢書架果有其父遺稿，遂借范姓監照録科，是年竟捷。

後爲富陽令，時當鄉舉，奉聘入簾。公自思此事久廢，恐屈人才，乃請同里名士朱東村先生扮作隨者，代爲閱卷。主考喜公卷不妄薦，榜發惟公門桃李最盛，元卷亦在公房。及解元謁謝恩師，公曰：『非我力也，自有汝真師在。』遂令相見，備述所以，一時極盡賓主友朋之樂。吁！此見公之虚懷容物，不掩人善，非東村亦不能以屈爲伸，而相與有成也。

東村諱之樸，字寧周，鄉宦葉鳳毛輩皆受業焉。余曾讀《東村集》，録其《試院口號》六首，詩云：『釣臺密邇悵難登，别久西湖去未能。不信名場無夢到，偏來棘院看賓興。』『比舍萍蓬四國英，雲間日下乍通名。何緣傾蓋如同室，但解論文便有情。』『痴雲日日結重霾，渾似羈懷撥未開。爲念白袍憐雨立，聚奎堂畔即蓬萊。』『芟除蕭艾掇孤芳，老眼明蟾欲鬥强。針芥但憑心裹合，笑他朱點説荒唐。』『天香飄盡已深秋，點勘宵闌鎖院幽。辛苦有心誰可負，漫嗟針綫爲人謀。』『淡墨題詩目下春，繁更促點半宵中。鳥飛姓氏如風去，多少連床夢不同。』

真僕

盧云奉賢灣周貢生周思永，長髯豐頰，儀觀偉然。少孤好弄，其父殁時，命一老僕輔之。僕能盡其心力，百般防閑，不敢少恕。時周年少氣盛，恃其富豪，荒於酒色賭博。僕則日夜伺察，周亦爲之嚴憚，見僕至輒起立，有所命毋敢違，甚至怒加楚撻亦所不辭。後周之得以保家而成一邑紳士之冠者，未必非僕之功也。

噫！若此僕者是真不負所托，而其父不托他人而獨付之此僕，其識自有過人者；

而周亦可謂善服於義者矣。周今年已老，尚倜儻好客，有小孟嘗風。於所居建花園一所，購《蘭亭》真迹石刻三卷藏其中，四方求者踵至，周應接不厭，惟少需拓工口食而已。

歸魂泄怨

盧云鬼神之事，儒者所弗道，以其越常理而易滋疑惑也。然孔子不言其德之盛乎，是知弗道者本爲俗人慮，非爲智者防也。予童時隨叔父游陝，遇流民洪佛寶。洪係太倉寶山人，其叔洪心一家擅素封，晚年乏嗣，祇有一女，佛寶應嗣。心一視佛寶才短，且惑於妻妾，意欲向女，臨終不許佛寶入視。鄉之狡黠者群爲不平，慫恿佛寶率領多人搬搶一空。其家鳴官究治，賄囑有司竟誣佛寶本爲繼子，原非嫡侄，從重治罪，於乾隆四十三年發配陝西鄠縣爲流。因彼風土异宜，難於生理，姑依余叔侄墾田於終南山黄土坡。

至四十五年秋八月，被虎所噬，慘不忍言。四十六年，予叔侄回里，始祖道時，予身早覺凛然有异，遂發病兩日而愈，孰知其魂之來附也。予至吴淞江黄渡，其魂即歸家向渠嬸渠妹索命，且言在陝境遇之苦，歸途跋涉之艱。其家百方悔罪，許以薦度，終不能釋，卒至立斃云。

精相喪生

盧云常州廕生顧鶴鳴善相人之術，久寓吾邑城隍廟西園。嘉慶二十年秋，相邑棍陶奇山，指其面帶殺氣，三日内必犯官匪牢獄之災。言過切直，竟觸陶怒，突起將顧歐死。陶現今繫獄抵罪。

嗟哉！顧之操術信神驗，顧之罹禍何奇酷。雖死生或有定數，而尤怪顧之精於相人，疏於自相也。紀此爲售術宵小不知自止者戒。

石笋里

盧云南匯新場鎮向稱石笋里，因包家橋港西去半里許，俗名石頭灣，有石數笏，横卧港之北涯土中。相傳此欲産山，觸污而止，甚謬。嘉慶二十年浚河時，予親窮其底，并無根脚。此必舊時豪家花園剩石，特年遠不可考耳。

姑嫂墳

盧云在南匯下沙半路張宅東，後即金姓宅，相傳姑姓金氏，因嫂某氏孀居，不忍出嫁，伴嫂終身。上事父母，以盡其天年；下撫幼孤，俾至於成立。嘗與嫂共誓曰：『生則業已同操，死則尤願同穴。』殁後，其侄不敢違命，卒與兄嫂并葬。其墓忽生銀杏二株，枝常連理。要之，貞魂節魄所感，雖在草木，亦有异於尋常之葱茂者，况其人其德之原足不朽千秋乎。予於乾隆末年間過其地，猶及見之。

禍兆福先

盧云唐孝廉曾颺未捷之前一年，館於其鄉嚴氏。一日，虚窗獨坐，忽聞窗外問曰：『汝知吕錡射月之事乎？』孝廉啓窗四顧，絶無人踪，蓋鬼語也。歸訴諸封翁笑士先生，相與驚訝而已，亦不能知其故。

明年，南闈報捷，適一報者墮河溺死，以爲遂應其驗。不知赴禮部試後候選留都，卒遇永定河水發，既受驚悸，復迫飢寒，竟致病没於京師。始悟吕錡射月之夢，雖射楚王中目，已乃退入於泥亦致殞命，即一語而奪魁遇水之兆，不啻明告於前矣。鬼神之德，信盛矣哉，惜當局者終莫能測度而一爲趨避耳。

受欺忽發

盧云素受人欺，有子忽然大發，此陳希夷《心相編》語也。吾蓋於南邑朱封翁爲章信之。封翁，朱孝廉毓賢之父，少躓童子試，欲青一衿而不可得，乃弃儒就農，躬耕於邑之五竈港。父子勤儉，漸致素封。

其鄉有閔某者，老訟也，有田數畝在封翁宅前，欲售重價，多方啓釁，封翁不敢與争。孝廉兄弟恐生後患，因各出私財與之成交，以中其欲。閔得錢販棉花百擔，冀獲重利。至來春全家被回禄，不特積花俱歸烏有，而家室亦爲灰燼矣，而孝廉於是科竟捷。

嗚呼，誰謂天無報施哉！宜胡業師爲予言之而不禁三嘆息也。業師姓胡，諱源，字洽文，藝塘其別號也。壬子科貢生。與孝廉同鄉，知之甚悉。囑余紀之，殆欲爲世道人心一挽焉。

水厄

盧云乾隆壬子，余館於南邑唐氏，其鄉有王紹周者，爲沈氏操會計。一日，沈命其出販，王辭曰：『星家向謂余命中有水厄，故生平不舟行。』沈許之。其年四月，沈之戚屬吴姓招飲，適其子已卧病，聞枕邊有人喚曰：『起起！速伴棺去。』子驚告其父，且曰：『兒病似不起，父親今夕不必赴宴。』王曰：『症無甚利害，况相距伊邇，余往即歸。』

至晚，卒與沈并宋衛二人同往。飲酒歡甚，吴窺其有醉色，故靳之，王嚷曰：『今夕即醉歸溺死，亦不汝索命，何主人之吝也！』及席散，堅留不住。至宋氏宅離家衹半里，王寄衣服、扇子於二人，不顧而去。疾走如風，追之不及，一似有人拉之者。及其所居之東約二百步，過小木橋，至下塊竟失足，二人急喚其家人同救之。見足在水中，頭在灘上，皆疑其無恙也，而孰知已死矣。噫！誰謂命數可逃哉。

虎傷

盧云乾隆辛丑，予居終南山之黄土坡，其秋遭虎警，鄉人詢其狀，予述之。中有楊姓一叟曰：『某亦虎口餘生也。前三十年即於爾住處墾荒，冬日將雪，於場上收柴。虎潛至，將某撲倒。某知爲虎，不敢挣亦不敢出聲，虎是以不用全力即擒去。某妻見之，呼號不已，山巖爲之應響。虎疑對山有人聲，將某放澗邊飛奔而去。某妻叫曰：「汝尚明白否？虎已去，何不逃回。」某聞，睁眼視之，虎果不在，努力起走。虎回見，追某至門，某妻闔户，扶某上床，將腰間抓落肉一片疾忙按上。一暈而絶，夜半方甦，醫治兩月而愈。』予見楊時，其年已六十餘矣，生計頗饒，兒孫林立，洵乎死生有命也。

建言被遣

盧云南邑航頭鎮彭永元先生，向客河帥幕府，至乾隆末年回籍，年已六旬，無子，衹二女。於嘉慶四年，今上下詔廣開言路，許無論官吏士民，圖議國事，不次擢用。彭希遇合，即遇現前河工關税、教匪洋匪諸事，具狀於岳撫臺。撫臺立爲奏聞，皇上着該部議處。

當朝命未下時，州縣官擬彭必蒙優獎，俱以上客禮待之。及部議罪彭顛狂，冒昧越職妄言，希圖幸進，或涉黨私，着地方官勘其家産，并拘保鄰核其行止，遣戍邊徼，以防後患。彭年老氣憤，行至高郵病卒，其甥某負骸骨歸瘞。

積善成名

盧云從來爲善者不求名，苟爲名計則爲善之心反不篤，而爲善之量亦不宏矣。吾鄉喬公鼎元孝友性成，兼之樂善好施，少因母病曾刲股以療之。乾隆壬子、乙亥歲大飢，公出錢粟以賑鄉鄰，鄉鄰賴以存活者數十家。平素尤好教化鄉里，凡孝弟忠信、勤儉操家之道，無不諄諄於口。至出資以建宗祠，撫孤侄以入泮，臨終精爽，預知時日，尚屬餘事。晚著《勸世瑣言》《苦盡甘來》二書，詞雖淺近，而與人爲善之意，猶飢渴之於飲食，固未嘗一日忘也。故沈文學松莊曾爲作序，陸文學竹君更爲立傳。

今上二十年，邑侯葉明府開局纘修邑乘，予條其行誼呈局，蒙當道采入《人物志》，且方司訓浩發給額旌之，李中翰心庵題聯頌之。群公品藻人倫，發潛彰往，足以不朽公矣。公之始願豈及此哉，亦唯積厚者流自光耳。予竊慕公之德，羨公之遭，而更欲借公以爲鄉人勸也，故不禁濡筆而一一詳其顛末云。

七坑居士

盧云唐班字晚野，南邑人，所居爲柴埸灣，因號柴溪。家世單寒，少年厲志讀書，尋食餼。其父臨終謂之曰：『以汝志氣學問，不患功名不就，所慮者用功太過，轉致成病耳。自後無望速成，當念幾世單薄，以保身爲重耳。』父歿後，訓蒙鄉僻，館前坑厠甚多，穢惡難聞，公惟閉户讀文而已，遂更號爲七坑居士，蓋自嘲也。服闋，赴秋闈，試題『事君敬其事而後其食』，公思欲脱七坑窠臼，必得一篇傑作，故其文命意高超，布局宏肆。主司批語云：『浩浩落落，勢如長風之扇海。』是科竟中十八魁。明年聯捷進士。兩任府教授，即賦初衣。年未及衰，閉户著書，壽享八旬。增廣生日馭、庚寅孝廉丞華、丙子孝廉芬皆其子，以後孫曾聯翩繼起，大啓科第，今爲一邑書香之冠焉。

九相墓祠

盧云因果之説或涉虛無，然亦有不可廢者，予竊於南邑潘九相事信之。潘係海濱豪族，其父士榮嘗游維揚，狎一妓女九娘，同時又有陜西三原人魏詔，先與九娘相訂。及九娘接潘，魏責其失信，一時怒起，竟將九娘踢死。幸鴇母貪賄，魏得不抵命。後士榮居家，一日忽見九娘翩然而來，竟向内室，旋報其妻生子矣。士榮知冤氣所聚，料不能逃，即以九名其子，志所自來也。殆九相稍長，狀貌氣度豪暴异常，其父常囑曰：『爾與魏姓之人有宿怨，此生不可近。』孰意九相年才十九，魏已開鹽鋪於大團鎮，相距咫尺，偶因睚眦，潘遂統領多人，竟將魏擒歸捶斃，并藏毁其尸。此康熙初年事也。魏子庠生魏連城聞信奔赴，控憲鳴冤，卒正其罪，同抵者幾數十人。

其黨有稍通文理者，於繫獄無聊時，作爲《龍舟記》小説，鄉里至今傳誦。其中托言爲周氏女起見，頗爲義舉，亦知自占身分，猶魏連城冤狀，痛指潘爲東海亂民吴聖階餘黨。過褒過貶，勢使然也。忽於嘉慶十六年春，鄉民訛傳潘九相顯靈，向其墳旁炷香焚帛，接踵聯肩。二年而積捐銀盈千，爲構祠宇兩楹，三年而至者漸少矣，四五年而闃其無人矣。

與父報仇

盧云予先大父介山公，諱士隆，秉性果敢，不避艱險，屢遭顛沛，躓而復起。少侍曾祖文忠公，見族惡盧四兄弟時肆凌虐，大父隱懷不服。後曾祖與惡等争墓地，被擊身傷，竟以病故。大父籲天無路，自念孤弱，未克鳴冤，於是卧薪嘗膽十有餘年。幸兩先伯相繼而生，大父曰：『禋祀有人矣。歲不我與，更待何時？』即將家事托婦翁史欽生管理，藏利刃伺盧於稻田刺殺之，其弟於路挑礡亦殺之，即書狀自首。有司收禁，下鄉按驗，録成文案，呈督撫通詳達部，候部文轉。例應取决，詎知部議以與父報仇有孝子風，且自首詣獄情可原，特減三等，遣徙陝西鄠縣，先大母史孺人從焉。

陝西爲西周舊地，民物咸熙，猶有文武之遺風，兼之山高土厚，生殖饒多，大父至而安焉。旋訓蒙鄉里，後又舉一子，即先君，三叔及先姑亦相繼生。時有唐三者，蘇之常熟人也，亦以人命事在彼。因同鄉誼，甚相得。唐病將死，以妻相托，并囑携骨歸里，大父不辭。後適本庠學師之子太學生某欲買妾，慕唐妻美，賂大父主婚，大父以受托對。學師强之，大父憤控撫憲，學師被提責罵，其子幾褫革。唐妻由是得免。先大父修書報其家，其弟唐四至陝，迎嫂與兄骨還鄉。

自是先大父自知取怨當道，恐被害，遂避地於終南山之太平谷。窮居數年，至乾隆十一年遇赦歸，道經常熟，唐三弟聞之，偕其宗族數人焚香拜迎於道左，留家數日而别。先大父歸家，又十餘年而歿，享年六十有五。子孫林立，生計稍裕，得善終焉。今蒙當道纘修邑志，得列《獨行》，不特後裔增榮，亦可慰先靈於地下矣。

代弟抵罪

盧云予義祖文俊朱公，諱接桃，徽之休寧人也。生時父夢接桃，即以爲名。世傳清白，耕讀爲業，其弟誤犯人命，公念弟年幼遠出，且傷母心，遂命其在家事母，而己代詣獄，遂流三千里。臨遣時，其妻汪氏曰：『義當從夫，奈以孱弱婦人，安能跋涉長途，惟有一死報君，并絶挂念。』乃服毒，死一日復甦，卒同往，然終無子。

時先王父爲報仇事，亦遣陝西鄠縣，因鄉誼相得甚歡。公居邑中，先王父居終南山之太平谷，每朔望到城點卯，公必邀先王父到家，盤桓累日，肝胆相傾，二十年如一日也。後公見我先嚴眉目如畫，極愛之，請過繼，先王父許之。公夫婦撫育教誨亦爲之盡。鄠邑西門外即澇河，爲陝西八水之一，邑之名勝也。先嚴常釣游其上，故其自幼精繪事，雖天分之優，亦山水之助也。

未幾公夫婦相繼辭世，先嚴爲之守喪盡禮。乾隆十二年，先王父遇赦將歸，先嚴更爲營葬公夫婦穆家莊之原，樹碣志墓焉。乾隆二十七年，先嚴不忘舊德，追繪二像貽後，乞里人陳官梅立傳。今寒家爲之春秋致祭云。

收仙尸

盧云沿海一帶皆有護塘，其上斥堠密布，以防不測，平日不許人馳馬，恐驚守兵也。乾隆四十六年冬，海上富人浦遇龍舉動粗豪，於鄉倡建一廟，塑神像，擇日迎尸於野，謂之收仙尸，海中又謂之接青龍。是日焚香頂禮，雜遝廟中，夜則千百火把，上護塘接青龍，聲聞二十里。南匯城中見之，疑海中有變，文武官員盡皆驚惶無措。總戎急命哨馬出探，城中居民亂竄逃遁。

縣令成公在周浦倉場接警報，恐家眷被陷，飛棹而回。總戎披挂坐敵樓，令兵將分門守把，督諜者再探虛實，諜者不敢遠出，祇朦朧混報而已。將過二更，又不見逼近，乃遣心腹裨將二員直往護塘探之，方知其誤。接青龍者亦隨驚散。少頃縣尊至，遂出示安民，民始驚定。明日城中居民檢點，失去子女財物不知其數，蓋皆爲商舡載去云。後邑尊拘浦遇龍等治罪，各至廢家，此亦可爲作事不經者戒也。

奉彌勒

盧云彌勒教不知始於何時，大抵天主五倫之類，其教到處有之，而於江浙尤盛。先有杭人須天衡者崇信此教，言其七世族某爲彌勒下世，親授諸經三卷，勸人持齋修行，身後不入輪迴，皆歸佛國。每月朔望必集衆誦經禮佛，各上供。入教者不論男女，引進拜師，師爲之皈依取名，昇表給牒。亦分職事，行能出衆者，有清書班首諸目。同教相遇，必問何卦派執事，然後各叙尊卑稱謂。南邑楊維忠先生亦信之，度衆甚廣。

乾隆二十七年，先皇帝聖駕南巡，其徒康倫姐等獻經於姑蘇行在。先皇帝未喻，温語遣之。及回鑾，遍詢各大臣，知爲劉福通之流。明年，李公因培爲江南提學，陛辭時，命其廉之。李欲請功，思羅織之。按臨松屬，適教中被仇家首告。李命州縣拘爲首者訊之，攀累甚衆，沿門逃匿，萬户嚣然。總憲尹文端公恐致他變，但命在案結題，不必株連，人情始安。後將須、楊二人斬絞，以下軍流徒杖者亦十餘人。

予業師張九峰與楊爲舊交，知之甚悉。須本杭屬廩生，楊亦新塲名士，立念偶誤，遂至殺身敗名。乾隆三十八年，及門思欲一問前事，命予業師設乩請之。楊忽降壇云：『香風拂拂召師來，吾道門中誰妙哉。寄語進修二三子，眼前地獄豈能猜。』更詢吾師證果否，但云：『我衹道一生埋首，可以成功，誰知渺茫難言。』觀此亦知無益矣。今後再有迷惑者，請以須、楊爲前車。業師諱永思，字晉三，九峰其別號也。少習舉業，晚通醫。居奉賢陸家橋。

王女全貞

盧云王氏女，南邑人，幼失父母，爲鶴沙陳氏養媳。年十七，姑婪重聘，轉許於凌氏，女因投水死。石笋里朱東村先生嘉其節，作啓徵詩，士人張相作詩吊之曰：『重爾茅閨女，偏於大義明。赤繩一繫定，白首永無更。軀婦因懷利，全貞不爲名。悠悠灘下水，千古鑒精英。』

馮媛雪耻

盧云媛爲石笋里閨秀，幼與孔氏議婚。世居南邑新場鎮，先代皆貴顯，至是家貧窘，父兄館穀在外，嫒依母氏躬紡織。里中有惡少數輩覘嫒姿色，黑夜入室，强搶而去。嗚官究治，知縣袛將惡犯數人枷杖而已。嫒心不甘，赴控撫憲，即引佩刀自剄轅門下。撫憲大驚，先將該縣參處，然後着按察司立提惡犯審明，從重擬罪，并附憲詞。

節略云：『爲號天除暴，甘死洗耻事。竊氏年方二八，身在閨中。西臺官裔，向守禮義之風；貢士宗支，久佩詩書之訓。延及父親馮雲，家道式微，流離失所。父兄就館遠地，母女苦守空房。豈知狂徒頓起奸謀，黑夜竟來强搶。懷玉潔冰清之志，遭鼠牙雀角之誣。强暴侵凌，含冤誰訴。既蒙廉縣太爺公斷在前，伏荷青天憲臺執法於後。獨念芳名一玷，將來合巹之夕，恐赧顔而見翁姑。兹當結案之辰，願捐生以答父母。孔郎已矣，誓再世以成婚；憲德何如，矢嘝環而圖報。墜崖陳氏女，所甘效也；斷臂王凝妻，寧多讓歟。上雪祖宗之耻，下洗妾身之羞。雖死之日，猶生之年。有此奇冤，泣血上稟。』

娑婆實

盧云予昔游陜之鄠縣，聞南鄉有一樹高五六丈，大十餘圍，形類冬青，鄉人謂之娑婆樹。葉底結實如木瓜，剖之，則污泥一腔不可食。相傳有一道者過此，天氣炎熱，苦無林蘙少休，乃搔其頭垢，㓷作一團，顧謂牧豎曰：『吾種一樹，與汝乘凉。』未幾即生此樹。

黃楝頭

盧云乾隆戊申，予訪父執太學生李民望於奉賢蔡家之西南，其宅前有一樹，大數圍，高五六丈，形類槐。春摘嫩頭，用鹽湯撈過，晒半乾，可食，至有取而賣者。有過其地者，問黃楝樹頭，二十里内無不知者。紀載所傳南方多木密樹，此殆其類歟？

偷情五聖

盧云吳中有邪神曰五聖，常淫人婦女。昆山某氏女年及笄，頗有色，一夕鳴機窗下，五聖忽至求淫，女善言遣之，且曰：『君雖多情，妾尚閨女，倘一玷污，貽誤終身，西村某婦可以求之。』五聖曰：『余曾至焉，奈彼心正。』女怒曰：『彼心正，我心獨不正耶！』舉坐板欲撲。邪神爽然而去。

世謂邪不干正，觀此益信。事載《澹明居制義》卷尾，澹明居者，馬敬六先生書室也。先生諱嚴，雍正甲辰進士，居南匯北六竈。精術數之學，能知造化玄機，惜未仕而卒。

奸淫判官

盧云南京城南門外有土地廟，某姓婦少有姿色，一日入廟還願，忽見判官對己而笑，驚异而歸。晚間有巨人至，與之交接。以後無夕不來，婦體漸羸，治之百無一效。有人曰：『凡治邪，必知其爲何物，方可以施法。』於是俟其再來時，婦隨取其頭上一物藏於枕畔。

明日視之，乃紗帽刺一角。婦始悟，備述前事。夫向廟中迹之，果見判官紗帽左刺已失去，遂控於巡城司馬，差役拘之，觀者如堵。審於大街之上，杖之，塑泥盡落，膏血流地。是後婦之病遂愈。

臘八灘

盧云陝西八水之一曰澇河，在鄠縣西南，出終南山澇峪谷。上有沙灘三十里，相傳宋元間臘姓居此，富甲一郡，謀爲不軌，常自書其門曰：『若要臘家窮，天坍澇河乾。』蓋指門前稻田八百頃，資澇水灌溉，坐收萬斛也。

一日有道者求布施，竟日無與。一老僕媍啖之以茶餅，道者臨去，曰：『此間將有難，汝有善心，尚可救，慎毋泄漏！』婦求計，道者曰：『後見石獅眼紅，汝即避之。』一日館中童子取朱戲塗獅眼，婦伺見之，即倉皇遁去。至晚，風雨大作，水溢山崩，將臘氏所居衝作砂礫場。至今疾風暴雨時，尚聞有鷄鳴鬼哭聲。

孽龍洞

盧云終南山秦嶺下有一石洞，東西綿亘一百八十里，洞門高數丈，横闊稱是。其中黑暗潮濕，無人敢入。相傳有孽龍據之。唐天寶中，某宮主於上林苑觀鞦韆戲，被孽龍攝去，適樵者從洞邊過，聞片雲中隱隱有女子啼哭聲。樵者掣柴斧擲去，撲下綉鞋一隻，明日進呈備奏其事。

唐皇命兵千人，令樵者爲導，入山剿捕。數日不見動静，惟夜見洞口若有懸燈二盞，光射數丈，軍人射之，光忽散。將軍募死士百人，各執火把利器爲先鋒，將軍隨後殺入。幸此妖左目中箭，正在養病，守者懈弛，直至其中尋見宮主。宮主遂指此妖卧處，急取被蒙其頭，將軍奔上斬之，復至後洞盡殺諸妖，救出宮主。

乾隆三十年間，有土人欲窮其際，挈大膽者二十餘人探入五六里，無所得，惟見綉鞋一雙，相顧愕然，火滅而返。

打虎

盧云乾隆庚子秋，陝西南鄉有一少年，同二人往終南山太平谷解板將歸。二人對鋸，少年在旁斷柴裝擔。虎潛至，將對鋸一人咬死，一人大呼，虎怒，亦咬死。少年即取樹椏挟音尺。之，中其頭，不甚傷，虎復來，再挟之，已傷其腰，吼聲如雷，不敢住手，連挟之而虎始斃，而少年亦力盡矣。適樵者至，掖之以歸，并報死者之家而收尸焉。少年張姓，居韓村，時年二十餘，亦勇矣哉。

卷十五

婺源　齊學裘　子治

鸛雀

盧云張端揆先生爲余言，康熙間有一鸛來巢於寧國寺之脊，巢大難成，撤四方群鵲成巢爲之。鵲巢殆盡，鵲卒無可如何。後鸛伏卵困倦，被群鵲啄而斃之。嗟乎，鵲之與鸛，其勢不敵，豈知出爾反爾，曾不旋踵耶！紀此爲人鸛者戒。

黨魚

盧云大團太學立誠沈丈云，乾隆四十六年秋，海潮泛溢，見一物大如車輪，非黿非鱉，雌雄疊接，水涸被阻。群觀五六日，知爲靈异不敢傷，祝以送爾歸海，深有首肯意。鎮民以鹽車載至海濱，往下擠之，忽向西若作叩首感恩狀，乃赴水没。後遇沈文學長英述之，知即鱟魚也。

訓子

盧云乾隆間，南匯瓦屑墩有富人張叔英，名附成均，而胸無點墨，然假作斯文。凡事善裝棍子，嘗於五六月間，科頭跣足肆坐肩輿，使人舁往田畔課農，喑嗚叱咤，勢若無人。農人受其揮霍，鄰里欲得甘心。

一日爲其子完姻，俗有詰朝謁見請訓之禮，叔英夫婦高坐中堂，兒媳參拜於前。禮人贊呼請訓，叔英毫不推辭，乃朗聲打官白曰：『爾生於富貴之家，未知稼穡之艱難。』時親朋滿座〔一〕，皆聳耳而聽下文，叔英遲之又久，低聲復操土音曰：『你若要做人，須當急急爬上去。』於是哄堂大笑。至今里黨遇有昏事，輒舉張叔英爲笑柄云。

〔一〕朋，原誤作『明』。

打師

盧云溺愛之至無所不至，無怪人家延師訓子，往往以子爲是，而師爲非，蓋情勝則掩義耳。周浦孔某者，少有家資，中年乏嗣，晚得一子，愛如珍寶。其子成童時延師授讀，自開館至五六月間，罕見學生面，師深耻虚糜館穀，嘗作感懷詩曰：『學堂如破寺，來作住持僧。白日三餐飯，黄昏一盞燈。經聲原不起，佛號總無憑。即有波羅蜜，伊誰志大乘。』

一日孔某不在家，師在館中無聊，偶向户外散步，適生徒在外頑耍，師遂拉至館中，薄加嗔責。因嬌養已慣，不受約束，號咷至内，向伊母言：『先生打我，我要打還，不然有死而已。』其母憐而允之，將謂搪塞一時，孰知其父回家得悉其故，不待其子之請，即往館中與師斟酌。師勃然怒，遂欲解館而歸。師之契友憐師貧困，曲居間賂以數十金，竟聽其打還焉。

今其家已賦式微，有二子不克成立，幾與乞丐相似。雖曰貧富有時，然使貧至朝不保暮，亦未始非凌賤師尊之報施爾。

地生毛

盧云占驗云：『地上生毛，人民離散之象。』嘉慶十九年春，予鄉遍地生毛，黑黄蒼赤，不一其種。夏間天時亢旱，禾棉盡槁，米價騰貴，民不聊生。延至十月，沿海飢民托名拾落花，千百成群，四散搶擄，幾至造反。賴文武有司極力彈壓治辦，始得稍輯，然作餓莩者已纍纍矣。

筆取禍

盧云書生狂妄，縱筆游戲，竟不知裁及其身。嘉慶丙子，杭屬廪生朱九者，家資富有，捐職中書，閑居無事，輒擬旨云：某按察當拿問，某撫軍可升遷，某太守宜罷職，某知縣合復任。其甥認爲邸抄，誤泄之，革職擬軍，現在繫獄，待發烟瘴。

宦妻流落

盧云李氏廣東韶州府樂昌縣人，乾隆間同夫駱金秀販於閩，未幾其夫弃商從戎，屢得功，升至臺灣千總，卒於官。長子孝九亦授外委，次子孝行拔戰糧，嘉慶二年隨盛總兵平教匪，皆戰殁於軍。

李氏年已望五，不能歸籍，漂流至吾邑。鄉人王雍文娶爲繼室，人詢其本鄉風土人情，尚能言之歷歷。予贈以詩云：『夫君終任所，二子死沙場。宦海沈幽魄，遺孤浪過房。有孫，爲四川人繼去。鄉關萬里隔，艱苦一身嘗。别抱琵琶怨，亡人恨未亡。』

逆婦化猪

盧云嘉慶初年間，江西南昌府某姓婦性行不端，與人有私，忌其瞽目姑察覺，欲毒死之，炊飯三團，囑曰：『媳往母家歸寧，兩日始回，姑無人饔，自當温食之。』婦去後，忽有募緣僧叩門求飯，媪對以故，僧曰：『予有米三升，與汝易此飯充飢。』媪許之。僧臨去，并將女衣一件爲贈。媪權於鄰人寄炊。第二日婦回，見姑無恙，驚問其故，媪告以實。婦見飯團在門前樹椏上，視所遺衣甚佳，攘着之。晚間忽脱不下，周身發痛生毛化猪矣。口中號咷告人曰：『氏以淫行欲謀害姑，今遭天譴，受此苦楚，願衆人毋效我也。』四方哄觀者日以千計。

夢露夙因

盧云予與詩人張野樓皆神情冷淡，骨相清寒，言語時帶烟霞，作事每拘性理，故不求异俗，而與俗往往枘鑿者，坐此病也。自非有道者，烏能相賞於風塵之外哉？野樓嘗欲披剃入空門，予曰：『余與君在俗，而染俗者甚少矣，業已神似，何必更求形似？』野樓然之。要之，人之禀賦本難泯宿根，成和子言之鑿鑿矣。

嘉慶戊辰冬，約與野樓往訪友人閔璞山，未至之前一夕，閔忽夢佛寺浮圖二座，一從東北，一從西北，皆向其居冉冉而來，不覺驚异而寤。及倒屣余二人，而閔之會心絶遠矣。蓋浮圖者，僧也；東北、西北者，野樓居南砂，余籍上海也。審此，則余與野樓當爲僧人轉世。

詩成讖語

盧云友人顧竹廬天資高妙，而學問未充，故其持躬涉世，於人方之道似隔一塵。然才幹明達，用以解紛排難，沛乎有餘。雖雌黄滿口，而人卒信之。余嘗責其涉世不恭，比諸于髡、曼倩之流〔一〕。

嘉慶丙子春，余有相憶詩：『優游自領全天樂，謔笑毋招玩世嗔。垂暮相逢觀氣色，常情能變始爲神。』蓋規其弃瑕臻美也。孰知詩未脱稿，而竹廬之訃音至矣。夫死爲物化，又死後爲神，豈非能變爲神之語，遂兆其下世之讖乎？

試法

盧云吾郡青浦海隅鄉有孔宅，南匯澧溪王家濱亦有孔宅，俱聖裔之居吴者也。堂額

〔一〕倩，原誤作『債』。

曰『聞二』，不知題自何人。其堂宏麗軒敞，鄉黨無不景仰。康熙間，其祖雲垂公曾爲江西信昌府知府，與天師張真人結婚，翁婿頗有冰清玉潤之稱。

世祖南巡時，真人迎鑾畢，亦嘗間道至澧，扁舟一葉，不設鹵簿，不帶法官。是夜宿於孔宅書室中，鄰有無賴子數人，覘真人孤弱，且欲試其法力，故裝假鬼伏於暗中。至更深時，啾唧之聲四起，真人取紙筆書符投窗外，壓之，不已，連書數符亦不見效。真人大怒曰：『我在此，小鬼何敢如此！』乃取几上戒尺，連震三下，又書符一道，就燈焚之，并呼值日神將何在。頃刻風雲四合，霹靂一聲，震動屋舍，電光中一將舉鞭欲打，嚇得假鬼心膽皆裂，狂呼饒命。

驚醒衆人，出視，方知無賴等所爲。七人俱已昏迷倒地，急用救治，得活者四人，其三人則由假作真矣，可爲肆無忌憚者戒。

冒　賞

盧云周浦東有道者名陳小和尚，其叔某精於《易》理，占文王課神驗。乾隆四十五年六月間，天時亢旱，流金鑠石，禾棉盡欲就稿。某占得三日内當雨，上海邑尊孫公祈雨甚切，縣賞格言如有祈得者，予錢二百千文。

陳貪之，進言我能求之。孫公問所須何物，陳本無法術，詭言架啓將臺法壇，命僧道於下誦經禮懺，而已於臺上向日曝之，自當有驗。孫公許姑試之，三日後果傾盆大雨，人咸謂小和尚之功，而不知其狡謀逸獲也。

狷士洗污

盧云同人金君煥章孤貧力學，卒采邑芹。娶妻某氏，性行欠純，因翁姑年老失於防閑，而夫君又館穀在外，遂爲惡少唐某所誘，醜聲頗沸。煥章從父母命業出之，然終不釋於懷，若謂非死不足洗耻也。於是哭别父母，拜辭親友，竟自溺於河。此嘉慶辛未五月事也。其妻族不忍，亦逼其妻懸梁以殉之。

余怪其介性雖至，而於夫綱子道體認未明，一旦輕生自殺，不特唐惡未殲爲遺恨，恐辜負養育知遇者甚多矣，尚得瞑目於地下乎？

福人免溺

盧云嘉慶十五年春，鄉人楊某於上海歸，欲趁本鎮航船，船尚未開，不覺身忽困倦，先於艙中小憩，夢見數輩婦人喪服號哭而來。楊知不祥，遂將所市之物暫寄，而己則從陸路步歸矣。是日風大舟重，行至半途而被浪壓沈，同舡二十七人溺死殆盡，而楊卒無恙。語云吉人天相，楊君有焉。

清微道人

無錫縣女冠子清微道人，名岳蓮，號韵香。自幼出家，住持雙修庵。工詩詞，善畫蘭。尤精楷書，初學《靈飛經》，中歲習劉石庵相國楷法，古雅异常。才貌雙絶，海内聞名。倩名手畫空山聽雨圖，題咏數百人，皆海内知名士也。其圖爲無錫沈旭庭所得。同治丙寅夏，余與旭庭同客海陵，曾見其圖，惜幾經兵燹，失落居多矣。

先大夫宰粱溪時，曾爲書『素心堂』額。道人蘭花刻石行世。年五十餘，因事失志，投繯而死。爲余畫扇屏，題拙畫卷册最多，亂後一紙無存，惜哉！雙修庵後爲蔣氏宅，一經兵亂，化作坵墟。

潘松舟魂言

潘松舟，甪直人[一]，有女嫁嚴湘舟。吴門收復後，其女病，潘魂附於女身言生前事。女問潘何人，潘曰：『我汝父也，忘之耶？』女問爺在冥間何處，曰：『在治司衙署造册。』問何册，曰：『凡遭長毛賊殺傷擄掠，燒房拆屋，與夫在賊中無恙者、逸出者、房屋完好者，皆奉上帝玉旨，預先造册。俟賊臨城，本境城隍捧册迎接天神，交册而退避之。爲父當日隨治司避地江北通州海門。』又曰：『我憶念生前老友某某、親戚某某，汝速着婿請來，與我暢談一日爲快。』於是其婿邀還家來相見，嘻嘘太息，言相思之苦，離别之長。言多難述。女尋病愈，潘亦寂然無聲。

[一] 甪，原誤作『用』。

吴下老宿士葉調生廷琯先生與余别二十餘年矣，同治六年丁卯十一月下浣，相遇於上海也是園湛華堂，談及果報，因述此事。嚴現寓上海，亦葉君舊相識也。

焚淫書得名録

葉調生與余言，桐鄉人嚴鈖秀才生平無他過，獨好看淫詞小説。一夕夢到陰間，見閻君坐殿上謂之曰：『汝在世上無他過，獨好看淫詞小説，名禄因此而減。汝如立志燒毁淫詞小説，則名禄有增。』嚴遂叩頭聲言謹如命，即付丙丁，無污心目。言罷便覺烟霧迷眼，嗅之穢氣難聞。閻君曰：『此穢氣即汝焚淫詞小説之烟臭也。』嚴當夢時囈語：『速將一切淫詞小説燒去，免在陰間受罰名禄。』其妻聞言，即時取淫詞小説燒盡，其穢氣直達陰間，嚴故聞其臭也。

閻君曰：『善哉善哉！汝勇於改過，當還汝名禄。』遣鬼役帶嚴去省母親，嚴隨至一小衙門，見堂上坐一女官，視之即其母也。悲從中來，涕泣而言曰：『母親胡爲在此？做何官？管何事？兒願聞之。』母曰：『我在此管望鄉臺，無他事也。』又曰：

『此間吾兒不可久留，速去！』嚴依依不忍離母，願侍母居。母怒，遣役帶上望鄉臺。嚴上臺四望，皆烟霧迷離，下無所見。役從後推之，落在自家竈屋上。見天窗欲下，嫌小，先以兩足伸下，覺有人扶持下地，見竈君端然居竈上，貌似先父當鋪中總管老朝奉某，詢之果然。夢醒，張目視床前字紙灰一堆，餘烟裊裊未絕。辛酉嚴舉拔貢，名禄兩全云。

余曰：『余平生不喜看説部與淫詞小説，至亂後避地江北通州石港場于婿家，無聊之極，見一部《紅樓夢》上有王魯生復老秀才手批，贊嘆不已。因取閱一通，心知此書曹雪芹有感而作，意在勸懲，而語涉妖艷，淫迹罕露，淫心包藏，亦小説中一部情書。高明子弟見之，立使毒中膏肓，不可救藥矣，其造孽爲何如哉！因知淫詞小説之流毒於綉房緑女、書室紅男，甚於刀兵水火盜賊。世之好善者能收盡淫詞小説，一火而焚之，其功德爲何如哉！』書此爲天下後世好看淫書者鑒。

蟻報仇

葉君云吴門尚書巷民家素用老婆子顧氏，年已七十餘，平生最惡蟻子，一見便殺之，主人時時勸戒不聽。一日下階失足，一跌而死。主人即以蘆席覆其尸，遣人報知其家人，片刻子婦來收殮，一扶蘆席但見自頭至足皆是蟻子，盤纏無計其數，并不見頭面肢體，驅之不去，祇得將尸連蟻入殮而共埋之。

余曰：『蟻之爲物，至微至細，尚知報仇，何况怨毒施於人，其報怨爲何如哉！』書之爲天下之好殺蟲蟻者戒。

忠犬殉主難

咸豐二年，上海土匪作亂，縣令袁公又村死之，尸横縣堂之上。一犬卧其側，晝夜不去。土人徐隨軒買棺殮公，停柩堂中。其犬仍卧靈前，與之食，不食而斃。鄉人造袁公像入昭忠祠，座下造一犬蹲其旁，與袁公共受萬年香火。如斯忠犬，大可風世矣。

犬救主母

南潯張秀才書訓，號笏山，壬戌夏，聞長毛將至，先載笥篋往鄉覓宅作遷避計，留其婦在家居守。一日，有一賊首至其家，見婦年少，逼之登舟。婦求死不得，方倉皇號泣間[一]，其家一犬聞聲從内奔出，直撲賊身，噬其面。時賊手無器械，從者皆出掠，無人在，不得已釋婦禦犬。犬終哮撲噬不放，婦乃得間避出後户，適遇其夫掉舟來迓，遂相將登舟。行未里許，此犬亦奔至，躍入舟。後聞此賊因受犬傷而斃，未數日此犬亦死，蓋與賊鬥久已力竭也。

葉調生口述。

犬守主尸

太湖營副將王之敬，字毅齋，奉化人。庚申秋冬，在東山禦賊甚力。辛酉二月朔，賊乘間登岸，王公拒於教場灘，陣亡，尸弃蘆葦間，素蓄一犬，守之不去，終日嗥叫，其家人迹得之，已十餘日矣，而尸不變，遂得棺殮。犬不知所往。木瀆徐秀才

[一] 泣，原誤作『立』。

誦芬有詩記之，後其子呈報忠義局叙出因犬得尸之由，應編入忠義録，此犬亦千古不朽矣。

葉調生口述。

義　馬

同治元年，湖郡被圍，安徽大帥遣蕭翰慶觀察救援。晚駐兵某鎮，離湖州府城百里，夜間有湖郡府某官遣役投文告急。蕭接文書，即時拔營，星夜馳至湖州城下，遇賊一戰而歿。所乘之馬爲賊所得，騎之，馬即蹄嚙傷人；與之食，馬即悲鳴，不食，三日馬亦斃。

殘卒得間入城，説起昨夜府官遣役告急，主將因此星夜馳來，不料陣亡。城中人聞言大异，説府官瑞春，非某姓也，昨夜并無告急文書出城。奇哉，豈陰曹促蕭陣亡耶？由此觀之，一將之亡，亦在劫中不可逃也。

葉調生與余述此事，不覺爲之三嘆。

大清平匪頌

同治六年十月二十四日，李宮保鴻章官兵搶斃任化邦賊酋於海州城外；十一月二十日，驅殺牛遂、任定三等賊酋於新城之漲河渾泥亂軍中；十二月初十日，擒獲賴汶洸賊酋於揚州城外灣浜。群凶掃蕩，海内乂安。不料蓋世之功，如天之喜，老年猶及見之，幸何如哉！

於戲！前代帝王有盛德大功，必見於歌頌，若今歌頌功德，勒之金石玉堂，諸彦自能爲之。僕何人斯，安敢管窺蠡測，然而康衢擊壤，曾聞帝力之歌，冬日負暄，不禁野人之獻。祇知鼓舞升平，那計文辭工拙。

頌曰：『噫嘻前朝，奸民爲妖，川沸山摇。聖主登基，聖母扶持，良臣輔之。電掣風驅，西寇掃除，收復南都。捻匪横流，有賴任牛。凶逾蚩尤，出没無常。如豺如狼，蔓延四方。來如飄風，散如飛蓬。擊西走東，僧王可悲。鵖鴞南飛，民其流離。李軍出征，會剿諸城。東南肅清，地闢天開。書炳麟臺，功莫大哉。盛德之興，春臺重登。同樂升平，天子曰吁。賊平民痛，周恤是圖。康衢老人，捷報得聞，鼓舞歡欣。海不揚波，日暖風和。擊壤高歌，帝德如天。瑞慶綿綿，於萬斯年。』

酷吏顯報

永康應邦潮素業攻木者，同治六年正月七日，縣衙籤飭官作，潮不赴。是時縣令王景彝因公上省，委捕廳胡宗仁理其事。比縣差唆弄捕廳，即時遣役拿到邦潮。邦潮自己受傷，臨訊又被笞杖無數，手足撈拷三日，鵠面鳩形，見者莫不凄惻。

越月餘，邦潮命斃。報官，官不理，其妻上訴，又不判，乃陰控於邑城隍尊神。不數日而捕廳暴死，差役王某亦暴病，且發譫語云：『今受城隍重譴，無可逃生，但痛楚無狀，早死爲幸。』言畢而亡。縣人爲之一快。觀於此，則讞獄之平反，冤氣之伸屈，冥冥也而昭昭不爽矣，可弗畏哉！

永康應敏齋觀察云，余聞而書之，爲世之爲官爲役者鑒。

福田僧奇技

登州蔡龍九錫齡與余言，清江楊家莊三元宮住持僧名福田者，鼻能吹笛，口還唱曲，自吹自唱，如出兩人之口，真古今來絶無僅有之奇技也。不可思議，可載《無雙譜》矣。

廉盜

婺源沱川理源余心軒，予表弟也，承祖業開余子上墨局於上海龍華鎮。同治六年丁卯十二月二十八日，携子載墨數石往江北發賣。晚泊上海新閘，來盜數人，見墨不取，要剥心軒皮衣。心軒曰：『天寒無衣，便要凍死，求免可乎？』盜憐而釋手，不剥皮衣，端取袋中洋銀一元，鋪上布被一條而去。

余聞而嘆曰：『此廉盜也，君何幸而遇此哉！視世之貪官汚吏日得民間冤罔錢，暮受蠹役賄賂金，心猶不足，還要傾人之家，喪人之命，剥盡一方地皮，其無底之壑，其作孽爲何如哉？噫，如斯人者，真廉盜之所不齒者也。』故書廉盜以警之。

謀財雷擊

方嘉進與余言，松江南鄉於同治四年有孀婦持錢三千文到小屠店買肉，錢交店主，婦有事往鄰家，及返取肉，店主不與之肉，反説無錢肉不賒賬云云。婦聞言疾聲大呼曰：『親手交錢三千文，適有事往鄰家去，回來取肉便不認賬，有此理乎？』婦即歸買香燭，撒米圍中〔二〕，對天發誓云：『如店主謀我錢者，雷打店主；如我誣店主謀錢者，我被雷打。』越日，雷擊店主，跪在街心，口道謀孀婦錢三千文，應被雷打，言畢立斃。

余聞而嘆曰：『從古至今，聞雷擊者多出於鄉里小民謀財害命，與夫不孝子婦、牛蛇等物，并有其人無大罪過，又遭一擊所誤，謂雷打三世孽也。至於歷朝以來大奸大惡、大逆大盜，攪亂乾坤，殺人如麻，謀害忠良，塗炭生民者，從未嘗聞雷擊斃一奸一惡、一逆一盜也，其故何哉？意者雷之職司甚細，不過如保長者流，稽查一方小民瑣屑之事耳。雷之伎倆乃止如此，不覺爲之三嘆息。或曰世之大奸大惡、大逆大盜，原奉天所差，

〔二〕 圍，原誤作『圍』。

命其殃民者也，皆係凶神轉劫，其職司大於雷部多多矣。雷若見之，退避奔走之不遑，敢云擊哉？言似有理，姑妄聽之。』

竹園圖詐惡報

方嘉進云松江鄉間横路涇，竹園甚茂盛，有男女野合於竹園内者。女有娠，分娩於園中，被鄉人窺見之，潛脱其嬰兒在手爲據，思詐女家之財。女即借剃頭刀自割其喉未死，醫治得活。脱嬰兒人一家四口，不一月喪其母及弟及妹，獨自一身，爲人所惡，無可奈何，出家爲僧云。

僵尸

常州陽湖東洲前村煤矢壩有僵尸著名多年，道光十五年六月十五夜，有任三元、阿七父子兩人負竹一肩過煤矢壩，見一美婦跳躍而來，知是僵尸出現，遂將竹一竿敲其腦。

僵尸以手格之，竹竿飛去，旋敲旋格，一肩竹皆盡，而僵尸更跳躍來前攫人。任父子奔逃，婦追任過石橋，僵尸婦不得過橋，對河立望而已。

又離東洲村八里，有陳家莊張姓捕魚爲業，夜過煤矢壩，見美婦在路傍，足小難行，要乞漁父負之過橋。漁父艷其色，忘其僵尸，竟肯負之。先以己兩手捉住婦之兩手，初負之甚輕，行到半橋甚重，張負不起，遂放手聳鬼婦下水。張奔回家，氣喘嘘嘘，苦爲鬼迷矣。明日告知村人，邀衆同掘僵尸墳，開棺見婦尸面如生。舉火焚燒，有聲，化爲枯木一條，劈之有血，弃糞窖中。僵尸遂滅迹，不復現身害人矣。

任金寶，東洲人，與余述其顛末如此。

猪打筋斗

道光十八年夏，余游黄山，途中下輿小憩，長亭吃茶，見司茶人家蓄一老母猪能通人語，與之食饅頭，命之翻筋斗，旋轉如環，蹷蹤之至，可發一笑，亦一奇也。

太凡物之靈者，如猴之串戲，犬之踏碓，鼠之盤圈，蛙之教學，孔雀之開屏，金魚之排陣，鸚鵡之能言，如斯靈异，不一而足。至於猪之爲物，飢則食，困則眠，不識不知，一味頑鈍而已。誰知竟有能通人語，翻筋斗爲戲以娱人者，豈非絶無而僅有者哉？書之以示世之懶怠無匹，徒飽食終日，無所用心，靦然人面，不如此猪者鑒。

卷十六

婺源　齊學裘　子治

僵尸抱樹

東山徐慎宣，逸生之族叔也，祖塋在五湖亭，爲土匪盜樹，墳丁來報，慎宣往看。時當日暮，到松樹林，忽見一美婦跳躍追人，近看始知是僵尸鬼物，急躲身大樹背，僵尸抱樹不動，遂鼠竄而歸。明日邀人同尋踪迹，見尸仍然僵立，兩手抱樹，指甲數寸盡入樹中，擘之不開，遂以刀斧劚其兩手指，堆柴草焚其尸，僵尸從此滅迹。逸生云。

古廟三矮人

昔年蔣劍人茂才來吴門，下榻余寓齋天空海闊之居，嘗與余言，道光二十五年，船泊泖湖之濱，乘月登岸散步，見古廟數間，闃其無人，忽見壁上三小人鬚眉畢現，衣履整齊，長不滿一尺，步下苔階，走出廟門，玩月徘徊，或聚或散，或俯或仰，片刻之間，偕入蘆葦之間，倏忽不見。

劍人所述如此。余謂劍人曰：『君所見者仙耶鬼耶，抑或狐耶？曷不詢其姓氏時代，與談古今興廢治亂之陳迹，而聽其飄入蘆中，杳不知其所之。噫，交臂失之矣！』劍人爲之軒渠。

解砒毒方

用防風一兩，研末，水調服即解。又方，冷水調石青，解毒如神。

解生鴉片毒

服冷水即活，服熱茶即死。

汝寧太守貪報

河南汝寧府居民有寡婦某氏，爲索欠三百金欠户强吞不還，因而結訟，將借券呈之某太守，太守收其本利，不吐一金與寡婦。寡婦無可奈何，投繯而死。後一年，太守自言貪污事發了，吩咐家人快擡到毛昶熙欽差營中去打。行至頭門，曰：『來不及矣，你們快些打我！』從者揮拳空打，太守渾身紅腫立斃。

是咸豐年間事，吾友余照春星垣口述。余曰：『噫，貪官污吏有如是夫！吾願天下後世之爲民父母者，當以汝寧太守慘報爲戒，則幸甚幸甚！』

徐織雲

東洞庭山徐織雲閨女，徐逸生之妹也。女年十三，忽發顛疾，日尋討死爲事。家人防閑，時笑時罵，口道前世事：楊州人，亦是女身，姓張名淑真，與男子陸順昌私約結絲蘿，不克如願，父母擇配他家子。陸患瘵疾而卒，張再世爲女身，陸尚爲鬼物，一旦尋得，仍要索命，同歸地下以踐前約，雖齋懺超度無益也。鬼來女便發狂，百計尋死。逸生對之讀《易》，鬼便退縮，可見《易經》能驅鬼祟之語不誣也。旋出嫁，三年後歸寧時，鬼又至，纏擾不休。一夜防閑稍懈，女自開門出外投池而死。

逸生口述如此。余曰：『陸順昌因奸造孽，不永於年，隔世相逢，仍思鬼趣，其墮地獄不得超生於人世，宜哉！』

姚徐氏節孝

節孝婦姚徐氏，逸生之姊也，嫁於東洞庭山姚炳魁爲妻。咸豐七年，姚病故，青年二十六歲守節，無子，以猶子爲夫嗣。咸豐年間，東山失守，翁姑遭劫火。姚徐氏隨弟逸生逃竄上洋，母病，刲股和湯藥以進，母卒不起，遂以釵環衣服變賣成禮。時逸生久病纏綿，不能出門籌身後大事，全賴其姊艱難措辦，一無遺恨。如姚徐氏者，真可謂節孝兩全矣，後之修志乘者豈可忽諸？

現住滬城南門内，依弟逸生而居，日以女紅爲活計。余與逸生爲詩文交，逸生每道及其姊節孝事，便垂涕嗚咽不能語。噫，逸生亦賢士哉！逸生乞余一言以表彰其姊之節孝，故樂爲書之。

神　燈

咸豐八年，東洞庭山一夜忽現神燈，盈千累萬，遍照四山。半夜後神燈收結一大燈球，懸於胥王廟前，達旦乃滅。二年，西寇犯吴，東山旋陷。

徐逸生云。

黄開榜陳國瑞合紀

黄開榜，字殿臣，湖北人。所行無賴，不齒於鄉里，流寓河南。沙溝營王都司奇其貌，王無嗣，以女妻之，隨營差遣，得額外。未幾王卒，宦囊數千金盡爲黄有，日縱淫博。同伍逐之，被黜除名。

年餘窘極，夜竄深谷尋死，月色皎潔，瞥見艷婦珊珊其來，黄即擁抱求歡，婦曰：『我鬼也，休來纏我！』黄再三强之，婦即摇頭散髮，七孔流血，披挂紙錢，變出縊鬼惡狀以嚇黄，黄曰：『噫，子誠是鬼，我喜鬼趣，庸何傷哉！』鬼無可奈何，復變美婦，長跪哀求，曰：『貴人前程遠大，幸勿自誤。』黄聞言猛省，遂釋之。鬼遁去。

天曉奔至山村，質衣買食，聞皖營募勇，遂往投軍。閲三年，累積戰功得參將。臨淮關克復時，其部長於俘虜中得一少年充火兵。黄出巡營，見火兵狀貌奇偉，問其姓名，少年對曰：『小人姓陳，湖北人，陷於賊中，今幸逢大人，重見天日，願效犬馬之勞以供驅策。』黄大悦，收爲義子，命名國瑞，字慶雲，易姓黄。隨黄擊賊，屢立戰功，年餘黄統水師鎮高郵，國瑞官升副將，晋總兵。

吴棠漕督奏請幫辦軍務，未幾山東白蓮教匪作亂，國瑞時奉僧王命進剿教匪，兵出隊盡賜以酒，誓不克，毋生還。時賊烽大熾，寡不敵衆，全軍覆没，逃回者僅四十餘人，盡斬之。明日雷雨大作，國瑞身先士卒，直逼賊濠，躡梯將半，賊以撓鈎鈎住國瑞辮髮，危甚，陡然霹靂一聲，賊驚鈎落，國瑞一躍而上，衆隨以登，三晝夜掃蕩長城七十圩。

於是國瑞威震海内，僧王代爲奏請歸宗。

苗霈霖叛，國瑞奉命出征，山東父老牛酒競餞，爲立陳將軍生祠於郯城之陽。陳軍攻苗匪，一晝夜盡破數十圩，苗霈霖帶數卒遁，爲王萬青總統執而戮之。苗匪平，天子嘉之，賜國瑞黄馬褂，頭品頂戴。加黄開榜提督銜，爲其爲國得將也。賜王萬青黄馬褂，加提督銜。恩詔至，王已卒於軍中。傳聞爲苗賊厲鬼捉去，豈其然乎？黄現在鎮守江西，陳奉命召鎮京城。

戊辰二月初二日，余館滬上也是園湛華堂，與歷城蔡寵九畦尹錫齡暢談古今豪傑，多出於無賴之徒，蔡因細述黄、陳兩將軍出身功績如此。隨筆書之，不暇計其挂漏也。

余於同治二年避地通州石港場北莊，收一難民王熹爲抄書傭。王曾伺候陳將軍爲營書辦，道陳督兵嚴而好殺，罰罪不顧親朋。不好婦女，喜與僧人交，嘗言功成名立之餘，退隱名山古寺爲方外游，終其天年，於願足矣。其出兵身先士卒，戰無不克，攻無不利。性燥急，與人論事不合，當面斥之。酒後使氣，嘗統親兵百人，帶刀直闖吴漕帥署，大門閂閉，拔刀劈門。漕帥調兵禦之，陳兵潰散。漕帥奏參陳瘋癲亂法，陳由此休職，奉命入都云。

害狐顯報

道光年間，文登于昌進觀察號湘山，吾婿昌遂號漢卿之胞兄也，湘山爲裏河廳時，居袁浦康福樓，有屋五百間，後進樓房上素有狐居。一日老狐出外，小狐十餘隻下樓游戲，爲婢女見之，遂以黄豆置狐竅内，一狐一豆，送狐命多矣。隔數年，婢出嫁，凡生男女，有竅無竅，不能遺矢，無一活者。人言害狐之報，信然。

王蘊香奇藝

王朝忠，字夢霞，號月山，又號蘊香，東洞庭山老布衣也。家饒於財，曾翻刻《三國演義》，補刻一百二十四人圖像，傳世。少聰慧，能文章，鄉村文會輒冠軍。能書細字，一粒芝麻上，初寫『天子萬年』四字，繼寫『鼋鼍蛟龍』四字。老來目光更明，如麻兩粒大牙牌上，慣寫數十字，署雙款年月日時以贈友人。

余館海上也是園湛華堂，得交其弟雪香名希廉布衣，適雪香談及其兄蘊香能書細字，心甚慕之，惜未見其人與字也。越半月，吾友徐逸生來園，袖出牙牌如麻二粒大，二面各四行，云：『子曰：「君子不可小知而可大受也，小人不可大受而可小知也。」戊辰二月十七日巳刻書於小石山房之北窗，玉谿仁兄大人正。月山年六十九。』共五十五字，分行布格廓乎有餘地。真古今來絶無而僅有之奇藝也，可載《無雙譜》矣。

聞其年及古稀，日行六十里，不須小憩。大雪紛紛，頭不帽，足不襪，熱氣薰蒸常如出浴，望之如神仙中人。余既得其牙牌細字付兒子功成什襲藏之，又聞其爲人豪爽不拘，偷閑學少，與余性情若合符節。他日相逢，定當把臂訂交，狂談大笑，動驚四筵，樂何如耶！特爲書之，俾後人知奇藝神仙原在世間也。

蘊香六十二歲時納一幼妾，年十七，性和順，頗有姿色，蔡氏侍女也。蘊香偶染疾垂危，人勸其俟主人仙逝，改嫁爲是。幼妾怒斥之曰：『是何言與，休污我耳！』深夜遂出焚香刲臂肉煎湯進之，病旋愈，蘊香更鍾愛之。

余聞逸生述其事，不覺爲之三嘆，曰：『余年四十五，夏日患病，七日水漿不入於口，簉室陳氏刲與臂肉煎湯，服之立愈。事隔二十二年矣，白頭偕老，内顧無憂，顛沛流離，扶持不倦，使我出虎口保餘生者，正賴陳氏之賢且哲也。』今聞蘊香側室之賢，仿佛相類，故并書之，爲賦小星者勸。

孝丐

定遠縣書吏某發疾昏去，見冥役牽至閻君衙前待訊，忽又聞閻君將延孝子入内堂，事稍停。書吏私忖閻君尊禮孝子如此，但不知孝子何許人也，留意俟之。須臾大開中門，閻君親出迎迓，所謂孝子者，乃一乞丐。俄頃丐出，書吏因跪丐前，哀告家有老母，無人侍奉，求其到閻君前講情，釋放回陽。丐始難之，躊躇再四，乃勉强復進衙見閻君。出語書吏曰：『情已上達，汝速去，毋少留！』書吏叩頭謝，復詢丐姓名里居，曰：『我懷遠縣某庵前一丐也。』

書吏回陽後，即到懷遠某庵詢其人，庵主曰：『此孝丐也，事母至孝，乞食喂母，母食飽，方食殘食。夏日暑氛甚惡，丐先負母至庵前樹陰下安息，然後沿門行乞，乞歸事母如孺子然。母死葬於庵前大樹下，哭母而以頭搶樹，尋亦歿。土人重其孝，葬丐於其母冢之側，題其碑曰：某孝丐墓。』書吏聞言，祭奠丐墓而返。

來安孫右卿司馬口述其事。余曰：『貧賤至於爲丐，尚能生養死葬，極盡孝道，哭母以終。人重其孝而題其墓，神敬其孝而待以禮。視世之爲人子者，生不能養其親，死不能葬其親而反忤逆其親者，此孝丐之罪人也。』書之爲萬世之爲人子者法。

鬼聳入夢

孫右卿曰有某翁，聳最相得者，聳殁後，時時入翁夢，與翁談家常。逾年入夢説内弟聯科之喜，并説要來吃喜酒。是歲内弟果入泮登科，當開賀之期，來一乞人要吃喜酒，翁知其聳之幻形也，延之上座，另設一席待之。舉止一切，宛似平生。

後數年，聳入夢告别，云爲某州城隍，路隔數千里，不暇再與翁聚。唏嘘出涕而别，後遂杳然。

鬼語

孫右卿聞友人云，潁州有某舊家藏書一樓〔一〕，夏日登樓尋書，樓門未開，聞樓中有人談話。細聽之，一人曰：『長毛賊將至，此地當殃及，盍移居乎？』一人曰：『移何處住？』一人曰：『某處好避賊。』主人知爲鬼神示兆，遂徙居焉。不一月，寇果至，蹂躪一空，而書樓獨完，亦一奇也。

財多宜散

寧郡太平縣有富翁崔姓，積金三十萬，三子皆不肖，皆喜揮金如土。其父慮其子之敗業也，商之於族弟蓮山。蓮山係乙未孝廉，少與翁同窗共學者，識見高卓能斷，因代翁畫計曰：『翁無憂，盍早爲計？翁家財三十萬，將九萬分與三位郎君，將六萬自爲生

〔一〕潁，原誤作『穎』。

養、殁葬之費，其餘十五萬爲善樂施，散之於鄉黨鄰里。能如是，當免子孫凍餒之虞矣。』翁然其言而不能行，因循姑待。未幾長子、次子入都捐官，揮霍十餘萬金，幼子在家效尤，未一星終家財蕩然如洗。三子凍餒，竟如乞丐，而翁死不瞑目，徒悔不聽昌言，噬臍無及。

余聞而嘆曰：『大凡世之銖積寸累而成巨富者，斷不肯施捨一文於貧乏，其故何哉？蓋其入自艱辛，出自鄙吝。殊不知天道循環，極儉之家必有奢兒，貨悖而入者亦悖而出。子孫賢而多財則損其智，愚而多財則益其過。金玉滿堂，子孫無福消受；廣種福田，子孫庶食舊德。余故曰積而能散乃長保其富者也。願世之富者能知保富之道，不在垂裕後昆，而在樂施於人，則富可長保，而子孫必大昌盛矣。請細思之，勿蹈崔翁之轍。』

蔣梅村德報

蔣燮堂，號梅村，西洞庭山人，服賈湖南綢緞莊，往來吴楚間。一日，舟泊九江，夜聞舟子呻吟長嘆聲，問其故，舟子曰：『我好賭錢，欠鄰舟人賭賬五十千文，明日期到，身無一文，萬難過去，衹得以死了之，故嘆息不眠耳。』蔣曰：『勿死，我明日代爲排解償欠，庸何傷哉？』舟子感謝，不作死想。蔣早起過鄰舟，爲舟子講賭賬，代償錢三十千文，了此一重公案。後數年，舟子時運大好，發財生子，遂以三十千錢還蔣。

此道光初年事也，其時蔣未生子，迨至道光二十年，蔣子芝田年已十九歲，挈眷奉母移居湖南長沙。時逢大水，五閲月始抵漢口，川資已盡，思往漢陽會館告貸時遇狂風，唤渡不應，因與喧嘩。忽來一船户揖芝田曰：『君姓蔣乎？』曰：『然。』『君之尊人可是梅村？』曰：『然。』芝田怪之，曰：『子何以知我姓與父名？請明以告我。』某曰：『君之聲音似尊人，故此知之。』因述前事。

芝田始知其顛末，遂告之川資罄缺，渡漢借錢。舟子曰：『無須渡漢，錢米油鹽，一切奉上，後到寶號算還可也。』言罷，遂以錢十千、米數石、油鹽魚肉一一送上芝田舟中。芝田得以抵長沙，見乃父述其事，乃父聞而樂之，曰：『小子識之，救人之急，即是救己之急也。』後數月，舟子來長沙綢緞莊，蔣感其意，加倍奉還。

同治七年戊辰閏四月上浣，余與芝田遇於上海邑廟後園茶館，口述其事，走筆書之。

惜穀增壽

洞庭山蔣芝田之妻某氏，平生最惜穀米飯粒，一日病篤，昏迷不醒，見冥差曳去見閻君。閻君命查年壽善惡，言某氏年限三十二，因其愛惜餘粒，加壽六年，遂放還陽。越六年，果三十八歲而歿。

芝田口述如此。

鐵塔頂飛

同治七年正月十四日，鎮江北固山甘露寺後鐵塔頂飛過江，落在七濠口田裏。旁有黄蛇數尺，蟠在塔頂旁，驅之不動。土人謂爲黄龍出見，築一廟祀之。

吾鄉親吴炳文，富村人，弄木牌到鎮江口，親見鐵塔失去塔頂，問之土人得知顛末，與余述之如此。

俠丐報德

無錫張涇橋王耿甫元煜州同，與余言其曾祖錫昌上舍素業賈，有田三千畝。一日，鄰宦門前有丐强討錢，司閽者鞭之流血。王見而憐之，呼丐到家，與以水洗血痕，與以錢百文，慰之而去。

事隔三年，王因至六陳行討賬不遂，悶悶不樂，低首徐行。途中遇一丐似曾相識，丐亦顧向王笑曰：『王老爺別來無恙，有何事疑難不樂如此？』王曰：『然。三年不見，幸再相逢，茶叙談談何如？』丐從之到茶篷啜茗，叙寒暄。丐詢王何事憂愁，請談衷曲。王曰：『余收租麥二千餘石，寄在某行，今某行閉歇，强吞我麥，故此踟躕耳。』丐曰：『是不難，君同我去討賬，賬主不還錢，我便與鬥，做死在地。他見有人命，便生畏心，願還錢求息命案。君諾其言，收其錢如數，扛我尸下船。船開離鎮，我便活矣。』王曰：『是何術也？』丐曰：『我素習《易筋經》之術，故能閉氣成尸耳。』

遂同丐去討賬，賬主抗拒不還，丐遂大聲疾呼，以櫃上大石硯，兩手握定以擊店主，店主以手格之，丐即將大硯自擊頭額，血流滿身，倒地氣絶而斃，面似灰色，手足冰冷。

王曰：『討賬不還事小，打死人命事大，到城報官，相尸爲急，遂出店門奔下船。店主、店夥悉來跪求息案，情願本利歸楚，再四哀求息訟。王始允之，店主欣然命店夥將該賬銀兩本利三千餘金送下船來，再扛尸下船，跪拜而去。

王命舟人開船，出鎮二三里丐忽騰躍而起，王掖坐艙中，感謝不已，堅留丐同居，如兄弟行，勸其不必在江湖上受風霜凍餓矣。丐笑曰：『我命如是，何能安享田園之樂哉？』遂辭去。王堅留不從，贈金數百兩不受，丐曰：『我之閉氣索逋者，報君百錢之惠、一水之浣耳，豈貪君艙中之金哉！』言罷，飛身上岸，倏忽不見。

孫竹亭善報

孫竹亭，無錫人，家住石塘灣。爲人豪邁，欺富救貧。有子業儒，年弱冠，文尚未完篇。孫入都應試，一日偶到某衚衕，聞婦人哭泣甚哀，詢其鄰，始知甘肅某明經之寡媳也，翁故，缺少盤費五十金，不能扶櫬還鄉，同人擬賣婦身以作盤費，婦不忍失節再醮，故此哀啼耳。孫聞言大呼曰：『不可不可！盤費若干皆我代籌，寡婦斷不可賣！』

遂回寓籌五十金，親送交寡婦手中爲盤櫬之費。寡婦破涕爲笑，叩謝感德不盡。某明經得歸葬甘肅矣。

己未科，江蘇借杭州試院鄉試，孫之長子以太學生應鄉試，場中文皆甘肅某明經冥中代作，遂中高科。

王耿甫與余述其事，特記之爲世之作德者勸。

不納有夫女作妾德報

蔣芝田口述安徽人某家饒於財，開典爲業，生一子，少習舉業，長服賈，時文久弃不講。其父夢白鬚老人與言：『今科汝子得中高科，宜早爲計。』某因夢訓子，仍習舉業以應鄉試。子不以爲然，舉業久荒，何必空費錢財作無益事。某又復夢老者告曰：『此科汝子必中，不去應試，真天與不取，必受其咎！』某覺，又告其子以夢，并囑其子到金陵先買妾爲抱孫計。子欲之，遂聽父訓，重修舉業。

到金陵，先央媒説合買得一妾，成婚之夕，流泪不止，悲不可言之狀。某怪而問之，女曰：『妾有夫女也，夫已成進士矣。妾因父母去世，依叔爲生，叔好賭博，賣妾償逋。今適君子得侍硯，衣食固不乏，然心中鬱憤，總覺難負結髮夫耳。』某聞言大驚曰：『爾既有夫，何可再適他姓？爾願往何處，我代籌之。』女曰：『妾有舅氏在某處，依傍舅氏爲宜。』某即雇船，遣奴婆遠送女歸舅家。

某料理場具，録遺得售，進大考場，題紙到，視之皆難題目，一字俱無，衹得交白卷出場。第二場不肯去，家奴逼而勸之，不得已復去，自看藍榜有無，再作行止。誰知藍榜無己名，而唱名時復唱到己名矣。於是復進場，題目到，更難下手，又交白卷。三場亦復如此。

揭曉得中高科，拜薦卷房師，師曰：『君得高科，還有外簾某恩師在，速去拜見！』某遂去拜謁，某老師曰：『君有何德行，雖三場白卷，尚得中高科乎？君之文即我之文也，我以詞林散館，改官外任知縣，徒得外簾收卷之役，心頗不平，收得一白卷，不覺技癢，一揮而就，二、三場亦復如是。此中因果，竟不得知，願道其詳，毋我秘也。』

某曰：『記得場前承父命買妾，見其悲哀之狀，詢知有夫之女，夫名姓與老師同，門生憫其遇，遣僕婦送歸女之舅家某處。祇此一事，差强人意耳。』老師聞言便泫然叩謝：『君所遣送有夫之女，即拙荆耳。我到任無幾時，思訪拙荆踪迹，竟不可得，詎知因緣凑合，如是如是，豈不大奇！』可見天之報德，絲毫不爽，紀之爲見色不亂者勸。

卷十七

助資歸櫬德報

婺源　齊學裘　子治

來安孫右卿司馬玉堂言，王炯齋赴雲南學政任，甫入滇界，見客店門首停柩，有婦人孺子衰麻在身。問其由，知爲山東人，官雲南典史，卒於任。其妻子扶柩回籍，半途資乏，遂留滯焉。過而吊者雖小有所賻，不足濟事。王亦贈銀十兩，然終難啓行。後有直隸人，亦赴雲南典史任者，聞之愀然曰：『以彼視我，官相同，路相似也。若易地以處，其何以堪？』乃慨然傾囊助之，俾存歿皆歸故土。而新典史距滇省尚遠，資斧不繼，沿途托鉢，乃抵於官，不數年亦即歸田病卒矣。

前典史之子，生而穎悟，其母教之學，未冠即登科甲，出爲直隸省太守，由府升道。朝服拜其母，其母嘆曰：『爾今日榮華若此，此誰之力，爾竟忘之耶？』爲述當日事，并新典史籍貫姓名，其子嗚咽泣下曰：『是烏可以不報！』乃致書新典史本籍之官，委其代訪。及訪知其家微甚，僅一子以訓蒙糊口，遂囑地方官將其子押解來署。其子不知故，且疑且駭，以爲禍將不測，及至署，開門延之，受寵若驚，又疑其誤。迨坐定，主人謝曰：『君與吾固世交也。』爲述前事，其子如在夢中，乃知新典史爲此義舉，并未告諸家人，其無望報之心可知。

住旬餘告歸，主人不允，以内顧憂爲説，主人曰：『無用躊躇，早代爲安置矣。』自是屢求歸而不得。將及期月，忽大開筵席爲客賀，客不解。酒罷，主人捧檄以出曰：『受君先世恩，乃得至此，不報何以爲人？今代捐大令矣，憑在此，請即赴省謁大憲。爲民父母，俾尊人泉下增光足矣，毋庸慮一家衣食也。』

鮑生德報

庚子科第二場，場中淡字號有歙縣鮑君，於黄昏時坐號中，忽有婦人搴帷，旋去。因思場中焉有婦人，此必鬼物也，遂出而尾之。婦人見其相逼而來，遂入號底糞房内。鮑君亦直入，婦人無可躲閃，面墻而立。鮑呼之曰：『爾非人必鬼明矣，搴我號簾胡爲者？』婦人不應，鮑以手拉之，婦人曰：『君既知爲鬼，何相逼若此？搴簾是妾之誤，祈諒之宥之。』鮑曰：『尋我爲誤，想必有不誤者在此號中，何妨告我，爲爾排解。』婦曰：『干卿底事，不必問也。』鮑强之，曰：『妾夫以木工爲業，與某生爲鄰，某生至某處處館，夫亦在館旁開鋪。一日，夫以銀十兩托某生帶歸，不意某生乾没。妾一子二女，全靠夫有所寄，是年水災，米薪騰貴，寄銀不至，家遂斷炊。夫亦於是年卒於外，音信杳無。久之妾餓死，一女亦餓死。如此害我，能不報乎？』鮑曰：『爾尚有子女乎？』曰：『有一子一女。』鮑曰：『何在？』『日行乞耳。』鮑曰：『以君之怨，不過索某生之命足矣，於爾子女何裨？據我看不如以子女屬某生，使其領養，俟爾子女成立，方許卸責。并囑某生爲爾做道場，立木主，焚金帛，豈不較勝索命萬萬耶？』婦曰：『如君言豈不大好，但某生負心至此，安能忽動天良？』鮑曰：『某生雖不肖，能不要命乎？有我代你排解，且看他光景如何。』婦意似可。鮑遂引之以行，由底號向前，且行且呼某生姓名。至一號，内聞呼而出，婦見之怒氣勃勃，有欲得甘心之狀。鮑生攔住乃止，遂以婦人索命告之。某生叩頭求救，鮑以其子女相屬，某生自任，惟命是從。婦曰：『口無憑。』某生乃書之於紙，交鮑轉交，婦不接，曰：『須焚之乃去。』

是時夜深，他人文已半篇，鮑自悔多事，回號收心養氣，預備作文，忽又見婦人來前，鮑曰：『何又來擾？』婦曰：『爲君報喜，已獲中矣！』鮑曰：『我不信！』婦曰：『誠然！凡索命必奉神旨令，方能進場，事畢仍當繳令。昨日妾領旨時本欲索命，見妾如此繳旨，神异而問之，妾以君排解爲對，神乃嘉君之善。適今科一百零七名以惡當換，乃將君名填寫在上，故來賀也。』鮑曰：『姑妄言之，不之信也。』是時場中傳聞甚廣，均記之以待榜發。及閱題名録，鮑中一百四名，想揭曉以前又有已中被黜者，故鮑又向上數名耳。

孫右卿云。

郝生場中遇鬼

嘉慶年間，郝生進場畏風摇燭光，遂面向裏坐，正寫卷時，神氣昏倦，微覺兩肩重壓，又覺左頰有冷物附之，漸冷漸甚，而所附之物亦漸長。斜視之，乃人舌緣頰下垂，已至肩臂矣，心知其鬼，而自問無喪心事，不當惡報，因將卷收坐下，恐被鬼污也。又自念履歷，防其誤而令鬼知之，漸覺輕鬆，少頃如故。忽聞鄰號叫聲驚人，乃出視之，有某生以繩自勒，須臾即斃。

夢送亡室王氏孺人終

余初聘婺源王養中觀察先岳之女爲室，將娶而王氏歿於金陵上新河母家，時道光辛巳七月七日也。余居宜興城東撒珠巷春暉堂内室，夜與余尚保翊廷舅同卧一房。是夜夢到一大家，往來家僮無一識者，俄見老媽請予進内室，口稱姑爺，説大姑娘病甚篤，速去送之。予心疑是我家大姐姐有病，遂隨媽入内室，進房所見男婦，無一認識，見我到皆立起身。床上卧一女，長方面，廣額豐頤，白衫青裙，見我到床邊，滿腔心事，一句也説不出，泪下如雨。予亦心傷，大哭而覺，枕席皆是泪漬。

起來説夢，舅氏笑曰：『夢哭是笑兆，八月吉期已近，新人進門，皆大歡喜，夢爲先兆乎。』越三日，金陵王家遣力送書至宜興，予在書房讀書，聞金陵有信到，予曰：『疇昔之夢應之矣。』爲之下泪。家中自太祖母以下皆含泪無語，將訃音藏懕，不與我知。予曰：『無瞞我矣！王氏去世，其在七夕三更時乎？』閲書果然。

後一年四月，先大夫携裘至金陵王宅，入門至廳堂，皆是舊識，入室拜丈母，房屋一切皆如夢中所見，亦一奇也。居半月，抱王氏木主而歸。其墓在上新河某丘，俟成兒應試金陵，再去訪問，盤柩歸宜，與繼娶張氏孺人合葬於南門外銅官山麓，以慰我心，則幸甚幸甚。成兒其識之，毋忘老父之惓惓也。

雷擊淫盜

同治七年四月，南匯寶山交界杜家港，有父子二人業傭爲生，父央媒説合，祇須十元財禮，便可過門。某無錢可措，面帶愁容。東道主人問知其故，欣然曰：『爲子娶婦是一大好事。』遂以十元洋銀送某傭，歸家娶媳。某傭誠篤人也，不肯白領主人之情，約以傭工錢扣算，便肯領去。主人諾之。某得洋銀交媒人手，始得新婦過門。新婦家饒於財，妝奩衣服不缺。

某既爲子授室，便到主人家傭工，以償十元之債。新婦數日後不見阿翁，問夫婿阿翁何處去矣。夫以實告，説父去傭工，還清十元娶婦之洋，方肯回家。婦聞而驚曰：『安有子婦在家中團聚，而任阿翁在外爲人傭工還債之理？忍乎不忍，安乎不安？妾有洋銀一百八十元，汝快取十元去代翁還債，請翁回家，菽水爲歡，亦足樂也。』夫聞言喜極，不待天明，便取出洋銀十元，開門而去。詎知間壁鄰人無賴子，夜聞其夫婦語言，竊聽其夫取洋出去。無賴子便假冒其夫進房，説天未明，少息再去不遲。上床與歡，歡罷，便下床穿衣，取其洋銀一百七十元出門而遁。

明晨婦起，見廂開未蓋，覓所存洋一元不見，心頗异之。越一日，翁與夫欣然回家，婦爲之喜，旋問夫廂中一百八十元何故一齊取去。夫曰：『是何言歟？我祇取十元，餘仍存箱未動。』婦曰：『汝出門後回家否？』曰：『未回家。』婦知爲鄰人所陷，自經而死。母家來見女已死，痛哭之際，黑雲忽起，疾雷震活女尸，提鄰家無賴子擊死在門前，手捧出洋銀一百七十元，方知其惡報云。

湖州毛凌霄少尉與余口述如此。

河南某烈婦傳略

毛淩霄少尉云河南中州某氏，年少業儒，父母殁，家無恒産，老屋數椽。而岳家頗富，生一子，延師授經，岳父憐婿貧無以自給，遂央媒勸婿來岳家讀書，俾得一衿，再爲完姻。某樂從之，來岳家與舅弟同一房住，甚相得也。

鄰村附學某來往其家有年，窺見其閨女姿容美艷，心慕之，遂生惡心，縛刺刀於竹竿頭，候某生困着行刺。是夜某生困上床，背始貼席，便覺有物咬背，躍起，如是者數次。與舅弟説之，舅弟曰：『易床而睡何如？』某生從之，睡始安。兩人熟睡，附學生開窗以刀刺其心膛〔二〕，復掩窗埋刀隙地而遁。

天明某生起，唤舅弟不應，視之則大駭，血流滿床斃矣。岳父母聞之，奔入書房，見子被人刺死，慟哭不已。問婿何故易床而睡，婿以實告。岳父母素知子與婿無仇隙，不疑婿所殺，又不見凶器，故不肯誣告。詎知親房伯叔貪其家財，

〔二〕膛，原誤作『瞠』。

思患其婿，置之死，方如所欲，鳴之官，相驗畢，係其婿於獄，爲無凶器不能定案。

附學生潛央媒説親，遂娶某氏女爲妻，逾年生子。一日，附學生對其妻曰：『汝知汝弟誰其殺之？』妻曰：『前夫殺之。』笑曰：『非也，是我殺之耳。我見汝美貌如花，故動此念，本欲殺汝前夫，不知易床，故誤傷汝弟矣。』妻聞言不語，綳兒而出，歸母家哭訴其故，要代弟報仇。

父母止之不聽，雇車進城，到縣堂擊鼓喊冤。官鞫實籤提凶犯到堂，附學生吐其實情，凶器旋獲定罪。前夫當堂釋放，婦曰：『冤已伸，妾心安矣，留此孽種，終須害人，斃之爲快。』遂碎兒腦於地，回向前夫曰：『妾已失身於惡賊，今生羞與君爲夫婦，緣結來生，不亦可乎？』撞柱礎而歿。

嗚呼，可謂烈矣！官見而憐之，大聲稱贊不已，遂請旌焉。前夫乞婦骸歸葬於祖塋，官許之。岳父母仍收婿回家讀書，再以義女某氏妻之。嗣後婿入泮，登賢書，成進士，入詞林，爲東河河帥，晉封前妻爲一品夫人。

雷擊盜衣賊

湖州鄉間有女尼當暑浴於池，有賊見其衣褌挂於楊樹，鞋置池上，取衣鞋而去。女尼無衣不能歸庵，昏暮扣人家後門，乞借衣履，借其穿着，與餐留宿。明晨女尼去，夫歸，命三歲女兒取舊鞋換着，女曰：『鞋借和尚穿去矣。』并説昨夜見一和尚來與娘同食同寢，今晨始去。

夫怒入内，不問情由，痛打其妻，妻訴女尼借去，夫不信，説祇有赤脚和尚，從無赤脚女尼。一日幾番打駡，夫出外，其妻冤莫能伸，自經而歿。夫歸見妻死，置尸堂前，將買棺收斂，村人來觀。女尼携衣履來還，夫見女尼來，手提衣履，遂知昨夜留宿借衣履者即此女尼也，不覺大哭，狂呼曰：『誤聽女孩亂言，置妻於死！』女尼以衣履還其夫，見女尸在堂前，詢之，即昨夜留宿借衣履之婦也，抱婦頭大哭曰：『我害汝矣，夫復何言！』遂自投水而死。其夫大恨其女胡言，致傷兩命，立斃其女，自亦投水，村人救出得不死。

黑雲頓起，疾雷擊活其妻與女尼，立提竊衣賊，手捧衣履擊斃在其門前。村人見之皆驚走，謂善惡報應之不爽云。

湖州毛凌霄口述。

雷擊惡婦

毛凌霄云同治元年五月初三，賊破湖州城，前三日城中有夫婦居家，夫婦謂曰：『賊若進城，我二人要説不相識。賊若殺汝，我安置洋銀四百元在水缸脚底泥土中，俟賊去便可取出洋銀，買棺埋葬。賊若殺我，汝便取洋銀買棺埋我。勿忘也！』婦然其言。後三日，賊果進城，有賊目至其家，問其男婦兩人是此室主否，皆曰非室主，各自逃難躲在此者。賊遂差遣其夫燒飯打雜〔一〕，納其婦爲妻，相安半月。忽一日，賊將水缸翻倒，取出洋銀四百元去，夫見之，知是婦與歡好，吐出真情。夫知不免，遂投河而死，賊憫之，以棺殮。天忽深黑，疾雷一聲，擊斃其婦於棺前，賊亦以棺殮之，命合葬云。

〔一〕遣，原誤作『遺』。

嘉興老女

嘉興有儒家女，能書畫，通文義。凡出庚帖許人，婚定未娶，夫便徐斃，七出帖，爲其夫者無一存。於是人人皆知此婦爲凶女，無敢再問津矣。女年已五十，髮白齒落，依然以書畫爲生涯。

無何嘉興協鎮某公年已六旬餘，升山東兖州鎮台，有子有孫，孫已登賢書矣。鎮台忽賦悼亡，思續娶室女爲繼室，遂央嘉興守備升都司某作媒，將財禮求帖聘嘉興老女爲繼室。老女願從其聘，某公遂先爲繼室請一品誥命，旋升浙江提督，遂娶焉。老女膺一品誥，服一品衣，與六十餘公交拜成禮，爲一品夫人，其福命如此，無怪前者七夫不能消受矣。

毛凌霄與余言其事如此。

雷打三逆子

同治三年，興化縣鄉間有一母三子，排日輪流供饍。除夕輪到第三子供給，第三房不肯供饍推出，母到長房，長房不供饍，到二房亦復推出不供饍。母如窮人無所依歸，投河而死。明正十二日，雷大震，連擊不孝子三人，鄉人爲之一快。

吾寄女李佩蘭云。

雷擊惡媳變猪

同治四年，興化縣民間有瞽姑在堂，一子出門營生，一媳在家事姑極惡。煮肉供饍，自食其肉，以皮骨和糞另蒸食姑。一日，子從外來，問母供饍有肉否，瞽母曰：『有則有矣，祇是肉皮與骨，還有臭味不能食耳。』子入厨見鍋中所蒸，皮骨一盤，取而嗅之，穢氣難聞，細審乃知是糞和皮骨。子正怒婦不孝，思撻之，天忽起黑雲一朵，雷擊惡婦，婦變爲猪，人面人足，猪身猪尾，日尋糞食。見之者皆曰：『天眼甚近，報應不爽。』書之爲世之事姑不孝者鑒。

李佩蘭寄女口述如此。

奚義僕

江陰四河口奚氏宗祠有奚義僕神位，春秋祭祀，另設一席祭之。云是當年奚某生二子，長出嫡，幼出庶，幼子年數歲，父母俱歿，長兄思殺幼弟以圖家財。奚僕知之，夜間負幼主遠遁他方，樵柴供養，幼主成立，候其惡兄去世，方敢事主歸宗。至今奚氏有科第者，皆幼主之後；庸惡陋劣不成器之徒，皆係惡兄之後。奚氏立僕神位，崇僕祭祀，以報義僕再生幼主之德也。

江陰六汝猷紫加拔貢口述如此。余曰：『世間惟義僕最難得，如奚僕者，真奚氏之忠臣也，真絶無而僅有者。』書之爲後世之爲人役者勸。

保赤堂

江陰壽興沙保赤堂，同治三年間立百善舉。一日雷震堂宇，電光閃耀不散，司事俞贊議焚香懺悔，乞赦失察罪孽，雷聲始退。越日如厠，見聯單滿圊，知難童以字紙拭臀穢褻字紙之故，隨即檢拾聯單，漂净晒乾焚去。分給草紙與難童便用，勤收字紙以補過云。

沙梓堂口述。

方外名流

道光元年，先大夫梁溪解組，寄居宜興城東撤珠巷春暉堂[一]，離法藏寺甚近。寺中住持紅雪禪師年二十餘，有才能，盛丰姿，好吟詩，曾將詩稿就正先子。記得《村居》詩云『橋通門外路，雲度水邊天』二句，先子批『見道語』三字。佳句不少，今忘之矣。紅雪住持十餘年，興造萬佛樓，重新寺院。余曾書東坡《大悲閣記》大楷四大幅，又臨唐宋大家各帖八大幅，贈紅雪，縣之萬佛樓下。又書大楹帖一對云『即非莊嚴，皆是佛法；所應供養，以諸華香』贈紅雪，方丈内長縣此聯。紅雪用心大過，不永於年，

[一] 撒，原誤作『撤』。

惜哉！咸豐庚申之變，宜城失守，寺樓化爲劫灰矣。

焦山定慧寺住持借庵長老，以詩名海内數十年，有《借庵詩集》傳世。記得《咏秦始皇》詩一句云『千世萬世衹二世』，七字甚有趣味。裘少時隨先子游焦山，住伊樓，先子日與借庵酬倡，命裘和之，借庵過譽，先子掀髯而笑。後數年，余往金陵，重游焦山，借庵老健，古稀之餘，尚能策杖陪游大觀臺、四面佛、山頂焦先蝸牛廬諸勝。余恭和先子臘字韵七古一章紀游贈借庵，又和張河帥送銅鼓入焦山歌數十韵，附刻先子焦山倡和詩石刻之後。亂後，送石刻大士像、東坡象、先子送唐石佛入焦山圖咏、先子焦山倡和詩諸石刻二十餘條，安置定慧寺方丈，交住持芥航上人收藏。

借庵法徒性源，能作古文。性源之徒月輝，有膽有識。西寇據鎮江，燒金山，又要踞賊兵於焦山。月輝孤身入鎮江城，求見賊酋，力陳古來用兵家凡踞焦山者皆敗績。賊酋聽其言，信之，不犯焦山。月輝將山中周鼎漢爐、歷代寶墨藏之石室，山寺寶物居然無恙，全仗月輝禪師一身護持之力也。月輝真豪傑哉！

月輝去世，芥航禪師住持，年纔及壯，詩畫精工。余於亂後往來焦山，喜與談詩，芥航盛設伊蒲饌，款留連日，情意殷勤可感也。

六舟禪師，出家浙東白馬廟，住持吴門滄浪亭、西湖靈隱寺。好收金石，人呼爲金石僧。能書畫，海内知名。珍藏懷素《千文》墨迹兩卷，余借其小字懷素《千文》刻入《寶褉室法帖》中。此卷先子題長歌，又題七律一章。裘刻卷成，題長歌紀之。

六舟滄浪退院，衡峰禪師接踵住持。衡峰善琴工畫，余曾作《滄浪亭聽衡峰彈琴》長歌并畫聽琴圖贈衡峰。亂後，衡峰從上海回吴門，修造寶積寺、觀音庵，住持陳公祠各庵，大興土木，焕然一新，真佛門中一大人傑也。

衡峰之師父几谷禪師，善畫山水，七十餘歲圓寂焦山。亂後曾得見之。

覺阿開士，本吴縣名諸生也，因其父開酒館虧本，避債空門，父子出家。小庵在楓橋白馬澗，有五百梅花草堂，鼓琴咏詩，寫字爲業，不語禪也。余曾作七絶數首贈之。覺阿有詩稿傳世。

蓮溪、柳溪、虚谷、雪鴻四禪師皆善畫。

海文禪師善琴，住持揚州興教寺。

己巳冬，余曾客居萬佛樓下三閲月。掃葉開士，余詩弟子也，有詩鈔傳世。

金陵白鷺洲朱岳雲道士，少時從姚姬傳先生學詩，著有《岳雲詩草》。工畫山水，尤喜寫菊。余少時往金陵，寓其道院，題其麥浪舫圖七古一章。岳雲題余山居讀書圖。余返陽羨山中，岳雲作詩送別。古道照人，可敬可愛。

吳門包巢仙善琴工畫，與余交最密，不幸早亡。其徒唐文學陷賊中，從余出坎，代余送信過江北通州石港于漢卿婿家，誠篤人也。

昔年游江西小黄山，宿黄山寺，有池禪師藏舊宣紙兩大張。上年先子過寺，師求書一幅。次年余過寺，師求畫一幅，兩日畫成，題詩而返。

歷紀方外交游，恍如夢中事矣。

食生鴉片圖賴顯報

壽興沙民婦聳夫與女食生鴉片圖賴人家，以至傾人家産。明年婦浣衣河邊，見二蛇，纏身而上，索命而斃。

人面犬

戊辰三月上浣，滬城四牌樓翦店内産一群犬中，有人面犬身者，觀者如堵。主人斃犬埋之，以滅其怪。

宋恒銀刻字先生親眼見之，來與余言。

上海廟神羊

上海城隍廟後園最大，放生之羊不下百數，日日出游城外，渡黄浦船至浦東，游倦乃還。老羊毛拳垂地，角長插天，居民游客無敢害之者。據云長毛作亂之時，夷兵在城幫守，有一夷勇盗殺一羊食之，其勇立斃，亦一奇也。書之爲私殺放生六畜者戒。

張孝子紀略

孝子姓張名虔德，安徽徽州府婺源縣西鄉四十三都甲路人也。孝子曾祖諱永湧，祖諱端植，嗣父諱拱炳，本生父諱拱熾，生母吴氏。世務農，家貧。孝子年未十歲，即使入山樵采。長事耕耘，以養其親。朝夕奉事，不離親側。其孝出自性成。孝子未生時，繼父未娶早歿；弱冠，本生父復歿；本生父之長子張都暎，係孝子之兄，無子而歿。

孝子承兩祧，哀痛之餘，承歡母側，以解母憂。凡滌枕席，潔楲窬，必躬親其事。疴癢抑搔，愉色婉容，以順母意。鄰里聞而見之，無不感動。孝子每晨必親買小點，懷之以進。一日，母思蕓薹，大雪中采歸奉母，人皆异之。西寇侵婺，孝子聞風，負母入山避之。賊至，村人遇害數十人，孝子負母入山，身獨無恙。母曰：『有子如此，天之賜也！』

母病，憂惶，衣不解帶，祈禱俱窮。乙丑十二月母歿，孝子一慟而僵，久之乃蘇。夜卧柩旁呼母不應，擗踊哀號，聲動鄰里，鄰里爲之垂涕。孝子居喪，瘦如枯藤。每痛哭，祇言母劬勞不能報德。殯葬後，連日不歸。時未結廬，天寒風雨，孝子以茅覆墓，手持雨蓋，號泣墓旁，族戚勸之不歸。

孝子母墓在鵝塢，就墓結廬，甚隘，人不堪一日居者，孝子居三年而不忍去。孝子廬中，朝夕上食焚香跪拜，夜則張燈，面垢髮長，麻衣盡黑。汲水拾薪，必告而出，歸則告曰：『兒來矣。』事死如生如此。孝子一日方進食，見巨蟒盤墓上，急呼母曰：『兒在此，母無怖也。』蟒遂蜿蜒而去。又一夕虎哮廬門外，孝子惟默祝無驚吾母，虎遂寂然無聲。孝感之徵驗如此。孝子時年五十。孝子妻李氏，平時事姑能得姑意，孝子廬墓，甘自守貧無怨。子俞鋒服田，克守家風。

同治七年戊辰九月廿有八日，我婺甲路張敬之孝廉貴良籌資入都，爲張孝子請旌於朝，手持孝行略示余。余拜而讀之，不覺爲之欷嘘流涕，思吾太祖母、祖母、父母之墓遠在溧陽戴埠田中，不能歸山守墓，浮家海上，生計蕭然，校張孝子之廬墓三年，事亡如事存者，其賢不肖爲何如哉！故特書之，爲天下後世之爲人子者法。

林孝廉德報

林子經孝廉名漸逵，六合縣雷官集人。咸豐年間，在籍辦團練。八年，髮逆竄擾，將携家渡江，臨河無舟棹，正徬徨時，忽一小舟至，與之論價，而舟已載人將滿矣，己分不諧。舟子問叫船者伊何人，并問姓氏里居。林曰：『你既不渡我，問我何事？』舟子曰：『何妨告我？』林乃自道其來歷，舟子狂喜曰：『此我恩人，沿訪江湖已數年！』遂逐已載者。林曰：『同一避難，逼人讓，何可忍也！』舟子曰：『事急矣，且勿迂！』不由林作主，强曳之登。

及解纜，林問其恩從何來，舟子曰：『咸豐二年，金陵失陷，我弄船在外，家大小五口逃至雷官集。是時窘甚，身無一錢，我婦人至老爺局中告哀，群衆叱之，獨蒙老爺憐恤，給錢六百文。我家婦人孩子得以不死，轉之淮安，遇同鄉親友照拂，遂僑寓焉，嗣以傭工度日。至四年，我亦弄船到淮，得遇家眷，述逃難景況，一家皆感激林老爺不置。我是以時時思報，而不意幸有今日也。』林乃爽然曰：『今日你渡我家人過江，你又是我恩人矣，我又將何以報之？』

及到對岸，林語舟子曰：『江北我家還有數人，你能再將此數人渡來否？』舟人曰：『諾。』林曰：『如我家人不在是，即將先我上船之人一概渡來，則我心始安。』舟人一一聽命。次日，果將先行登舟驅下讓林者亦復救出。舟人還報，并不上岸，亦不索價，向烟波間鼓棹而去。

蔣廉訪

蔣叔起廉訪超伯，揚州人。其父封翁素服賈，與西蓮和尚友善。西蓮曾存千金於封翁鋪中生息，未立券。越數年，西蓮卒於普陀崖。封翁知其歿，遂至西蓮庵中覓其法徒某，問其徒曰：『爾師父在生，與人交接，有帳簿否？』對曰：『一字俱無。』遂囑其徒，約其師叔等輩來朝會談於庵。

翌日，封翁携帳簿、銀票到庵，會諸禪友，詢其法名，皆屬西蓮同輩，遂對諸禪友曰：『西蓮在日，曾存千金於小鋪。今西蓮已歿，其徒無知，故約爾等同來算帳，交還存款。』於是出示帳簿，照年分本利一并算清還訖，親授其徒，收清而去。

隔一二年生叔起之前一夕，夢見西蓮來，無語入室，因知叔起廉訪，西蓮之後身，以報封翁之盛德者也。

揚州王小汀、徐嘯竹皆詩人，與予言如此。

范小鑾

寶應人范小鑾捐理問銜，素爲訟師，曾存百餘金於鎮江人布店中，店主虧空布莊，爲人造追。范知之，乘間賄縣差地保，雇鄉勇，假造縣牌燈籠，乘夜蜂湧進店，搬運布貨財物。店主逃竄，投江而死。范得布物，營運發財。

越一年，夢鎮江布客入室，須臾生一子，范知其來取債者。子稍長，便教其賭錢、游戲之事，亦捐理問銜。無何范没，其子浪費家財，一敗如洗。報應不爽，如是如是。

寶應劉佩卿云。

朱臘哥

咸豐十一年，寶應朱臘哥年弱冠，病卧床，夢見朱恕齋方伯士達在陰間，與人飲酒著棋，閑散無拘束，謂臘哥曰：『我在陽間功過相抵，任我去留自便，無拘無管，作個閑散之鬼。汝在陽間，格要平心待人，成人之美，斷不宜攻人之短，敗人之事。汝立善念，做好人，病自去身。』臘哥唯唯而出。

又見其叔朱竹庵懸其頭於木竿之上，口喚臘哥不住聲。臘哥驚問何罪，一至於此。竹庵曰：『我在陽間無惡不作，以至梟首示衆，汝回陽間，必須遍告同鄉親友，要做好人，斷不可學我作惡，受此天刑。』

臘哥回陽，立願爲善，病遂全愈。現在二十餘歲，代人收租爲業。

劉佩卿云。

卷十八

倉龍

婺源　齊學裘　子治

曲阜孔宥函繼鑅太僕，吾故人也。陣亡後，次子廣牧死焉，長子廣稷從戎左營征西在口外。家寄居寶應城中，一貧如洗。其夫人素吃齋，奉事觀音大士有年矣。忽於同治七年間夜聞窗外水缸有聲，然燈照之，見缸内水淺，遍畫蓮花，缸沿彩繪龍身，之而鱗爪具存，非俗工所能摹仿者，中有青錢二十餘文。侵晨鄰里知之，觀者如堵墻，錢忽失去，遂移缸室中。每早啓蓋視之，則米粒積半缸，適足一日之糧。至今年餘，仍然如故。一家數口，藉此度日。可見天之報施善人，絲毫不爽。

寶應劉佩卿茂才親見其事，與余述之如此。余曰：『此倉龍也，大士之所遺也。缸内彩畫蓮花，大士之示衆生也。噫，大士之慈悲救苦廣大靈感之至斯乎！』時己巳立秋日識於揚州書局。

鐵蓮花

同治六年春，香客男女航海向普陀山進香，被盜船所困，劫香船男女而去。海中頓起鐵蓮花，圍鈎盜船不得行。官兵聞而捕之，群盜梟首。香客脱難，無一傷者。

劉佩卿云。

雷斬判官

寶應城隍廟有左文右武兩判官，去年夏秋之間，頓起大雷，遍城震動，邑廟香火道人見武判官頭忽落地，渾身雷火燒焦，殿柱亦損。

劉佩卿家與邑廟鄰近，目見如此。

龍鬥炮轟顯報

同治六年夏間，龍鬥於洪澤湖蔣家灞，有兵船、小龍船、民船停泊於此。兵勇見龍鬥，既不知避，反以炮轟之。龍怒掉尾掣船於空中，一掃無遺類矣。噫！禍福無門，爲人自召，信然。

劉佩卿之僕徐鳳子年二十餘，性喜繪事，亦雅人也，與余述此事，遂紀之。

龍王喚渡

南淮鹽船巨者可載數千石，一日有白髮老者來雇船送至漢陽，船户未曾答應。越日有小龍三寸許來游船艙，倏忽幻成大龍，掉尾挂在船竿頂上，身蟠滿船，船爲之墮水幾沈。船户焚香頓首，求縮全身，唱戲敬神，俄而縮小如故。送至漢陽龍王廟，始悟喚船老者即龍神也。可不懍歟！

鳳子云。

義僕陸慶斷指救主

無錫余蓮村訓導治好行善事，到處知名。同治八年，自杭州抱病歸家，醫藥無效，極危之際，家人陸慶托以仙方水進，服之立愈。初不知爲何藥也，後有友人見陸慶左手中指斷去，疤痕童然，問之，托詞以對。漸有聞者，共相盤詰，始知陸見主人病篤，詢之醫者，據云年老身虧，藥力難挽，即跪禱竈神前，願以身代。因用柴斧一擊皮破，斧忽騰起，再擊骨斷，三擊指脱，毫無痛楚。自搦香灰敷指上，仍捧藥爐至竈前，以指煎湯進主人，托名仙方，服之汗解病愈。洵可謂忠誠感格矣。

先是，蓮村病，杭州友人爲請乩，判云：『蓮花會上有奇人，可以留名可立身。若到水窮山盡處，自然携手出迷津。』

陸係常熟沙洲人，父兆松早故，母王氏遺腹生慶，苦節撫孤，有欲奪其志者，氏以死自誓。撫兩女一男，經營婚嫁，備嘗艱苦。慶事母頗孝，言及其母苦節事，輒涔涔泪下。事聞應敏齋方伯，給『義行堪嘉』額，以表其廬。

余與蓮村數十年至契，每見陸慶善事主人十餘年如同一日，耳聞目睹，特爲記之，爲當世之爲人役者鑒。

雁冢

道光初年，寶應獵户手提一雁，雁傷頸而未死。僧人見之，與之錢千文買而放之庵中，用藥敷其傷處，傷愈。一日，雲端孤雁長鳴，放生之雁繼聲和之。雲雁落地，與之對鳴良久，交頸而斃。

劉君寶楠憫其節，合瘗於杈溝，題曰雁冢。同時名人如包慎伯大令、潘德輿孝廉皆有詩吊之〔一〕，湯敦甫相國題其《瘗雁銘》曰『物猶如此』四字。

又同治七年，寶應南鄉人買一孤雁，置之籠中以待烹。雁鳴在籠，天半忽飛下一雁，相與對鳴，逾時兩雁交頸而斃。

雁不亂群，夫婦有別，由此觀之，其言益信。視世之未亡人，夫亡骨肉未寒，身已他適者，其相去爲何如哉！

〔一〕德，原誤作『得』。

雷擊逆婦

寶應南鄉有某婦忤逆其姑，以己生産胞衣當肉與姑食，惡味難食。婦遂怒駡不休，雷忽大震，盤旋婦頭，逆婦以血布穢物拂之，雷即墮地如猴猻。鄉人搭篷焚香供養八日，天大雷雨，洗其污穢，擊逆婦跪在姑前而斃。

周鴻

寶應城中有周鴻武生者，兵亂之際，淫人婦女，劫人財物，無惡不作。咸豐九年，有賈人茶店啜茗，見舊識車夫進店，與之對坐。賈人問車夫數年不見，何處營生，車夫曰：『我已當邑廟牛頭四年矣。』賈人曰：『汝明明是人頭，何云牛頭？』車夫曰：『牛頭假借紙殼爲之耳。』開包取出寸紙牛頭，拂拂間便變一大牛頭，套其首，即儼然牛頭矣。又有寸紙馬叉，賈又問之，紙叉何其小也。車夫又拂之，叉便長大，又拂，叉小如故。賈邀之同啜茗，車夫曰：『我奉差來拿周鴻，此其時矣。』去少頃，聞店外喧嘩聲，報道周鴻才到茶館，便扑地而死，額有馬叉三齒痕。賈人聞之，如夢初覺。

佩卿口述如此。

雷擊客寓店主

高郵城中有某圖書，於同治七年歲底欠清漕數十金，官收之禁。除夕，官又差人遣收其妻子入班房，哭聲驚鄰里。時有老客人恒住老客寓者，問鄰人因何而哭之哀也。店主告之故，客遂慨然贈之金如數，贖罪回家過年。某圖書拜謝客人之盛德不置，而店主見客人多金，便起惡心。

今年正月初三日，店主以酒醉客，以石沈客於河心，以圖其財。初四日，圖書某大辦饌肴，迎恩人到家吃新年酒。詎知來店請客，闃其無人，祇見客之行李滿房而已，正徘徊間，聞人聲鼎沸，詢知昨夜四更時雷鳴，竟是擊斃店主夫婦兩人於河干，手指河心。圖書某奔至河干，見其狀，大呼：『恩人被害矣，有能撈出恩人尸者，謝銀二十兩！』於是有下水負尸而出，即其恩人尸也。未轉瞬，雷又復鳴，客人擊活，如夢初醒。

徐鳳子言。余曰：『天之彰善癉惡，如此顯靈。吁，可畏也！』

雷擊貪夫

寶應東鄉農夫常以糞拌飯喂鴨者，夏夜住牛車篷内，被雷擊斃。佩卿云。

白樂丈

天津府寧津縣所屬有張家莊，聚居數十家，亦有出仕者。莊内有夫婦二人，所生一子年已十七八，生得唇紅齒白，面目姣好，尚未定親。忽有一矮胖黑醜女人至其家，言欲嫁之。家人駭爲不倫，驅之使去，然無日不來糾纏。其家父母無如之何，因思令子出外避之，遂令至舅家暫住。

舅家相去一二十里，其子行至中途，忽逢一美女遮道，使不能行。張家子問其故，女云：『汝欲何往？』張子遂告以故。女言此極易事，祇須請我父親去鎮之，此怪可絶。張子喜，問：『汝父是何人？』女云：『姓白名樂丈，去此不遠。』張子遂不至舅氏家，徑往請之。

白樂丈髮白顔童，鬚眉奇古，欣然同至張家莊鎮治，而黑女子竟不復來。緣此往來相得，一日白樂丈欲以女妻張子，張子本已見過，心竊慕之，其父母亦願與爲婚，遂擇吉娶之。過門後，白女顔既姣美而性又和平，與合家妯娌均皆歡洽。

先是，洋人行天主教〔一〕，張家婦女亦有入教者，白女勸曰：『此乃邪教，必不可入。』因而出教者有三人。大主教内有洋人者〔二〕，實主行教事，聞之大怒，親至張家，率洋人數十人〔三〕，大興問罪之師。張家見勢將不測，因告以白樂丈所使，且具言白樂丈事。洋人言此正是妖〔四〕，即在堂前設壇作法拿妖。張家無如之何，聽之而已。作法數時之久，

〔一〕洋人，南圖本作『夷人』；天主，原缺，據南圖本補。
〔二〕大主，原缺，據南圖本補；洋人，南圖本作『神父』。
〔三〕洋人，南圖本作『鬼子』。
〔四〕洋人，南圖本作『神父』。

不見動静。張子自内出，勸其速歸，言室内有兩火龍將出。神父云：『此即是妖。』即進室内捉之。及進内而洋人之鬚眉皆被焚[一]，同來洋人亦均焚去[二]，衹得逃回，而其所住之洋房已無故焚去樓上半截，同去之洋人亦皆然[三]。洋人因於寧津縣告張氏蹤妖放火[四]，縣官云：『事大，須告總督。』洋人即告總督[五]。白樂丈亦上書制軍，言洋人兩年必滅[六]。其書奇文奧義，非今人所能爲。白樂丈自稱北宋時人。

此事直隸制軍即咨總理衙門入告矣。同治九年，法國有難[七]，白言不誣[八]。

此事孫右卿太守抄視，不知有漏否。

[一] 洋人，南圖本作『神父』。
[二] 洋人，南圖本作『鬼子』。
[三] 洋人，南圖本作『鬼子』。
[四] 洋人，南圖本作『鬼子』。
[五] 洋人，南圖本作『夷人』。
[六] 洋人，南圖本作『夷人』。
[七] 法國有難，南圖本作『法蘭西滅』。
[八] 不誣，南圖本作『驗矣』。

祁中堂

祁中堂死六日，未冷復蘇，賦詩一首而終。其詩已入奏。此江陰陳子惠信也。詩云：『天子臨軒選异才，八方平靖物無災。上元世業十年後，自有賢豪應運來。』

左清石太守

吾友左清石仁太守，湖南湘鄉縣人，家住芭蕉山東閣中。性剛直廉明。工古文詩，善書，純師坡公楷法。舉孝廉，大挑一等，宦游江蘇，歷任震澤、青浦、邳州、高郵州，俱有政聲。升知府，未得缺。卸事後閑居蘇臺，初住孔副使巷，後住辟疆園顧湘舟之宅。與余朝夕過談，吟弄風月，或探梅鄧尉，或訪僧楓橋，如詩僧覺阿、嵩光諸長老，三時過從，談笑自若。曾邀同游揚州，又至金陵寓承恩寺，訪湯雨生都督、侯青甫學博，飲獅子窟，詩歌倡和，殆無虚日。

清石曾夢至一處，祠屋三間，中安三座，中座坐文信國公，左座坐楊忠愍公，右虚一座。楊公對清石曰『殺身得不死，彭鏗非正命』二語。夢遂覺。與余言其夢，余曰：『兄其文、楊兩公之流亞歟，虛左以待，概可知矣。』

庚申之變，左全家移出蘇城，住光福鎮。爲救故友某君於土匪作亂之中，土匪不依，反被執，縛清石與其長子孟辛、次子仲敏置光福寺中。寺僧見之，密告巡檢司某君，得出虎口，潛往洞庭東山。逾時遇故友來訪，盤飱以待，復同游山寺，飲茗而歸。浴罷，坐堂上，忽覺身體疲困，小腹微張，遂急喚二子來扶，吩咐後事。語畢，怡然而逝。

越十年，庚午七月二十六日，余寄居滬上，得遇孟辛之妻兄袁子壽必全理問，述其姻丈清石考終如此。

女魂訴冤

安慶某氏女年十五，頗有姿色，父亡母守。有鄉勇某得軍功保舉二品者，見女愛而娶爲妻，越數月，又納二妓爲妾，入門後便使妻爲婢，服事二妓。少不如意，三人撻之，身無完膚，割舌釘頭，無刑不施。妻尚不死，再以火鐵條通其陰，遂斃。

時鮑將軍過安慶省城，夜夢一少婦渾身血污，跪訴冤。鮑寤訪查，并無此案。里人不平，謂其母曰：『安慶省城大吏皆與汝婿通氣，告狀無益，現有鮑將軍過境，速去訴女冤。』其母從其言，馬頭告狀。鮑即親去相驗，見其傷痕，慘不可言，立命斬其夫，梟首示衆。二妓逃遁，追到斬之。

時同治七年五月二十七日事也。吾友俞澤夫携眷過安慶，看會泊船，適見此事，與余言其顛末如此，惜未知其姓名也。

海州奇案

同治九年春，海州居民有孀婦某氏與女一室而處，對門屠店屠户之子某年十九，素慕女色，屢挑不從，强之，女怒批其頰，某鼠竄而去。

一日，女浣衣，開門倒水，適有士人過門，水濺士衣。士見女誤濺己衣，忍而未斥。女覺抱慚，對士人微笑而謝之，隨即閉門而入。時屠兒窺見女對士笑便生惡心，是夜三更時分，逾墻而進女室，冒認士人調女求歡，女死拒不從。母聞知，大聲疾呼，屠兒遁去。

次日，母謂女曰：『此間有惡少，不可居。』命女往居舅母家，舅母即送幼女十二齡來伴其孀母。詎料屠兒黑夜持刀逾墻入室，强奸幼女。幼女啼哭叫喊，孀婦聞而大呼救命。屠兒怒，殺幼女，并殺孀婦，遂携婦頭出懸其鄰家豆腐店門上。

店主開門，見人頭，駭甚，取頭携鋤，欲埋屋側空地。適遇一土人，告其故，許賄以錢，托其掘土埋頭。土人允諾，店主出其不意，以巨石碎其腦而斃之。倉皇間，又遇一過路客，見店主掘地埋尸，驚而問故。店主便邀還家，飲以腐漿，許賄錢二百千文，又乘間殺之，埋尸於後圃。

越日，舅母與甥女同來孀婦家，排門而入，見孀婦無頭，幼女被殺，鳴之官。相尸鞫女，女以土人强奸不從事情上訴。官追土到案，嚴訊酷刑，土不得已招認殺人，又無婦頭可呈，土繫獄。官出賞格，有將頭來獻者受重賞。有樵夫某見此賞格，回家向母借頭呈官，可獲重賞，母不允，母頭已刃在手矣。樵夫獻頭，官驗頭鮮血淋漓，與尸身不對，問頭何來，樵曰：『我見老爺賞格，有人獻頭受重賞，今有頭獻，速給重賞，何必問頭來歷。』官怒，重刑鞫實，知其以母頭博重賞也。相樵母尸，繫樵夫於獄。

士人本寒士也，無辜繫獄，無錢通監，苦不可耐，死於獄中。海州州官某因此自經而亡。後任官某到任，鞫女平日有人調笑否，女以對門屠兒回答。官遂追屠兒到案，嚴刑鞫出實情，又追豆腐店主到堂，一夾棍盡招承，案遂結云。

余聞孫右卿太守所述如此。

勾井得五小瓮

同治九年庚午又十月初九日，余寓滬上也是園浜顧家巷袁氏宅中，井内多泥，老价平福樂於勾井。下井起泥，連得五小瓮，四瓮完，一瓮碎，有灰糊口，中有小兒骸骨，朽爛成灰矣。不知何由置此井内。

是夜，陳氏夢見三小兒、一老翁從井中出，老人對陳道謝再四。陳疑其爲狐，因托其照料全家人口平安。老人唯唯而去。一小兒在老人前叫苦，二小兒從老人後，老人謂兒曰：『勿憂，余與汝藥，服之，即當愈也。』

胡氏代夫死

婺源俞澤夫之祖啓華號旭光，業儒，又學醫，娶胡氏爲妻。旭光患病，不知人事，問卜於某。某卜其吉凶，曰：『此病非藥餌所能治，必須人代以死，則病愈矣。』其妻胡氏聞此語，便欣然洗妝盛服，夜間投河而死。夫果霍然而起，覓妻不得，急呼父母遍尋其妻踪迹，出門視之，見其妻立在河邊，身死，面如生。合族聚觀，欽惜不已，奇節請坊旌表，省府縣志皆載之。

旭光從此行醫，名振江南、江西，人稱百壽先生是也。繼娶生子爲名諸生，孫輩十數人，書香不絕。噫，胡夫人真可謂孝烈兩全矣！旭光若無夫人之代死，其病必不起；病至不起，俞氏宗祧，其誰承之。

逆婦顯報

金山縣訓導吴榮坡之妻誣其姑竊其汗巾，并勒其姑吃矢。當時天忽昏黑，霹靂一聲，提出逆婦跪在門前，自把糞桶飽吞一頓，將桶自覆其頭面，汗巾提在手中，觀者如堵墻。此後逆婦如瘋如顛，不省人事云。

俞問渠親見其事，爲余述之如此。

金懷新

婺源金懷新成衣爲業，向俞問渠云昨夜夢至府中，見簿書一大本，上寫『善惡分明』四字，開簿觀之，見己名在上，下書食米若干訖。自知食禄已盡，不久於人世矣。俞以夢事杳茫、不足介意慰之。越二日，金成衣無病而卒。

司溪二勇

婺源司溪有二勇，一名董二祖，一名王干城。一日，王母在家，見一鬼背包、一鬼挑擔入門。背包鬼見王母，便欲打之，挑擔鬼急止之，曰：『不是此人！』釋之而去。

王母出門窺之，見間壁董二祖跳出厠外，被二鬼痛打一頓，董歸家不日而亡。

俞問渠云。

俞卓文生做城隍

俞卓文，婺邑諸生，爲人正直，寡言笑。每與人談話，忽昏昏睡去，人疑其有懞病。數月後，方肯對人言其昏睡時，去做某縣城隍，爲審某土娼應派投匾毛，誤派投圓毛，上司怒其有私，便罷其職云。

俞問渠素與之交，故道其事如此。

徐虞氏節孝

如皋馬塘虞氏女許字徐氏子爲妻，未嫁而夫亡，女矢志過門守節。妯娌某氏性惡，時時下毒藥要害虞氏女，女知覺，未中其計。某氏愈怒，明將鹽鹵逼其飲而置之死。女幸得脱身逃回母家，告之故。父母送女歸，告徐氏妯娌勿起毒心謀害吾女。某領之。未幾出門，見一大船，船上大燈籠書某某堂，後有無數燈球。某氏异之，閉門而寢，忽發狂風，吹開大門，燈球無數滚滚而入，逢物便燒。某氏身上燒得糜爛，逃至田中草屋，火亦炎炎不息，追焚其身。某氏自知罪惡貫盈，故遭天譴，意欲改過自新，忽聞空中聲言：某氏謀害吾妻，絶吾香烟，上告陰曹，奉命焚某身家，以雪吾恨。某氏哀求饒命，不許，必要聚親衆合族到堂，將謀害事情一一説明，方與甘休。某氏從其言，一一説出謀害事情，火遂息云。

同治十年辛未正月人日在俞澤夫席上，側聞余梅庵茂才細述其事如此。

許僕投子報仇

徽州府城許姓某業賈，發財至數十萬金，買一大宅，第七進屋内時有鬼出現，大衆皆不敢居。某獨不信，自携一少年僕居之。夜分時候，忽聞開門聲，窺之見一金甲神大步而出。某持刀秉燭，携僕追出。金甲神退進花園牡丹臺側，倏忽不見。某遂携鋤開花臺下，見兩塊大石板，扳去石板，現出寶銀兩缸，遂與僕搬運入房，約一二十萬金。金搬盡，命僕將石板蓋缸，出其不意，一鋤斃之。藏僕尸於缸内，石板蓋之，加土擁之以滅踪迹，無一知者。

越數年，老妻年過五旬，忽又懷胎。一日，某早起獨坐中堂假寐，見少年僕持鋤而入，驚寤。内堂報生一男，某心知僕投子報仇也，無歡顔，有愠色。嗣後，老妻、長男、中男、長孫、次孫相繼而殂，某亦暴卒。少男長成，揮金如土，不數年家財蕩盡，大屋賣與許球宦家。許少男無子而亡。

余在宋柳門盟弟永裕棧，聞畢某口述如此。

韋陀

北人多不奉釋氏教，山左于竹虚於役浙江塘工，因勞致疾，卧病工次。己巳六月十三日，熱退，起覓溺器，見帳前立一金甲神，手拄降魔杵，人頭三具宛轉地下。驚呼僕人，神忽轉身舉杵，自窗中出，人頭連綴杵末。病即霍然。後過秧田廟，殿前韋陀金身剥落，因重裝焉。

薄命妓

武生某多勇力，美儀容，年十五，入邑庠，秋赴省試，盤馬校場。妓織雲見而慕之，然年齒加長，生又有父師約束，不得近。頭場後，聞有漏領印票者，不得入二場。妓探知爲生也，傾資代謀，始得票，徑送生寓，冀一面談。乃生以弓馬嫻熟，主試者特唤入場。妓無法，因暗使人遠尾生後，凡生所買物或一飯一茶，悉付錢令主者不再收，告以事後結算，不與説明。

及場完，生克捷，妓宛轉托人延致之。生固謹飭，未即來。聞生喜觀劇，特於廟中演戲，意生必來，可以飽看，而生以母病急歸矣。妓遂結束，赴生邑尋訪之。生入都，妓隨之，托熟人爲生覓屋，并經營一切，生亦未之知。會試落第，發漕標以千總用，妓先期赴淮安，置房屋，設計邀生住，欲緩圖之。適生本家有官河上者，寄居公廨，逢排期赴淮衙參，嗣派差外出。

妓力竭矣，年漸老，私計恐難成，欲歸不得。正無聊賴，忽聞有人爲生說親，妓遂收裝爲媵婢，方謂辛苦數年，今始得親顔色，他亦未暇計。及至婚期，妓忽病，然心猶未死，托人代役，并懇媒人向說，病好即來。至月餘，喚代者屢不回，自赴生寓求見，閽者曰：『代者即合用，不必正身來。』妓聞之，無可陳訴。困卧床褥間，殆將死矣。

忽一日，生來寓所，陳謝殷殷，袍服儼然，又非昔日氣象。妓接待之，極盡禮。匆匆上馬去，妓思生言，若深知其心者，惟言語間似爲代者叙衷情，與己無與也，深疑之。四路探訪，始知代者爲新婦家婢，平日極扶持，相失多年，遭逢意外，因指妓爲説合人，初亦未知妓之踪迹也。妓自知命苦，計無可施，反復思之，力疾起，執香跪生門。生婦延見，垂涕而道曰：『與官人并不熟，因愛其才，用銀數千兩，行路數千里，將爲地域鬼矣。』婦告生，生恍然，代者亦感而憐之，極力作合，然齒暮色衰，不能正名分，接置署中，爲夫人理家事，備位房老以報深情而已。

卷十九

婺源 齊學裘 子治

于杭生取債

文登于六甌贅之次子杭生聰慧過人，六歲出天花，延醫購藥，所費不貲。一日謂六甌曰：『尚少我錢七千餘文，還楚便去。』語罷而斃。六甌買棺葬費果如其數云。

吴畹雲孺人節操紀略

吴畹雲名蕙仙，吴下東山名族之女也。父諱景鉉，字峻天，服賈滬城。母席氏，涵莊公之女。畹雲十一讀書，十三學綉。幼愛詩史，吟咏才思過人。道光十四年甲午歲，歸於槎灣周服耕之長子，名本勳，字樹奇，號似溪，儒生，爲繼室。公姑老病，奉侍辛勤，公姑弃養，盡禮盡哀。

十六年丙申十月，夫故，晼雲年二十七歲，嫡出一子名炳哲，字鴻儒，年一十三歲。夫弟二人經理其兄病支喪費，賬多重疊，索取凶凶，聲振寢室，令人難受。晼雲一一查明重疊數款，小籤貼出，注明情節，并書一聯於後，使後人知悉。其聯云：『此日昧天良，財重義輕欺寡嫂；他年歸地府，藏羞掩耻見親兄。』夫弟懷恨，大播穢言於外。晼雲聞之憤極，不甘默默，遂於廳屏門上粉書一聯云：『守節撫孤，一片苦衷天地鑒；欺兄滅嫂，兩心同惡鬼神知。』此聯一寫，房族齊來攻擊，衆口言差，語多譏刺。晼雲從容對族人曰：『伊將我如此污衊，族中許多尊長但知倚强抑我，不能面斥匪言，可知物不平即鳴，所以寫出明明心迹。我亦曉得凡爲女人，「節」之一字至死方全，今我年未三十，豈能自保？現在自問清白，豈甘受此污言？寫此一聯，心無所愧。適或言行不符，其字不洗自落，如若言行無違，其字長在身後，縱被人洗去，其字迹總不能滅，真假借此而明，此時無煩饒舌。』言訖歸房，衆皆散去。

壬寅季春，夫弟回家娶媳，挽托堂中伯叔轉懇晼雲之父，再三勸諭，托言母疾，接女歸寧，囑伯叔輩即行洗去。後晼雲回家，乃翁諭云：『對句父叫洗去，女回家不得再有他説，如有多言，傷父面情，非知理人也。』晼雲歸視，字雖洗去，字迹宛然，私心自慰，其節真可證矣。宜其癸亥遇賊不屈，身受賊刃十七傷而不死，節動天鑒，良不誣也。同治九年秋，余與畹雲之表妹丈葉君悦三滬城邑廟茶叙，偶談及此，心佩畹雲之節操，遂求其《綉餘吟稿》并寫聯原由。逾年得讀種種，即謹書之，以永其傳。

今畹雲年已六十有一矣，子故孫存，長名玉鈐，次名玉坤，俱已成立。噫，似溪香火綿綿，皆賴畹雲節操之功。若畹雲者，豈不浩浩落落巾幗中一大丈夫哉！余敬之重之，并采其詩賦而録之，俾後人讀其詩，欽其節，庶不負其守志撫孤一片苦衷也已。

觀燕

出入珠簾玉有聲，舞風雙剪自輕盈。看他畫棟呢喃處，似與東君訴別情。

病起

强支病骨叠雲箋，弱不勝衣倍可憐。藥有君臣延歲月，錢無子母度流年。詩懷零落渾非昔，棋癖清疏豈似前。伉儷殷勤情最重，爲儂憔悴不成眠。

咏女貞花

清如霜雪净如銀，不與凡花鬥色新。開向疏園供冷落，輸他九十艷陽春。
寶馬香車繞隊行，十家簫管九家笙。繁華易去春光老，李謝桃飛見女貞。
孤高不改歲寒心，傲骨何愁風露侵。莫謂開時無伴侣，曲欄深處有知音。

悼亡

天嫉英才迅速催，返魂無術可追回。冥王亦重温和客，案側留君作侍陪。
盟言猶在忍相忘，弃妾空閨情倍傷。恨煞斷腸君不覺，追隨何路更茫茫。
修文無地可追求，知在瓊樓與玉樓。願撫遺孤成立後，白雲深處伴君游。

咏白菊

爲愛秋來陶令花，天然皎潔絶纖瑕。不因露冷移真性，豈畏霜寒换物華。静浸幽香迷淡月，净摇疏影傲流霞。孤標千古高賢賞，梅竹同盟非浪誇。

對菊

何處移來種，亭亭迴絶塵。嗟予寒徹骨，敬爾不迎春。籬下宜高士，霜中見澹人。莫愁無賞識，静裏現天真。

落花賦　以『花落一溪春水香』爲韵

若夫春裁錦綉，春剪繁華，暖春麗日，芳草紅霞。韶華堪羡，美景堪誇。花牽舞袖仙衣，柳絆雕鞍寶驊。滿境如雲，款款蜻蜓入院；一庭似錦，飄飄粉蝶穿花。及夫春光之將暮也，爾乃序近清和，時將浴佛，柳綿拖金，花光映日。書館怡情，佳文盈帙，閨閣何如，妄思弄筆。雖多惜艷深心，恨少回春妙術。

雕欄小立，静聽鳥語喃喃；畫閣閑凭，細數花英一一。老盡東風，啼殘蜀鵑。纔看草徑紅稠，瞥見枝頭緑裊。豈造化之無情，亦盈虚之有格。烟迷碧樹，誰憐青帝辭權；水送飛英，應嘆春皇飄泊。愁聞鶯啼燕怨，緑慘紅凄；忍看雨後風前，香消花落。邇其繞欄聚散，逐水東西，常愁鳥踏，預恐鶯棲。悵蝶蜂兮有恨，感風雨而無稽。流出清渠，誤認桃源仙液；瀉來碧澗，依稀塢市花溪。當時積翠臺邊，傷春作賦；此日埋香冢畔，掃石留題。

時有尋芳醉客，拾翠佳人，蘭橈桂楫，紫陌紅塵，目斷桃花渡，心傷楊柳津。風催淺色鋪芳徑，雨壓餘香綴錦茵。金谷園中，程曉曾來避暑；河陽縣裏，潘安若其憐春。則有雅士敲詩，懶翁凭几，曉露初分，午風乍起。雲迴碧幄，一年花事闌焉；雨打晶簾，九十春光去矣。可憐燦若明霞，忍使香隨流水。於是依依飛舞，冉冉飄揚。塵鋪錦綉，水瀉文章。杯酒攀留，恨煞榆錢難買；箋詩送别，笑他花筆無芳。際兹時，祖餞離亭，偏多别泪；訂來歲，迎春小院，再賞穠香。

稻佛

山左榮成縣澤上村于慶湘業儒未就，稍知地理。秋稼登場，偶拾一稻管觀之，得一粒米形如佛像，衣履俱全，胸乳突出，寶藏於家已十數載。

辛未三月初六日，余來吴門，下榻於竹虚刺史安得廣厦。詩畫餘閑，與于十三貢之鹺尹坐談，述及此事，蓋親見者，特爲記之。

昔聞先大夫説都中見一米佛，惜未記其收藏之家，因并記以俟考證。

文石

山東文登縣有花斑石，俗名文石灘，即東坡所謂文登石也。縣之東有緑豆島王某，少業儒，屢試不得一衿。家有薄田，可耕可讀。性愛石，所得山水人物、花草蟲魚，種種奇异，不可枚舉。最寶貴者，有成山圖一塊，徑圓三寸許，質白如玉，光輝炫目，中有峰巒寺宇，逼肖成山。背面有朱文『天盡頭』三字，草書精妙，真奇珍也。王某寶藏，秘不視人。

咸豐九年冬，于意堂同鄉友尋石於海灘三日，共得文石萬餘塊。歸途遇王老邀至其家，款留數日，遍閲所取文石，僅檢出二十餘枚可以賞玩。中有踏雪尋梅一石，堪爲上珍，此石現爲意堂堂兄希姚所據，餘皆尋常花蝶雲樹之類，無足重輕。王老曰：『諸君所取之石，除踏雪尋梅外，皆凡品耳。小老愛石數十年，頗有可觀，盡數持贈。惟成山

圖一枚，留爲鎮家之寶。』同游諸子虔請一觀，以增眼福，既承厚賜，斷不敢豪奪巧偷也。王老笑曰：『琴遇賞音，何吝一奏。』

三日後，邀坐緑豆島頂，遠看成山，懷出斯石，按圖指證，絲毫無异。同觀駭目，嘆賞歡呼，名實相符，洵爲希世之寶。惟『天盡頭』三字本係李斯篆書，今則變爲草字。王老收石於懷，同人拜別而去。

夢丹療疾

文登縣大水泊于十一昌述之妻林氏，於同治元年夏秋之間，忽染霍亂，甚危。夜夢老嫗授丹一丸，云服之即愈。林受丸不敢服，老嫗微笑而去。驚寤後，索丹丸，果在枕畔。開水調之，异香滿室。林服之，疾立愈。授丹者佛耶？仙耶？抑野狐耶？則余不得而知矣。

于十三云。

泰山廟神女

文登于意堂原配王氏伯淑，識文義，喜彈琴。年十九歸于，二十三歲懷娠，患肝厥險証，僕婦急將冷水向檐端一潑，大聲呼名，病者醒，問故，曰：『適見一大黑人以巨手掩余口，遂昏厥。冷水一潑，黑人便退，故得活。』自此見有三女童奉侍左右，無片刻離。家人倩女巫視之，巫曰：『前身是泰山廟中神女，紮紙人爲替身焚之，病可愈。』依其說，病果愈。分娩得男。

至七月復病，又見三女童來侍，一執琵琶[一]，一執花朵，一執麈尾，謂王夫人曰『宜早歸真，勿貪塵世』等語。七月十七日，呼夫坐床，細談衷曲。天明囑夫速焚紙轎、紙馬，喚兒一見，微笑而逝。越年，意堂攜兒到揚州胞兄竹虛任所，名之曰江孫，續娶范氏谷逸，撫如己出。

逢王夫人忌日，設筵堂前，忽一僕婦仆地，口中胡言，問其姓氏，云是于六甌之妾

〔一〕琶，原誤作『琵』。

孫，從王夫人自家鄉來探望。問王何在，曰：『在祖先座側。』後數月，于書雲參軍從山左過揚州，聞之曰：『奇哉！我在家中，七月十八日亦有僕婦顛仆，詢之，即曰我王伯淑也，適同孫姑到揚探望，承夫不弃，盛設祭筵，今返家庭，難謀一酌，忘余忌日，故托嫗言，并道江兒無恙，范妹賢能，可喜可慰。言畢寂然。』

十三述其事如此，書之以表神靈之不昧云。

王孝廉作城隍

山東福山縣孝廉王大軺，會試歿於都門，同人以七品服殮，其家未之知也。一日，妻與子方聚食，有纓帽布靴一人來問：『此王老爺住宅否？』未及應，孝廉入，蟒袍補服，直至書房，坐平日讀書處。妻子以其官也，笑問之，不應亦不語。方駭怪，都中訃音至，并將衣物及詩文包裹寄回。家中人急返問，遍覓不見，先來之人亦不知所之。未數日，黄縣城隍廟祝來告曰：『孝廉已到任，夢中屬問各物有無錯訛，仍有字帖一本存同鄉某人處。』後訊之果然。

聞孝廉人本樸誠，事親極孝，宜乎其歿而爲神也。

于竹虛守揚州

同治元年，于竹虛時令甘泉，斷大獄，獲巨盜，民賴以安。三月初，九袱洲髮逆傾巢出撲揚城，十門皆閉。竹虛短衣佩刀，持傘立雨中督修城垛。方賊信急，城中以三次失守，居人皆遷徙，及門不得出。蓋都將軍興阿駐兵五臺山，恐遷徙者衆，無以固兵心，又防奸細混入城，禁民出入甚嚴。于官言於府曰：『賊至守城，官之責也，且獨不計日久食匱乎？宜勿禁。惟米糧布匹油燭，足資守城用者不得携帶，餘聽其便。』府尊以爲然，民始得出。

於是朱太守炘守南門，江都令陳恭溥守東門，將軍派王參將希常率勇協防。竹虛日夜登陴，周流巡查。十七日與王參將立西門，飛炮墜其帽，竹虛手然大炮，賊披靡，將軍揮兵追剿，殺賊無算，退去二十餘里。

竹虛在城得疝症，勢甚殆，兵民省問者踵相接。次日，痛稍止，賊又至，力疾登城守三晝夜。賊不得逞，旋退至新集，離城已三十餘里。次年竹虛去任，揚之人籲留未准。後署六合，卸事時渡江請留者數千人，其行也，合邑之民携老扶幼送至江口，争以錢投船中，悉却不受。噫，亦可謂榮矣！

至其查獲僞補王莫仕葵，則有公牘在。

吴三元

婺源吴三元明經，董村人，經營起家，積有萬金，好施捨。晚知其子不肖，集鄉黨父老，而輸其家於衆爲善堂，止留薄田數畝以爲其子衣食計。且告父老曰：『吾子愚，吾殁必不能自存，如公等憐念，日給米一升，免其行乞足矣。』

三元爲人好漁色，多隱過，人皆不知。去董村五里有寺曰太白寺，鄉人奉設閻羅王神頗靈。一夜有乞人宿於廡下，三鼓後見殿上燈火滿堂，有戴冕旒、黑面如王者南向坐，又有戴高頂、衣紫袍白鬚人自外入，跪拜畢，款接甚歡。既而聞屏後大呼曰：『適已較過，吴三元功不準過！』黑面王勃然變色，白鬚人脱去冠袍，跪伏地下。乞人知其爲吴三元也，不覺失聲，殿上遂杳，寂無人踪。明日乞人乞食於董村，將造三元家而告之，至其門，聞哭聲，問之，則三元已於前夜半時死矣。後其子蕩游無以自立，鄉人給之以終。

豐聲殉難

豐聲，婺源諸生，能文章，有氣節，然性迂拙，時下少年多鄙之。咸豐末年，設帳於家，一日聞警報，心憤甚，曰：『賊如此猖獗，恨不得尺寸柄以圖剪滅，奈何！』既而勸鄉人團練，曰：『吾輩數百年食毛踐土，不思報效萬一耶？』鄉人不從。將獻策於當道，途遇賊不屈，曰：『雖無官，然亦嘗受朝廷衣衿，豈肯從爾，速殺我，勿多言！』賊殺之，聲色加厲，至死色不變如生。

程某

程某，吾鄉人，其名號已忘之。爲人篤實，少讀書，屢試未遇。年六十三，忽病死三日矣，而身體尚温。其子壽祺爲名諸生，性甚孝，哭守之，不忍殮。夜半聞呼聲，啓衾視之，則歡若生平，曰：『汝勿憂，余今不死。余見閻君，言余少時嘗燒蜂窠，害命不少，故遭此厄。今稽簿籍，言余嘗勸程世傑建立義倉，功大過小，壽加十年。』從此精力愈健，其子就職山東，解組後，某乃卒，年七十有三。

雨花臺寶石

金陵楊長年字樸庵孝廉，亂後游雨花臺，拾得一石，圓如小盆，色白帶黄，石質透明，外無文彩。隔燈視之，中現孔子像，旁有篆體『孔』字一個，左現老子像，右現觀音大士像，儒釋道三教尊顔，儼然在目。有緣者視之，則見寶相，無緣者視之，不見寶相。膠西冷湘坪與楊爲忘年交，親見此石，燈光下屢見三聖尊顔，肅然起敬。

辛未六月初十日，余與湘坪閑談於吴門安得廣厦，口述此石之奇如此。

錢販索命

金陵有吴姓之子，年十七八，忽發狂疾，説話變外鄉口音云：『俺前生販小錢爲業，路過某處，遇汝打悶棍而斃，取俺錢若干千文。今汝投生在此，俺尚爲鬼，今尋着汝，斷不甘休，隨俺至陰曹理論去。』吴昏迷不醒，家人百計排解不開，不數日遂卒。

辛未六月初九日，湯在田口述。

越控受責

烏程縣皮匠某夢見城隍差役來唤去，説皮匠某尿湔城隍衣角，應受重責。醒來痛楚難當，大發寒熱，卧床不起，舉家斷炊。某生員知此事，大不平，爲作禀單告烏程縣城隍於湖州府城隍案下，以雪其冤。

是夜，某生員夢府城隍差役來唤去，到案前見冥官在上，問某鞫實。旋唤烏程縣城隍到堂，身穿皂色袍，問答言低，聽不分曉。又唤破衣如乞人者到堂，云是縣城隍轎夫，祇因晝臥墻根，尿桶在側，皮匠小便誤湔其衣。轎夫狐假虎威，背地作祟，縣城隍醉夢顛倒，何由得知。轎夫到堂，呶呶不休，不知何供，旋聞呵出。府太尊神諭生員曰：『轎夫有罪，已罰重責，汝亦有越控之罪，罰受陽官烏程巡檢司重責三十板。』

夢覺，留心絶迹不到巡檢司地界，恐受責也。一日有事到烏程縣城外，適逢巡檢司由府回來，生員冲道，官怒，命責之，生員曰：『汝官何職，浪責我耶？』差役道是烏程巡政廳，生員大悟：『該責該責！』伏地甘受三十板，大笑而去。始知陰冥之斷不爽矣。

毛淩霄云。

劉學政

興化劉融齋先生名熙載，由翰林上書房行走，出放廣東學政，引疾歸里，爲經師授徒，年得館脩百金。安貧樂道，手著雜論、詩詞曲、制義，删存若干卷，名《昨非集》，又有《藝概》數卷，不出示人。

同治丁卯，主講上海龍門書院，余亦是年十月爲應敏齋方伯刊校陳同甫《龍川文集》并《蔣劍人文集》，館於滬上也是園。冬十一月，融齋過訪湛華堂，一見如故，意氣相投。見余所述《見聞隨筆》一書，携之而去，半月後微雪灑空，獨自還書而來，謂此書有關世道人心，可傳之作，速刊爲要云云。從此或一月一見，或數月一見，或一月數見。觀其爲人，奉至聖『温良恭儉讓』五字爲嚴師，余敬之重之，常以畏友事之。

一夜，忽夢與融齋談論古之賢者胸次間常有一段光明磊落氣象，真不可及。融齋聞言大悦曰：『誠哉！士人胸次不可一日無此氣象也。』曾爲余作擘窠書『光明磊落之居』六字，高縣寓齋以作座銘。又集邵康節先生詩『樂天爲事業，養志是生涯』二語，書聯見贈。又到余小齋索紙，提大筆書『容膝易安』四字而去。

余年六十有四，陶嘯峰寫余小象，沈旭庭補還山圖贈余。融齋見此圖，欣然題《唐多令》一闋云：『壯志稱蓬弧。先生計不疏。快遨游，漫道飢驅。底事欲携仙眷屬。尋舊隱，賦歸與。　天地是蘧廬。田園未覺蕪。且陶然，客裏琴書。飽看吴山情亦得，便歸去，待何如。』

丁卯十二月二十一日，融翁過訪也是園，作詩奉贈云：『山林鐘鼎雲泥隔，歲暮何期遇海隅。我喜實心行實事，君辭名宦作名儒。英才争立程門雪，明月來從甓社湖。黄山谷詩：『甓社湖中有明月。』時際升平慶同樂，歌聞擊壤笑掀鬚。余作《平匪頌》就正有道。』

余流寓滬上，閉門却掃，融翁時時相過，慰余寂寥。庚午秋，用《滿江紅》調作詞一闋贈融翁云：『老客天涯，喜良友時時觀我。頓唤起懶殘成癖，北窗高卧。祇愛海天明月好，渾忘老屋秋風破。怪長虹一道出檐前，高軒過。　齋十笏，淹留坐。霏玉屑，清言吐。聽陽春白雪，曲高難和。抛弃高官如敝屣，潛修天爵尊王佐。算龍門，講學得先生，真堪賀。』融翁見而笑曰：『何以克當。』

辛未六月下浣，余游吴門返滬，走問起居，適逢融翁示疾，商配良方，議刊舊著，坐談片刻，氣鬱不舒，有呻吟聲，余即告退。握管書之，以志欽佩。

江伊人

嘉定江伊人名湄，隱於市廛，性静情逸，年逾花甲，神氣如仙。著《秋水軒詩鈔》若干卷，索余序言，弁諸簡首。工分書、篆刻，繪海天吟嘯圖以自娱，余題《滿江紅》

一闋云：『海碧天青，快吟美良宵風月。且任爾取之無禁，用之無竭。秋蝶翩翩尋舊夢，隙駒迅速驚飄瞥。處茆廬，抱膝事長吟，人中傑。　才不盡，頭盈雪。身蚤隱，中常熱。對蜃樓海市，唾壺敲缺。虎嘯龍吟何意態，名繮利鎖都抛撇。幸天涯海角遇斯人，余心悦。』

伊人屬余轉求劉融齋先生題圖，融翁曾於小齋遇見伊人一面，謂伊人風儀清尚，知非常人，故肯題詩二絶句云：『曾説蒹葭秋水詩，但今洄溯寄相思。縱然音許聞金玉，衹有高人共賞之。』『興似迴風吹紫瀾，詩人具此曠懷難。始知當日成連曲，不爲塵中漫一彈。』融翁詩詞素不易作，非其人不可得也。若伊人者，真吾友也。天涯得朋，喜可知矣。

毛對山

上海毛對山鹺尹名祥麟，性恬退，不樂仕進，閉户著書。一曰《史乘探珠》二十四卷，二曰《醫書侍親一得》十二卷，三曰《三略類編》，紀海疆、會匪、粵寇事，十二卷。其他編次未定，若《詩畫閑評》《養性格言》《亦可居吟草》《又可詩話》。《對山書屋墨餘録》一十六卷，業已刊行。工六法，深得文待詔筆意。與余爲文字交二十餘年，如同一日。曾爲余繪金石龕、碧梧翠竹山房、壽鼎齋、雲起樓、寶褉室諸圖，各題一詩。亂後丁卯，余寓滬上顧家巷，對山亦僦舍住南門，相去不過數十步，暇即枉過，談論古今。回憶亂前相叙游宴之樂，恍如隔世，不勝感慨係之矣。曾題余還山圖七古一章，已著還山圖一則於《墨餘録》中，情致纏綿，令人心感。志同道合，交到白頭，殆是前緣，不易多得。『中心藏之，何日忘之。』詩人之言，良不誣也。

侯梅衫

上海侯梅衫老茂才名敞，浦西褚朱鎮人也。有宅有田，耕讀爲業，授經爲事。少多智慧，舉業外，凡九流之書無所不覽；書畫琴棋、吹彈歌唱、詩古文辭無藝不習。其爲人也，質樸誠篤，不尚浮華，今之隱君子也。

庚午之夏，余始識面於上海寓齋。張谷鷗秀才，梅衫之高弟也。余因谷鷗得識梅衫，亦海上之新知好友也。于竹虛刺史屬爲延師，遂薦梅衫爲西席，主賓相得，樂莫大焉。

辛未二月，余來吴門，下榻竹虛齋中，與梅衫聯床三月，詩畫逍遥，信可樂也。無心遇合，殆是前緣。三月十九日坐雨，贈古詩云：『去年同寓築耶城，論詩論畫見性情。今春同作吴門客，聽雨聽風數晨夕。兼旬雨勢來纏綿，疑是銀河落九天。要劃雲頭扶日出，手無長劍雲更黑。思量無計破愁魔，再與吟翁同唱歌。我歌爾和樂莫樂，合繪聯吟圖一幅。天晴天雨聽自然，且向北窗高枕眠。待到紅日照窗紙，輕船快剪吴淞水。』

梅衫用余贈竹虛韵作歌贈余云：『玉谿老翁年七旬，才華艷發花逢春。撑腸萬卷腸不貧，芝蘭臭味堪相親。清詞麗句追蘇辛，更著雜録資見聞。近著《見聞隨筆》。畫出怪石形嶙峋，墨痕滿紙烟雲新。文沈唐仇安足論，雍雍氣度春風温。性情恬淡心柔仁，參禪解脱除塵根。近繪艷禪圖。同來吴會榻下陳，圖書花木伴吟身。幸逢賢主留嘉賓，綺筵設宴羅羞珍。劇談今古多歡欣，與公瑾交如飲醇。是翁矍鑠饒精神，壯志中年惜未申。明朝南浦悵停雲，將往吴興訪故人。作詩送别欲何云，權當離筵酒一巡。』

莒州城隍

周蕙圃，天津人，道光間爲山東莒州牧，多惠政，輿情浹洽，婦稚無不深知。後病歿，邑人思其德政，街談巷議往往流涕。一女僕，本州人，病甚篤，忽笑曰：『周官又爲本地城隍矣，仍去服役，可謂生死得所。』家人哭挽之，謂：『周慈父母，何不叩求，以延年壽？』女僕曰：『得此好主人，何樂生爲？』遂瞑目。於是燒香禮拜者絡繹不絕，邑廟爲之一新。

時州佐爲周潤圃，委員吴小琢，皆與周公善，因共議曰：『人言雖不可信，然公之感人，概可知矣〔二〕，何不拈香共禱？果其然也，當示第一籤以慰仰慕。』次晨赴廟行禮，萬目觀瞻。胡公先搖筒，一籤飛出，衆視之，第一也。周潤圃繼之，亦得第一籤。歡呼之聲震動廟庭，若公之重來者，至今香火日盛。莒之民有所控，控於廟，有所訴，訴於廟，神亦潛移默化，詞訟之風日戢。

〔二〕概，原誤作『慨』。

卷二十

婺源　齊學裘　子治

渡海尋夫

壽光王媪，嫁年餘，生一子。次年山東饑，其夫弃妻子，覓食至遼東。媪貞潔自持，紡績度日十餘年。歲又饑，鄉人有赴遼者，乞食相隨，將以尋所天也。渡海後，沙漠漫漫，草深没頂。媪携子隨衆行，夜伏深草中，鵰鳴狼嘷，冰山雪海，不知其歷幾許程途也。偶一夜，沙飛石走，遥見紅燈二，冉冉而來，逼視之，虎也。衆驚戰，媪向持觀音咒，口誦不輟，虎遂去。次夜又見之，其光微緑，衆愈懼，媪誦咒不已。聞陰黑中啾啾語曰：『爾婦來尋汝矣。』一燈遠竄去，一燈墮地滅，媪大痛。天明衆哀之，令指燈落處，掘地五尺許，見白骨一具，媪嚙子指，滴血輒入，因囊歸。其子近長成，耕種養母，聞極孝謹云。

昭忠祠

儀徵張大令積功，能吏也。任歷城時，大府器其才，欲擢濟寧牧，張力辭。問其故，張告曰：『少時夢乘舟中流，見河干兩城對峙，意是濟寧州，將艤舟，見其故父立城頭，搖手止之，指對面一城令入。及抵岸，視之，額曰「昭忠祠」。大驚而醒。今母年七十餘，是以未敢聞命。』至次年，臨清州缺員，引擢之，張以爲西北方無事可以奉母安居，乃到任未一月，林鳳翔北犯突破臨清城，張死之，闔家殉難。

方太翁示夢時，早知必歿王事，故不令入濟寧城，而張亦未悟，不知昭忠祠即臨清也。事固前定久矣，况忠義乎！

石卵

杭州嚴昭仁字伯明，丁卯六月，館於濟寧州署。間游河上，見土圍工人得石卵，如栲栳大，光潤堅緻。搖之，中有水聲，因劚破，一水清盈中有金魚二，其一受傷死，其一活。百錢買歸，添水養瓷盎中。至冬月，伯明偶他出，及回館，雪夜盎凍裂，魚亦斃。適孫松坪殿撰故，溯計梧江殿撰殁於六月，亦前魚受傷時也。

學官被焚

同治己巳三月，浙江秀水學官某被焚死。縣令臧可園相驗，尸骨成灰燼，門窗床帳俱無恙，惟被裹及棉燒毀無存，襯褥衹卧處焦爛，四外亦未動。兩手在被外，皮肉未全毁。因訊其家人，據供學官以爲子娶婦，製新衣靴帽數事，存床前竹箱中，又銀及洋錢各若干納其内。有人以爆竹爲賀者，亦塞衣物之下。是日收拾畢，親手關門，獨卧至三更，室外聞爆竹聲，因起視，烟氣充塞，呼之不應，聳身自窗入，爇火照之，惟見竹箱已開，官死床上。

臧檢點銀物，一無失落，惟爆竹半着半滅，若然而未盡者。周視房内什物，亦如舊。床後有皮箱二，迎面皆焦黑，餘悉無燒痕。心异之，面禀上司，令其家棺殮歸葬。而同人議論，有謂爲孽火者，有謂爲欲火者，亦有謂此君吸鴉片烟癮極大，精血内乾，烟火引動真火，由内爍外，延及被褥，以致殞命。然竹箱何以開，爆竹何以然，皮箱在床後又何以燻黑，則不可解矣。

王仁庵

吾婿王仁庵名端麟，直隸人也。候補鹽知事，需次揚州。性静情逸，能詩善醫。其先人宦游江南，遂家於揚城，有巨富名，連遭兵燹，家業蕭條。仁庵胸懷曠達，儒雅依然。

弱冠時夢有役人請至一大衙門，門上有『糾察司』三字，登堂居中而坐，役呈案簿點名審究。左有銅柱十二根，外以綉龍黄緞袋之，十二柱上分寫十二時辰以别之。右有大銅鏡一面，亦有綉龍黄緞袋。此銅鏡曾用過一次，因鬼婦不肯承認實情，開鏡照鬼婦，真情現出，罪無所逃，案遂結。銅柱十二根，未曾用過，不知何用。

同治八年己巳，余客揚州花園巷書局，閑與仁庵清談，因問其爲陰曹事，仁庵不敢瞞，遂細述之，并録糾察司匾聯文一紙與我，當時什襲藏之，今失所在。仁庵云：『生年四十，便要歸位。』誰知越一年庚午九月十一日，仁庵去世，年三十八歲。臨終時曰：『陽壽尚有二年，祇因漏泄陰間消息，聯文録出，不准久留人世。』談笑而逝。子一，繩祖，三歲；女二，長十二歲，次九歲。仁庵墓在揚州西門外二道山。

辛未七月十一日，余寓居滬城顧家巷，年届古稀，偶思仁庵半生困頓，不得志於人間，一旦仙逝，竟爲陰曹癉彰善惡，任意施爲，其樂可知，其榮可想。比在世聽鼓應官，驅塵容，走俗狀，其高下爲何如哉！故特爲書之，以慰吾女，并録其和方子箴都轉《老少年》四律詩云：『秋深風景總銷魂，野趣偏宜薜荔門。紅粉多情添逸致，青衫何處没啼痕。牽牛舞蝶成三絶，流水棲雅自一村。此即返生香一瓣，鷄皮鶴髮且休論。』『也同彭澤傲風霜，點綴居然到野塘。纖綺自宜仙子室，裁衣應入女兒箱。群花對此皆輸艷，衆卉逢君合讓王。偏是山家多逸致，秋來籬落錦成坊。』『燦爛階除鬥錦衣，珊珊疑是復疑非。憤耽逸趣知音少，懶近繁華識者稀。良夜三更蟲作語，瑶琴一曲雁初飛。對他快把金樽倒，行樂銷愁兩莫違。』『疏星丸月境堪憐，小立亭亭不帶烟。弱質自含情縷縷，幽思偏覺恨綿綿。種來北地傳千載，盼到西風又一年。惟有奇葩終草野，教人惆悵曲欄邊。』又和方篠圃封翁《三世入泮志喜》一律，詩云：『德門積慶總咸休，况又才名重帝州。臣里芹香三葉采，君山黛色四時周。論文自合推高手，對策還應許狀頭。預祝來年同折桂，壽星纏次耀牽牛。』

仁庵詩才頗佳，少作詩稿多半散失，僅存五章，可知其概。平素喜看醫書，深通醫理，祇疏懶性成，不肯行醫濟世。問之即曰：『藝恐不精，恐傷人命耳。』以仁存心，於此可見。

狐鬥

濰縣周東野嬖一狐，飲食與俱，起居與共，若大婦焉。一家之中，事姑嫜，和妯娌，撫子女，上下無間言。偶有缺乏，時以金帛粟穀周給之，不知所從來。人多稱道之，謂之胡大姊云。一日，謂周曰：『將有事於泰山，十日可返，其堅持妄念，勿爲外邪所擾。』至旬日不至，頗涉冥想。夜間狐來，聲音笑貌無异平時，輒與合，覺有异。周大噪，狐亦抗不相下，持梃與角，狐不勝，且駡且走。周憊甚，卧不能起，而抛磚擲瓦，家室爲之不安。浸假而糞落於釜矣，浸假而火發於床矣，如是者三晝夜。

大姊倏然至，一入門曰：『奉差至青城山，耽延三日，果有野狐肆鬧，幸同伴數輩來，當與拼命。』因結束赴敵，狐亦嚴陣以待。兵刃交接，血肉橫飛，周氏家皆伏不敢出。至天明，胡大姊見周曰：『此物甚狡獪，殺之不易，已引入南山中，幽閉之矣。然君受病不淺，當采藥醫治之，四十九日方得復元。』自此胡大姊或出或處，朝夕按摩，并令周學呼吸術，至月餘漸健壯，欲與之接，大姊曰：『此事損精神，耗血氣，即正道亦不可常，况外遇乎？君福薄，無食肉相，然自此保養，可延歲年。如再鑿喪，我不汝害，汝必自害之。我將行矣，俟子充壯後，遁迹深山，不敢效野狐禪，貽人笑駡也。』周聞之，汗流被體，霍然病愈，而大姊亦漸疏遠，不數月杳然不知所之。周覺筋骨强壯，鬚髮亦光澤逾舊。

當室中格鬥時，三五里内，遥望周宅火光徹夜，有奔赴者，至其門寂然。

心醫

儀徵尼慧安年三十許，極端重，善醫小兒疾，以術行江淮間，不取財，不識字，藥性亦不甚了了，而施治輒有效，人多延致之。或問其故，尼嘆曰：『我非行醫也，少年出嫁時，夫習醫，生一子多病，每以少藥調治之，即愈。兒三歲，夫故，上事衰姑，下撫幼子，凡飲食寒暖，以心相體貼。姑亡，則專心於子矣。十年來，問燥濕，察饑飽，頗能窺小兒隱。至子以痘殤，孑然一身，姑與夫又未得葬地，不可以死，因捨宅爲寺，削髮自修。有小兒來游者，視所患告其家人，或消導，或發表，不三數日即痊。蓋以心爲醫，較藥餌似有靈耳。』

縊魄

順天劉漢城有一環，非石非木非骨非角，其色黝黑，擊以斧，不能碎，擲地亦無聲。漢城云得之都中小市上，用錢千，入火不爇，入水不渝，曾親試者。

聞之友人云：『投之犬，犬必驚；投之馬，馬必逸。須以皮囊韜藏之，可以驅邪祟，禦凶暴，隨身佩服已三十年。』或縊之魄歟？

相術

揚州相士滕海峰因母老不能遠出，設肆東關街，未甚知名。適前荆溪令梁研溪、前句容令于濱來及畢小亭、張新溪兩參軍，梁某、于芝厓兩丞簿游平山堂回，入肆小坐〔二〕，請遍相之。時梁心芳選拔年最少，瘦削如不勝衣，隨之行。海峰觀氣色，談部位，各言官爵，無大差謬，指末座曰：『此何人？』梁研溪曰：『舍弟將赴舉，相其能中否？』海峰曰：『今日幸會，諸公皆道府廳縣，惟此君貴顯逾倫輩。十五年後入詞林，出爲督撫，諸公皆叨其惠。芝厓公位在四品，財運獨豐，至時當專謁索相金也。』梁某問曰：『我何如？』海峰曰：『亦官也，特卑甚。幸有好弟兄，可庇蔭。』

後心芳公以庚辰翰林，由浙臬撫山西。其兄洊升寧池太廣道。于濱來、畢小亭、張新溪各以縣令終。于芝厓筮仕南河，由通判升知府，署淮揚道。惟梁某浮沈下僚，終儀徵巡檢司任。盡如海峰言，術亦可謂神矣。芝厓公管河揚州時，曾以二百金爲滕母壽，

〔二〕 入，原誤作『人』。

滕未受，遂延致幕中，以終其世。

老刁爺

南方多淫祠，自湯文正公奏毀後，十不存一。咸豐間，汴梁漸有三聖五聖名目，要皆鄉愚報賽，或有鬼狐假之，亦無甚靈异。獨老刁爺者，士夫家亦事之惟謹，言語觸犯，輒見災疾，必謝罪乃已。是以屋僅三楹，而門外旗竿林立，匾額對聯重叠不已，每日牲醴祭禱不絶於道。

裘劭甫大令寶鏞莅祥符，下車之始，毁淫祠千餘所，然尚未及老刁爺，已見夢道士曰：『吾將適廣東。』道士泣留之，刁爺亦泣曰：『屋宇毁盡，無可棲托。』道士問曰：『何日回？』刁爺曰：『裘大老爺在，終無歸期，將於彼地結善緣，不思此矣。』不數日，刁祠亦被毁，平日之赫濯聲靈，竟亦寂然無聞。不知到廣東後，猶能禍福人否。

郜王氏

科爾沁多羅親王僧豐功偉烈，載在史册。山東、河南各直省，凡有血氣，無不尊親之。其在鹿邑，攻破金家樓，獲妖婦郜王氏，訊明之後，凌遲處死。乃剖腹之時，刀不能入，胸中若有物拒之者。王怒，令以穢物塗之，仍堅不受刃。王因祭刀，鈐印刀口[一]，親視行刑，劃然開解，心包之内裹，一小人長三寸許，鬚眉髮膚畢具男形，號令合營，令以石灰醃之。凡有參謁者，每出以示，殆所謂嫫母嬰兒也。

夫郜王氏一妖婦耳，養到功深，胎元已結，乃因邪教惑人，致取覆族之禍。此非道術害人也，惜乎趨之不正！

諸生爲閻羅 附一則

日照諸生丁效成年四十餘，在外家課讀，村東有天齊廟，爲赴學必經之路，久頹敗

〔一〕 鈐，原誤作『鈴』。

矣。一日，在館午睡，見有二青衣持柬來請，問何事，詞殊恍惚。隨之行，至天齊廟，二青衣忽不見，仰視殿宇巍峨，迥非曩時氣象。入門見陳設煥然，儀仗整肅，寂無人。正徘徊間，其亡父從外來曰：『爾在此乎？當速歸！於某月日來此爲閻羅王。』方欲再問，其父執其手，一掉而醒。

情事歷歷在目，入白其舅，并辭館。舅以語涉誕妄，不令辭。伊決意歸，至家，見母大哭，兼告以故，母亦將信將疑。遂自檢點田産，清理債務，日皇皇若不及，且促其子爲備衣被，復遍辭親友。有駭怪者，有非笑者，獨其至契某某共嗟异曰：『某癲耶？何忽改常若是。』相約及期携酒肴造門鬧之，冀破其惑，曰：『與其餞與死後，何若先餞之，猶盡一日之歡也。』遂歌呼叫號，喧鬧不已。丁獨不語不食，意甚慘沮。問何時去，答以鷄鳴。日未暮，乃掩門然燈，令具衣冠，卧床以俟。此時或哭之，或拜之，且有學鷄鳴以促之行者。丁厭極，轉身向裏卧，久之無聲，猶謂其詐也。逼視，早溘然矣。

先是，丁族有無賴子在諸誠東南鄉趕戲會，倚樹假寐，忽來二人招之行，至一村，見婦人抱小兒，指曰：『是可詐錢若干。』取小錘令擊之，無賴子不肯，强之，且言無妨。乃躡足前往一擊，婦若無聞見，而小兒已狂叫不止。婦去，旋有燒黄紙門外者，化成錢，凡數處皆然。二人分錢，不與無賴子，謂渠無須此。正爭論間，有數皂役來，盡縛以行。

至一衙署甚宏廠，忽傳某大人至，見有肩輿而來者，紅頂花翎，儀從甚赫。日出一藍頂官降階相迎，升堂分東西坐，茶罷，藍頂者曰：『某城失陷，喪數萬生靈，大人提重兵，爲何不援？』曰：『無兵符，不敢擅動。』藍頂者又曰：『某工次爾私銀若干，某賑務爾吞銀若干，豈皆有兵符乎？何擅動也。』紅頂者起，不勝股栗。藍頂者拍案大呼，其身忽縮小，旋來數人，摘其冠，褫其衣，縛之而下。

又聞傳呼：『將某案所獲三人帶上！』無賴子甚戰懼，旁有人曰：『爾無慮，所謂朝裏有人好做官也。』至堂上，先訊無賴子，遂直陳其事，曰：『此案爾情有可宥，但素行不端，宜薄責示懲。』令責三十，押送回。醒獨在樹下，而兩臀紅腫矣。歸與族人言之，并述藍頂者之貌，有識之者，云即諸生丁效成也。

又丁效成之祖名燃，少爲知名士，長益礪名節，士林咸推重之。六旬後染疾漸篤，卧床上，不言語，絶飲食，已數日矣。家人環守之，所以未即含斂者，以心頭尚微温耳。一日，忽張目曰：『扶吾起。』家人共駭异，爲之披衣扶起，倚枕而坐曰：『吾病愈矣。

適夢至一處，殿閣壯麗，類王者居。有人引至堂上，見南面坐者氣象偉然，問曰：「爾丁某乎？」應之。王者命查其壽數，旁有一吏持簿翻視久呈，王又命查其功德簿。王閲之，霽色曰：「爾壽本已終，因爾待丁良玉始終無二心，可增壽一紀。」遂命送回。』從此其病若失，又活十二年方卒。蓋丁良玉者，係先生緦服侄，雙親早亡，又極貧。先生撫如己子，自少以至成立，爲之娶妻。生子名鴻藻，十六歲應童子試，以府案首入庠。先生猶及見之。

納妓免難

濟南妓淑林，色藝平平，酷嗜鴉片烟，以是門前冷落，無甚知己。長山袁翰卿獨昵之，淑林亦傾心結識，若將終身焉。而翰卿太夫人治家嚴，未敢請，謀之婦，亦未即允，無不謂此願難償矣。忽一日，太夫人以車至，并囊金相寄，命娶以歸。同人深訝之，翰卿亦喜出望外，聯轡回里。太夫人聞之喜，舉家亦翹盼玉人也。

及入門，家人多竊笑，太夫人謂之曰：『吾非縱子納妓也，因夢神人告曰：「此方將有大難，吾家百餘口賴斯人以免。」其教戒之速除所嗜，聽嫡婦指使，吾不若責也。』翰卿唯唯，而淑林吸烟如故，家事概不聞問，於是者亦有年。

咸豐十一年，捻匪竄山東，所過焚掠，各村堡逃亡殆盡，富室大家多及於難。長山爲必由之路，烽火逼近，太夫人率舉家男婦，將赴後園井中死，而淑林拉翰卿逃。太夫人不得已，即追隨出後門，家中人連綴以行，伏後街廢圃中。賊由前街突過，哭聲與火光相映射。至次早，翰卿扶太夫人回宅，男婦百餘口陸續歸來，惟淑林以癮發死矣。

痛定而思，始悟神人語，然非太夫人積德之厚，何以見夢數年之前？則淑林爲袁氏功臣也，而所以報之者亦必有故。

蛇异

王五，窶人子，奉母獨居，饔飧或不給，賴鄰人劉大佽助之，尊之曰劉大先生。偶與劉立門外，一女郎携婢自東來，致詞曰：『日暮路遠，借宿一宵。』王躊躇，劉謂曰：『何不令伴老母宿？子避居舍下，殊兩便。』王引女郎見母，并稟白一一，王即就劉宿。

至次晨返視母，則女郎操井臼〔一〕，掃厨竈，若將久居，深訝之。以問母，母笑曰：『是寡婦，六親俱無，將認爲女，或爲老身替手足。』王以得母歡心也，亦姑安之。如是已及旬，女郎自除西間屋，糊窗泥壁，鋪陳粗備。王以不知所從來，心疑甚，而貧人忽得此，不深責。及數月，與劉竊議，劉謂曰：『何不以貧告？以探其意。』王歸言及之，女郎曰：『子好賭，每日給以三百錢，母之飲食衣服，我自任之，無多言！』又數月，母小病，王服侍之，女郎令在西屋眠，自以襆被卧母側。然燈滅後，或設想，或入夢，輒與女郎合，心陰有娶女意，終以其踪迹不明，未敢出諸口。

一日，王睡醒，見女郎坐窗下盥洗，母入曰：『兩人相處多日，當請劉大先生作保山，以定名分。』王私喜，不暇計女之究竟矣。適劉來，即以告，劉亟作成之，即於是日交拜成禮。王從此明目張膽，將老於是鄉。女德劉，時以果脯饋餉之。

〔一〕臼，原誤作『白』。

自同眠後，不令母入屋。早起，即就母問起居。王亦漸懶惰，不甚出門賭。女有時催促之，或一出，出必早歸，一入門，女即逆知贏輸數。王問之，曰：『偶中耳。』又告曰：『每日數百文，不滿意，何不多數貫，一擲得數倍，當與卿共晨夕，不復樂此矣。』女應曰：『試圖之，但恐君心貪，未必有此福。』越數日，女予錢千，謂之曰：『當赴某處賭，贏至九十千，即住手，不可貪！』王如教，携錢往，至燈後，得錢將及數，婢子忽來，將母命喚之回。王不捨，又下孤注，一擲全輸；思再擲，婢子拉歸，囊中幸尚有數百文。女迎笑曰：『如何？』王自愧，母亦誚讓，從此不復出。然燕好之餘，時虞不敵，而女殊落落，祇任其力之所及。偶與婢子戲，婢誡曰：『娘子忒精細，一舉動輒知之，何大膽乃爾！然君母老矣，亦須自慎，娘子豈常人哉？』王心懼，亦無如之何。數日不見此婢，問之，女答曰：『已驅逐使去，留之恐生事。』

王告劉，劉曰：『君與同眠起，覺有何异？』王自思壹是如常人，惟同寢時，女身或冷如冰，一轉側即温暖。有時先醒，帳中似微腥，女醒愈香烈。劉屬密察之。女次日宿母屋中，王獨眠，夢女謂曰：『婢子特多言，已置之後院草垛下。與君有緣，何忽見疑？』王記之，晨起，托言草霉爛〔一〕，須曬之。女共力合作，至草將盡，有蛇一盤，粗如臂，寸斬百餘段。王懼甚，女若不見者。

王告劉，劉亦無所措，適母招劉，女迎謂曰：『媒妁也，母命也。妾入門已年餘，有失德，聽處治，否則當作長久計。同枕有二心，何以過活？』王戰懼，母勸慰之，告劉以婦賢子不肖，非此婦，老身早就斃矣。劉大言曰：『賢則賢矣，但不能育子，女行踪多奇异，能使人無疑心乎？既有神通，當明言之，我劉大不能與人打啞謎也。』女泣曰：『先生是正人，妾本亦蛇類，初念頗不善，及見母，深憐之。又畏先生故，亟欲以修養成正果矣。今既識破，請與母約，有不利於夫者，有如婢子。至生子延嗣，聽另娶妾，特留正室以處妾身，毋所謂正名分也。先生亦聞此言矣，如不能容，請從此適。』母亟稱善，劉亦悦服。至今遂爲夫婦如初，但不知已娶妾生子否。

于綏青云女郎甚妍麗，腹笥淹博，辭鋒犀利，鄉人多見之者。曾因禱雨，受縣公拜，雨亦應之。數年後，王五忽失落，劉大遍覓不可得，女郎時哭泣，與母

〔一〕霉，原誤作『莓』。

同住，不一月母爲思子死。女郎料理喪葬，頗殫心力，送殯歸，不知所之。有樵人入山中，見樹上挂一尸，臟腑俱無，惟皮存焉。劉心疑，趨視之，王五也。其房屋至今存，無人敢踵其後矣。

范文正官銜辟狐

范小衡云咸豐八年春，謁選入都，道經泰安，寓城外全鑣店，店夥以其婦爲狐祟，求爲驅治。小衡曰：『既不知醫，又無符咒，何以爲力？』店夥固求之，時同行有其表弟曹芸九及老僕艾姓，慫恿爲治之。乃照醫書，囑以雄黄、硃砂調匀，仿説部所載，用長條紅箋，書吏部滿漢堂官官銜姓氏門條，而署款爲『宋推誠保德功臣、參知政事、資政殿學士、金紫光禄大夫、尚書户部侍郎、護軍汝南郡公、贈太師、中書令兼尚書令、追封楚國魏國公、謚文正、二十六世孫范某書』，令貼房門外，姑以戲之。次早，脂車北行，不復記憶矣。

閲半年，南旋復過泰安，仍投全鑣店。甫下車，店夥叩頭不已，言其婦依法診治，即日狐果去，至今安然；并設盛饌款待，付值不受，亦一奇也。

梅花泉

唐蕉庵司馬名翰題，性情直爽，狀若頭陀，爲官清正，多藝多才。自言道光辛卯十月，夢至一處，湖山幽秀，見一池清水，碑上横書『梅花泉』三字。臨流顧影，居然一僧，驚寤記之。後隨太夫人天竺進香，還過孤山，恍如夢中舊游之地。行至放鶴亭邊梅花泉，碑記係許玉年乃穀太史壬辰三月補書，溯夢泉時隔一年，尚未立碑，夢見泉碑，乃前碑之影也。

先大夫梅麓公前生，焦山一長老也。有詩云『三生石上再來僧』，紀前夢也。蕉庵説夢，約略相同，故特書之。

難女重圓

于蓮亭觀察居官多善政，湖北人至今稱道之。官刑曹時，尤以慈祥爲心。解組後，愛西湖山水，寄寓杭州。庚申之亂，觀察已先殁，眷屬多及難，惟一子抱孫得逃出。一女孫年十三，爲女僕張姓所拐，至次年鬻於上海娼家。始勸之，繼逼之，終則撻伐用彰，久已身無完膚。一日，娼以烙鐵示之，曰：『如不聽話，當燒此烙汝肉。』女自思爲清門女，何忽罹此，不如僞應之，拼死以告人，或猶知吾不辱門户也。因允見客，娼家喜。

適有貴客來，飾女以出，酒食雜進，笙歌聒耳。客有問女者，泣而言曰：『吾非張也，年十五矣，實亦官家女，爲奸人所騙。如有能救人者，當實以告，或代致兒家，則死亦銜感。』因袖出剪刀，以示决計。群起止之，詳問顛末，座中有陸銘九者，與于氏世好，亟輿以歸，并告縣官查拿張姓。

適觀察族侄官江蘇來謁院司，衆以告，即接回，將與論婚，展轉未能定。又二年，于氏有在京者，同席遇程賡廷，詳問觀察，并及此女，始知爲女也翁者。叙談之下，憐而敬之，同人醵金，遣子就婚，以成其志。

夫以弱女子陷入阱坎，堅苦自持，保全名節，深堪嘉尚。而臨危遇救，復使之邂逅逢夫家，殆亦觀察居官多善政，有以致之歟。

卷二十一

婺源　齊學裘　子治

車夫奇遇

車夫鍋五，山東之黃縣人，在都中拉短，從未至他省。偶遇士人，曰余姓，福山人，與論價，云將之江南。鍋以不識路未即允。余曰：『但遵大道行，我曾知之。』鍋欲回店結賬，余曰：『勿須爾，行則行耳。』

余上車，行甚速，鍋亦不知其然。出都門，至逆旅，鍋問何無行李，余曰：『在前途。』鍋索錢，予銀一錠。次日天明已易地，鍋未知車何以駕，門何以出也。如此已數程。鍋識字，見驛站似河南境，以問，余曰：『但前行，無多言。』余車中一無事，日弄二鐵丸如彈子大，有時塞鼻孔中，下垂若筆幹，長不及尺。又數日，鍋大惑，每住宿，酒食紛列，騾之草料亦豐足，從無人向索錢，以問，余曰：『後再算。』

又數日，大水湯湯，岸上肆樓櫛比，帆檣如林，更不知爲何地矣。余謂曰：『明日即渡江，祗以二騾行，寄車旅店中，回時仍以取用。舟中如遇警，無恐也。』鍋唯唯，聽其所爲。果登舟，鍋暈甚，將抵彼岸，上游來一船，執刀者十餘人，呼余若欲得甘心者。余不理會，從容驅騾行，一手携鍋走，驚悸中祗見四圍如電繞，白光數十道，上下圓轉無少停。

至日晴，余問飢渴，鍋亦憊不可支。下騾坐石上，出蒸餅乾肉以食，不知何自來，謂之曰：『賊子送盤纏來，無所用，悉以奉贈。』因於騾上取一囊，有銀廿餘錠，令檢點收存，并告曰：『途中如有事，毋懼亦毋言，祗堅守二騾，勿令逸去。』少遲，各騎一騾行，昏黑中更不知是何路徑，惟聞風聲樹聲與騾蹄蹴踏聲。

至晌午，抵一村，似在深山中，男女十數人，皆白衣冠，伏地哭迎，或相抱持，迤邐十餘里。止一門，中堂停一棺，白衣冠者拒不令入。余怒甚，出二鐵揮且行。至堂上，拍棺大哭，手提一幼孩，白衣冠者與争奪。余置孩案上，取胸膛一物出擲棺前，血淋灕，拋尸屋上，舉室辟易不敢前。鄰家皆閉門，無一人觀者。

少定，驅白衣冠悉入内。余出門，指二樹與鍋共拔之，去其枝幹，夾棺馱騾背，令急行。至山下，抬棺路旁，屬少候，余復回。鍋遥望之，山中火起，樹木亦延燒。余返扶棺行，途中問車騾價甚悉。至江邊，舟人相助上下船。登岸後，騾行稍緩，不數十里至店中，主人若先知者，卸棺縛車中，按站行。余一路不言笑，亦未見其易錢，而斧資不乏。

廿餘日入山東界，鍋知去黄縣不遠。一日過辛家店，萬山叢雜，行人稀少，歇大樹下。余謂曰：『相處數十日，同行數千里，可謂相好矣。今將到家，無勞伴送，但車騾不能還，價值短少，如命相償。』鍋私忖此人可交結之，因答曰：『同鄉切近，車騾僅可用，前承厚費實已過之，勿須較量。』余笑曰：『真大解事。相君之面，十年内無大財氣，今餘薄資，亦以見予。回家守田畝，卅歲後再出謀事，後會正有期也。至僕此一舉，亦勿輕以語人。速去速去，不可回頭！』又於腰間取銀一包付之，鍋叩頭謝，尚欲有言，而風沙蔽日，微聞車行轔轔聲。偶回顧，但見白光二道，閃爍射人，急飛步前行。及暮抵家中，合計其銀二百餘兩，足敷車騾原價。

此道光十幾年事。至咸豐初，鍋五又出門，方以告人，正不知余姓俠客也，劍仙也，惜未問其名字，當訪於崑崙之罘間。

周行東

金鄉周行東幼從塾師學，師有一小書箱，封鎖甚固，每出必囑看守之，勿令人動，回時反覆審視，如此已三年。周漸長，心疑之，何以責我獨嚴？因配鑰匙，力摹其封識字迹。及重九，師有登高之約，兩日方回。周暗啓書箱，無他物，祇書數本，字類符咒，多不識，因照仿數則，仍封固，置箱内，鎖如故。師忽還，考較功課，多遭夏楚，因記書内有移眉眼下法，試用之，師眉果下移。同學駭笑，師問故，衆請照鏡，師怒甚。

一日有客來，周以定坐法定之，師不得起。又有群鷄鬥於室，衆驅之，不能出，師呼周令驅鷄，果出。至晡放學，留周不令歸，閉門嚴問，周不承，師曰：『吾已知必盜吾法，但恐不能行耳。既可學，必教之。』周始述偷看箱内書，且仿符咒。師索看，驚曰：『幾敗乃事！某符少一畫，某咒錯句讀。如不之習，恐有後患。』自兹每課畢，即出書指示，并告不可玩視，不可褻瀆。

周潛心力學年餘，頗領會，每與同窗戲，師呵之。友人有邀飲者，座客苦無侑酒，周曰：『此何難，但不可動，動必有禍！』口中喃喃，俄一佳麗至，衆遵約祇平視，有狂者勸以酒，拈栗子塞手中。周止之，亟退送。酒將闌，周計曰：『禍至矣！各聽吾言，不可亂。』蓋所招某屠妻，醒告其夫，手中栗猶在，與衆皆素識。因出院中，曰：『某伏此，脚向外；某立彼，手向上。』各安排已，己蹲階下，口銜一樹枝。遥見籠燭數人持刀杖闖入門，聞怒曰：『杯盤狼籍，人皆何往，速追之！』將出門，以刀砍樹枝曰：『誰横大木闌吾路！』又一人倒地曰：『爲山石絆一跤。』又一人仰望曰：『必藉石峰越墻去。』蓋絆者脚也，石峰手也，所砍者口中樹枝也。

及人散，各驚定欲逃走，周曰：『無恐，此輩必遭捕，且受杖責，亦其數之使然。』從此稍斂迹。而同輩戲謔，每目爲邪教，蜚語傳聞，縣官訪拿，有株連者，差票紛出。適二役與相遇，同行者欲各避，周曰：『戲則有之，讀書人何敢作惡？今日正須到官剖白，何懼爲？』因隨差役行，途中有賃驢者，屬各騎一頭，價則總計，衆各擇之，又指二頭以給役。行十餘里及河，同人揚鞭過，二役墜水中，跨下驢化爲紙，已隨流東去。

周策騎赴東南行，告衆曰：『吾鄉教匪將起，縣官必被害，隨我暫避，事定再回。有不聽者，後悔毋怨。』時嘉慶十八年以前，後如其言，其家屬早已遷移，故未及難。

狐雇人

莒州東南有山曰屋樓，西北有山曰擇要，兩山固多狐，或化人形，往村市購食物，山下人與之習處，亦不之怪。每逢夜間，見道上燈火照耀，連絡不絶者，乃兩處狐相往還也。

有農人子，夏日道旁刈草，見一轎車從南來，駕雙黑衛甚華美。内坐二女郎，長者二十許，少者約十五六，衣服鮮麗，丰姿妖艷，真天人也。無侍婢，男僕車旁坐，意必富貴家走親串者。倏忽車至前，男僕曰：『向某處去，雇汝引路，給錢八百文。』農子思其地在附近，半日可往返，利十倍於刈草也，應許之。命前行，車甚駛，轉瞬落後，竭力追逐，不暇喘息，仍不能及。

女郎命上車，農子自慚形穢，雖不敢萌他想，然得近芳澤，亦喜出望外。但覺馨香四溢，五體皆酥，若迷若痴，所經過之地，皆恍忽不能記憶矣。日夕抵一村，樓閣連亘，門南向。先有小女鬟候門，旋出無數婦女，花攢錦簇，競相問訊，隱約聞言何時從屋樓起身，則有扶之者，挽之者。

二女郎下車，農子一旁呆立，内有指問何人者，女郎答言途間雇之引路。一老婦曰：『年幼好多事，然既來矣，引之别室，天晚令宿，來日早行可也。』移時有人送出肉餃一盤，并錢八百，喜極，飽餐懷錢而卧。朦朧聞人招呼聲，張目已日高三竿，自視乃卧於懸崖板石上，下臨絶壑，一傾側即成虀粉矣。乃屏息斂足，攀條猱行而出。一老農引至村中，飲以茶，腹内脹悶作惡，遂嘔出蝦蟆無數，有死者，尚有蠕蠕動者。老者曰：『幸未食其麵條，蓋皆蛇蚓類也。』視其錢衹四百，細審之，乃其昨日賣草錢。農子形神嗒喪[一]，歸病數月乃愈。

義丐

郝小峰植松性抗直，喜詠諧，保定甲族，國初八大家之一。道光間，以選拔令江蘇，所至有長厚名，人皆呼爲郝瘋子，一時士大夫喜與之游。以憂免從事稽臺，鬱鬱不得志。

[一] 嗒，原誤作『嗒』。

咸豐中，起復需次，同事多貴顯，小峰則垂垂老矣。住金陵，敝衣謁當道，謂其衣不中體，答曰：『年老家貧，不似大人爲整衣褶時。』蓋昔有其事，分隔雲泥，人所不敢言。其後年餘，益困迫。

有事至妙香庵，一丐者曝於廊，小峰大呼曰：『多年不見，何一寒至此！』丐錯愕不知所爲。因携手入佛堂，縱談十餘年事，或歌或哭。某也賢，則伏地叩頭，丐亦叩頭；某不肖，痛駡之，丐亦駡。日西下，子弟請歸，命輿與丐同行，觀者如堵墻。及寓所，夫人迎謂曰：『豈真瘋也，何顛倒乃爾！』丐者曰：『夫人勿怪，某與公不相識，而流離顛沛，所遇略同。如謂非類，則今日貴顯者，非昔時訂金蘭、聯苔岑者乎？异日相逢，正恐以非類薄君家矣。承公雅愛，誓不相負，請勿疑慮。』從此同起居，共飲食。凡小峰一茶一飯，無不傾心料理，偶缺乏，踽踽出門去〔一〕，歸必有所遺。

小峰旋病喘，日夜服侍，溲溺必親。至病歿，丐痛哭嘔血，其子弟問姓名，不答。送櫬至江岸，對船大哭，聲振林木，揚帆出燕子磯，猶聞山顛叫號，泪灑如雨，點點滴船篷有聲。

〔一〕踽踽，原誤作『踽踽』。

狐送菜

湖北撫署素多狐，後樓五楹，人不敢居。署後有廟，尼僧主持，亦狐所占。嘉慶二十二年，撫軍張映漢署總督，特留范汧谷刺史繼昌住署中，勾當册籍。汧谷，上虞人，性伉爽，膽氣豪邁，將移榻樓上，署中人止之；欲住廟中，尼又堅不允，因怒曰：『一狐也，占據兩處，無禮殊甚！如狐多，何不擠住一處。讓我暫居，似尚可恕。』即日作文告之，掃除樓下，一無動静。

數日後，漸聞樓上脚步聲，或門窗自啓閉，范亦不之問。忽筆硯失所在，否則文卷倏不見，責讓之以聲其罪。一日正辦公件，瓦石自樓下堆積滿前，范氣急，大駡之。夜眠方熟，窗外門砯湃聲，若千百瓷甌碎之階下者。早起檢視，則厨中杯盤紛列檐下，一無損傷。

范謂曰：『以禮相接，原求安静，不意野狐如此作惡。』令啓樓門，具衣冠，正襟危坐，秉燭治官書，冀與之遇。如此非一日，狐示夢門子曰：『范公特崛强，不可與較，望代致聲。异日當以一菜奉嘗，物不希奇，但此間未有耳。』後即安然。越日，友人以韭芽炒肉見貽，因謂曰：『昨狐友允贈菜，今日君先賜食，奇甚！』友詫曰：『此地本無此物，早間有人送到，云君托代製，何云爾也？』方知韭即狐所辦，特借友以贈耳。

褚貞女

褚貞女者，嘉興褚翁心含懿德長女也。褚翁幕於楚，貞女遂爲楚産。幼嫻内則，性貞介，心極精細。年及笄，許字杭州吴廷槐爲繼室。時吴官湖北，故多病，體日益弱，因沿俗例娶以冲喜。乃成婚有日，吴奉檄轉餉入都。成禮畢，吴長揖貞女，陳病狀，且告遠行。

三朝即北發，抵京城，獨坐寓次，忽有二青衣持柬至，敦請之，若速其赴任者。吴以公事未畢，家事亦須料理，約緩日來。乃布置壹是，遍致各親友，書以貞女生長世族，托爲善視，俾成其節，以撫遺孤。越日青衣又至，宴坐而逝。

貞女在楚，忽見吴立床前，長揖如合巹之夕，手授貞女髮一縷，且置錢一千於床下。及醒，髮猶在握，心知不祥，未忍言也。嗣訃至，夢之日即吴逝之日。貞女遂茹苦撫孤，清操自勵，忽有漢商生息以資日用。吴友之在京者，亦爲扶柩至楚。貞女遂辭父母，奔喪回浙，喪葬如禮。

時吴之胞兄青士名廷榕，官江蘇，迎住同居。嗣以褚翁思女切，遣僕媪來迎，乃携其孤，復之楚，胞侄承恩隨行奉侍。後承恩成名幕，承祥亦游宦楚省〔一〕。咸豐初，避亂至紹興，患病時，鄰里見旌旗旛蓋，圍繞宅中，不數日一笑而逝。合葬於武林之原，請旌建坊以表揚之。

鐵算盤

南中一縣令入都謁選，途次宿遷縣，友人餽贐，銀五錠，每錠十兩，因置枕匣中，佩鑰襟頭。入山東界，啓匣取物，銀已無存，包裹封識如故，他亦無所失。檢點行李中銀，悉未動，詣縣存案。

〔一〕宦，原誤作『官』。

官使捕者至，捕請曰：『途中曾遇面生人，與之接談否？』細思之，住宿紅花埠，曾遇一婦人，掀簾問王某在否，答以無之；又問明早開車何時，答以五鼓。捕曰：『得非青衣藍裙，年五十許，携一眇童，柱栗杖以行者否？』曰：『然。』捕進曰：『是鐵算盤也。凡行路携帶金銀，必以粟米、茶葉摻其中，使細碎不知數，則不能算。如數目了然，分兩不訛，一與言之，即探取如囊中物。此婦來往大道上，行踪詭密，此間已屢緝未能獲。請示銀式，當訪拿破案。』縣令方悟，他銀未失者，因有碎塊也。此一封中，整齊五錠，故爲算取。

及南旋，聞已拿獲，斃之獄。捕以銀二錠獻，視之即原物，交官充賞。

書之以告行人。

武伯恒夢記

武伯恒，東海人，從其叔官河上。母太夫人病，日夜侍湯藥，三越月精神疲憊，坐卧每假寐。一日，倚榻上，忽覺腹脹，急欲溺，心悠悠出房門，女僕有坐廊下者，不爲起；過聽事，二僕相撲戲，不之避；及堂皇，群役聚賭，呵飭之，皆若罔聞。至大門，二老僕，一祝姓，一于姓，挾之西北行，足不及地。遥見大水茫茫，中央有長閣，燈火熒熒。欲少歇，不自主。轉而東，阡陌雲連，如新收穫者，一女子紅衣披髮，跳躍其中。二僕曰：『須記着，爲之昭雪。』

又里許，至一大宅，輪奂一新，寂無人。二僕速之入，偏視數層〔二〕，一無桌椅。至第七進，東楹聚女眷數十人，有朝服者，有便衣者，西楹立老少官長數十人，亦有便服不冠者，恍忽似相識；獨其叔公服立阼階，令跪拜墊上，墊似青緞者甚厚，聞告曰：『來矣。』中有老人曰：『交代他。』轉瞬忽不見。起立詳視，堂設一龕，金身坐其中，蟒服挂珠，頭戴沙帽，細認爲己象，兩旁懸一板聯曰：『存忠厚心，克繩祖武；行方便事，乃有父風。』小字題志，模糊不可辨。

逡巡出門，另路歸署中，門已閉，不知何以入。有更夫守燈睡，足踢之，似不覺。及宅門，心疑無人問，將入房，簾重不得啓。忽有人自内出，側以入，覺火氣烘烘，多

〔二〕偏，原誤作『偏』。

人圍榻側，父叔坐窗下，似聞嘆息聲。欲上床，人衆不得入，忽聞太夫人喚兒急，倏然醒。腹脹甚，欲出溺，家人按捺不得動，通身汗下。力白無病，始令起，一無所苦。

至次年正月，太夫人即世，兄弟男女八人，一力撫養之，各成立，婚宦皆畢。伯恒亦翺翔仕路，所至有聲，但不知披髮女子究爲何事，廟中坐象又何意也。

狐先知

范愼甫，紹興人，少從其族叔雲若販鹽揚州，住儀徵客棧。每睡夢中，聞同室有人議鹽價，講銷路，隔帳竊聽，語細碎不可曉，然依計行之，每有所獲。

一夜三鼓後，聞叔自外歸，上樓卧，僕從息燈關門。愼甫亦就寢，忽聞樓上笑語猜拳，即起視。壁隙見燈光甚亮，廳上坐短衣纓帽數人，燈籠挂墻上，官銜不可辨，心以爲必有客來矣，因下床執燭將以備食。而樓上呼送客，靴聲沓沓，自樓梯下，聞相謂曰：『後日仍會此，彼此關照。』開門視之，寂無一人，院中黑如漆。其叔樓上亦呼問何人喧鬧，致不成寐。明日遂移居，知爲狐也。

不數日，有達官過宿於此，雲若參謁，時已入夜，慎甫從觀，彷彿如前所見云。

神繡

聯翰庭大令瑛夫人某氏工刺繡，有求之者，先以名畫張壁上，流覽朝夕，摹仿畢肖。山水人物、花卉翎毛，無不還其家數，蓋神技也。曾爲英小峰觀察繡一達摩相，鬚髮活現，衣紋絲毫不苟。所臨爲陳老蓮本，同懸一室，觀之皆能作左右視，可謂點睛妙手矣。

贖妾獲報

山陰華子衡先生名銓，性倜儻，修幹短髯，與弟星槎游幕皖江。咸豐丙辰，粵逆逼南陵，先生與邑令爲城守計，賊不得逞。前令某一妾一女陷於賊，將配爲夥賊婦，先生捐金贖回，送歸其家。

戊午，館廣德，賊猝至，適疾作，城陷不得出。夫人沈氏及次子君魁、一幼女逃城外夏村，遇村婦夏氏，引避得免。君魁偶出汲，被擄去，先生未得知也。賊他竄，脅先生作書記，不從，以刀加頸上，且罵且行，次吴山冲遇害。村人有林姓者識先生，瘞尸淺土中，又知星槎在徽州佐軍幕，奔告之。及抵徽，星槎已先期赴夏村，迎嫂及女侄，尋先生無音耗，將起身回籍。

村婦夏氏偶他出，遇林姓不之識，争路相口角。星槎出排解，林姓素未謀面，自嘆曰：『我爲華先生受此困苦，何日方得見其家人！』星槎亟問始知先生遇難，及遺骸所在，痛苦謝林姓。遂同嫂赴吴山冲，具棺成斂，輿歸紹興安葬，下竈塋。又年餘，村婦夏氏爲營卒執炊事，見難民中有男子似君魁，未即認，偶述沈夫人逃難狀，君魁泣曰：『是吾母及妹也，近何往？吾父又安在？』夏告之。君魁欲歸，苦無一錢，亂後難獨行。一日，有營員轉餉至，君魁謂夏氏曰：『何似吾兄，倉卒不敢前。』蓋先生長子君忠，已投營得文秩矣。夏氏握君魁手立路旁，俟其回時，大呼曰：『華先生何等人，其子流落至此！』君忠下馬問，君魁哭，君忠亦哭，夏氏及卒伍無不哭。

君忠見營官詳述先生事，夏氏聞之，跪陳曰：『所救之人即吾妹也，亂離之中，未得消息，不知先生又恩人矣。天道昭昭，使吾遇夫人，遇林姓，又遇兩公子，正所以報大恩也。今願隨去，終身服役。』君忠携弟及夏氏歸，不敢以奴婢視之，稱爲夏姆。

後君忠宦於皖，得世襲，娶妻生子。星槎回浙江，撫君魁爲子，亦有子女矣。

瓶蓮結子

湖南陳懷亭孝廉鍾英試令浙江，博雅能文，事母孝，一生奉佛，不妄殺，不誑語，誠慤君子也。咸豐間，母太夫人病，日禱於觀音大士前，適得白蓮一柄，插凈瓶中，將以卜也。次日晨起，花舒一瓣，晚復合；明日又舒一瓣，晚亦如之。將月餘，瓣脱而蓮蓬碩矣。

孝廉倍虔肅爲母乞壽，至秋，太夫人愈。拜佛禱謝，摘蓮子以進，太夫人食之大健。今七十餘，精神强健，步履輕快。此固大士福佑，亦孝廉虔誠有感之耳。

于封翁遇仙

于封翁卧南就養長公濱來江都丞署，一日晨興，聞喧嚷聲，問之有道士求見，閽者未予通，已至廳事，揖封翁曰：『七十年未見，此身健在，子孫榮貴，可賀可賀！』翁正疑惑間，適諸孫在側，請相之，道士曰：『皆功名中人，禄位高低則有命在，非貧道所知。』指菊農孝廉曰：『手軟如棉，主有文名。』指湘山觀察曰：『土形甚厚，必於水上得功名。』又指翁外孫張曰：『此子可貴，惜見黄花菜不得。』言次陸封翁過訪，未與交談，既行，道士曰：『此老在世祇七日，尚傲慢乃爾。』翁問己年壽，答曰：『尚有一支人未生，十五年後，當於勞山相晤。積善之家，必有餘慶。勉之勉之！』遂告辭。及門語翁曰：『此屋住不得，不必與官人同受驚嚇。』

數日聞陸翁去世，計之第八日清晨也。翁遂挈眷賃屋遷居，不一月民間失火，延燒丞署，翁家幸未罹禍。至次年春，諸孫患痘甚險，惟張無恙，忽有以黄花菜獻者，張見之，身熱手顫，染痘，數日夭去，舉家驚駭，謂道士誠神人矣。

後翁果八十五歲無疾而終，八十三歲時又生一子，名顯發，子孫衆多。菊農少年舉賢書，博學能文，惜早卒。湘山由工部郎改發南河，歷官河廳，薦升淮海道。子侄輩各聯翩仕路，至今稱盛族焉。道士其仙也，封翁亦必再來人，得相逢於塵世間云。

狐知品級

一世族家屋宇極大，後院一小樓素有狐，空無人居，祇惟存零雜什物。夏日婢子於樓後沐浴，一老人高尺許坐窗臺上，藍衣白帽，如土地神狀，以柱杖示婢子，若使之去者。

婢奔告主人弟婦，弟婦迫視之，老人點首欠伸，笑面相向。主人侄婦到，與之理論，并斥其不當晝嚇人，老人起立致敬，仍未去。嗣主人子婦來，老人甚戰栗，跪稽首，若趨避不及者。一僕婦請退曰：『恐貴人在此，壓之不能動。』一轉身，老人仰跌窗内，似有扶以入者，下半身已變狐矣。

後主人子官道員，妻以覃恩加三品封；侄亦仕至五品官；其弟婦則以夫未得官，料理田園，稱偕隱焉。

冰花

揚州一富人好行善，冬月其父生辰，賀客填門，有丐者獻冰一塊，中有紅月季一朵、春蘭一枝，厚賞之，并留酒飯。至次日，冰化，月季係紙剪成，以鐵絲作枝梗；蘭花則真者，但少香耳。競相傳觀，疑其仙也。少遲，丐又至曰：『蘭花不能久，月季值土中，澆以酒，可復活。』姑試之，後遂長大，成一叢矣。究不知丐者何如人，惜未留之以問其術。

官署鎮物

睢南管河同知署在睢寧縣之清晏集，署中有妖异，廳側一厠屋，壁挂草帽一、馬鞭一，不知始自何時。有北人官此者不之信，試去之，其夜内外燈忽滅，更夫多迷罔，鑼與鼓皆無聲。諸友力勸官爲易以新者，仍未靖，且若有兵馬聲，自屋上窗外過。如此數日，鷄犬不安，因仍用舊帽及鞭懸原處，始寂然。帽也，鞭也，曷靈應乃爾也，或始設者有以鎮之也。

卷二十二

申江記游

婺源　齊學裘　子治

道光二十五年，王醉三茂才邀游申江，遍觀海市珍奇，洋人形狀。聽洋人麥都思講經，慨然有作，質諸有道。其詩云：『中國孔聖人，至德侔天地。其道深莫測，其言則簡易。修齊與治平，正心先誠意。百世帝王師，生民未有貳。道大莫能容，動爲衆所忌。棲棲復皇皇，一生老車騎。慨然賦歸歟，迹向杏壇寄。删定贊修成，獲麟因出涕。嗚呼泰山頹，楊墨异端熾。賴有孟子出，聖道又復治。及至漢宋儒，窮經窮理備。新安我朱子，儒林獨拔萃。聖經賴以明，聖道扶不墜。旁門有老佛，源同流則异。太上貴忘情，法門重不二。終與聖道殊，嚼蠟全無味。咄哉彼耶穌，生長嘆吉利。行道道不行，慘死架十字。耶穌被害，釘死十字架上。三日忽復生，升天朝上帝。妄言姑妄聽，置之何必議。國人思其賢，設立禮拜寺。七日一焚香，男女無不至。耶穌教之興，由來此其自。觀其所著書，卑之無妙諦。途人則矜憐，母兄則捐弃。耶穌之母同其兄弟在外尋耶穌，人報之，耶穌曰：『吾母誰耶？兄弟誰耶？』就周視傍坐者，曰：『視我母親兄弟也。』蓋順上帝之旨者，則我兄弟姊妹及我母親也。』捨本而求末，是誠何意思。五餅二尾魚，五千人可食。一罵定風濤，一咒起痿痺。奈何能活人，而不能自庇。審其言與行，仿佛釋者類。今者麥都思，聞道頗有志。能讀孔聖經，惜未知禮義。使其生中國，未始非根器。意欲行其道，苦口以勸世。其心似婆心，其計非善計。耶穌教一行，聖道恐疲弊。側耳聽講經，令我泪沾袂。德賊真可驚，邪魔急宜避。』董琴涵年丈評云：『平直説理，無可如何之極。』

同治六年五月，余從泰州來申，盤二弟小梅靈柩歸葬宜興鴉臼嵩。應敏齋觀察寶時約到申代爲校刊宋儒《陳龍川文集》并故人《蔣劍人文集》，遂於是年十月十三日重到申江，館於也是園龍門書院湛華堂。明年春三月爲兒子功成授室，遂挈眷寄居也是園濱顧家衖袁氏宅，忽忽又五年矣。辛未秋七月二十一日，寓居閑暇，因并記之，時年六十有九。

三姑娘

唐蕉庵館河上時，與邢竹庵司馬比屋而居，年相若，軀幹亦相似。一日，同席爲友人壽，觀劇，已三鼓，唐先歸，既就寢，猶聞邢歸呵殿聲。忽耳旁有人呼曰：『起起！有事須證心，以爲冥中事。』應之曰：『殆夙業也，今世則無。』隨之行至一處，茫茫如沙漠。其人曰：『止止！』遍地火發，焰微緑，將及身，默念觀音咒，火旋息。旁一人曰：『此例燒，非燒不了，毋傷也。』遂嚷曰：『究何事？』其人啓包裹，露出一紙相示，如州縣官差票，但見後書咸豐某年月，又嚷曰：『不但咸豐間無其事，即道光間亦無其事。』正喧鬧時，火中跳一鬼，烈焰滿身，繞三匝，曰：『了矣了矣！』

又見一金甲神自天下，如世所繪武紫星君象，坐亮轎上，不見隨從。膝上蹲一獸，色如雪獅，項帶銀鍊，縱身入雲際，其鍊直竪如柱。忽聞唱名聲，曰『三姑娘』，神案前立一女子，艷妝倩服，面有愁苦容，胸前懸一巾，秋香色，下垂及腰，注目顧唐曰：『不是不是。』神大怒，唐拱手告曰：『世間事錯者甚多，不是即去耳，奚怒爲？』遂驚醒，但覺身熱如火而已。

次晨晏起，閽者來告邢君暴卒，驚問之，知邢回衙後，至廳事，見一黑影，寒噤不安。書室少坐，即入内宅。寢未許時，叫號甚急。家人環問之，不能語，衹以兩手作圈勢，轉側五更，嘔血而亡。計其時正唐夢未醒時也。後有人至其書房，見壁上自書一條曰：邢某某年某月過關大吉。究不知三姑娘爲何事，不得起竹庵而問之矣。

唐蕉庵口述如此。

古稀合巹

文登廪生于贇之爲菊農孝廉第四子竹虚縣令之弟，七八歲聘定平樂何詔甫閣學女孫爲室，十八歲時，孝廉殁，閣學眷屬亦回籍，以金托其妻伯迎婚完娶。時生年已二十五矣，身弱多病，其兄心憂之，遂爲納妾以延宗嗣。仍多方探索之，皆不得達。

至戊午，畢曼年中丞撫廣東，生之表叔也，以爲可立致矣。中丞堅力任承，期以必得，乃至粤遍訪，杳無踪迹。適中丞門人平樂李明府少白宰陽江，訪查之，知閣學家屬或及於難，或逃他方，無可究尋。衆謂絶望，將爲另聘，而生恒鬱鬱，必欲得一確耗。

又年餘，李明府以信至，知於閣學族弟家尋得之。初被難，逃匿山間，與其弟婦以針黹度日，繼則鬻瓦石以爲活。嗣後五次失城，無以爲生，即爲田家執炊事。李明府欲接置署中，女以無婿家信，不肯行。畢中丞馳使至，女不之見，使者敲促之，女泣曰：

『所以忍至至今者，特以家室散失，胞叔官遠方，婿家無音信耳。今欲往，或婿來，或以婚帖來，吾不知與中丞是何戚誼也？』中丞聞之，亟召生，而江路阻絶，水陸不得行。

同治甲子，生妻叔荔泉授武黄丞，生兄亦任甘泉令，方由粤迎致漢陽，成婚揚州。生年三十四，女年三十六，同人謂之『古稀合巹』，其兄製聯曰：『八千里困苦艱難，兩地絲蘿天作合；廿五年悲歡聚散，七旬花燭古來稀。』

夢中除盜

親串家一小僕曰袁十，膂力過人，心地亦渾樸。從軍皖中，曾於圍城中負一大官出，越溝渡河，以磚石斃賊數十名，得薦保至副將，并戴孔雀翎矣。

其小時，隨主赴省試，途遇盜，同伴呼曰：『袁十何不動手！』尚睡夢也。躍下車，拔路旁小樹擊之，陷七人泥淖中，餘辟易，各散去。而袁方酣舞不休，曳上車，仍熟睡五十里。至旅次，呼之不應，摇之亦不動。灌以薑湯，又吹通關散，方少醒。睡至晡，忽大呼曰：『好打好打！』問之，曰：『有賊圍我，卧水中，反側不得起。』

又一日，正酣睡，墜床下，同輩擡之，不少動，忽醒曰：『何物野人，睡我床，推之地，尚裝死也。』揮以拳，并踢以脚。數人按捺之，始得定。蓋一勇之夫，血氣方剛，心中未能了然。

後至蘇以冤死，臨刑無滴血，衹白氣縷縷從頸中出，人皆惜之。其母與妻至今就食主人家，無人知爲二品命婦也。

驢驢人

山東一士人嗜驢肉，每見一驢，必揣其肥瘠，品其斤兩，除自食外，可售錢若干。以是市中驢不租予，每赴試，輒步行。

是年秋試，負一鞍行，見者笑之。一日遇縶驢於野者，加鞍騎之，主人追索，反怒訟於官，質之曰：『伊驢有鞍否？』主曰：『無。』『既無鞍，則我所用，豈自爲負來者？』主詞窮，官因斷予之。次日正行間，聞有人問曰：『先生重若干？』曰：『百斤耳。』聞又曰：『然則值錢二千五百文，除皮骨恐尚不足。』是時驢肉每斤蓋二十五文。

士回顧實無人，驢則聳耳長鳴，一顛墮地，竟連鞍并行李以去。

女變男

山東寧海州東鄙林北村孫姓，世族也，與同邑曲姓世爲婚姻。咸豐十年，捻匪入境，兩族俱有傷亡。文登榮成紳民，連同州人於州東境，倚崑崙之險，築一大石墻，南至南海，北至北海，長一百八十餘里，以禦賊。榮邑張筱泉預其事，偶見一男子汲於井，辟倚以行，似不良於足者。筱泉疑其受傷，欲予醫藥，一孫姓曰：『是舍妹，事甚怪，容緩言之。』一日又談及，孫曰：『堂叔某同胞四人，敦睦宗族，以貿易養親，鄉里稱善人。皆無子，惟季氏有一女，年十六矣。許嫁曲氏，已定婚期，忽告母曰：「下部如火熱，痛甚。」母呵止，不許復言，女忍之。至次年遣嫁，母氏未之問，女亦不敢再説。合巹後，曲氏子仍獨宿數日，群訝之。父母以問，子告曰：「新婦男身。」請驗之，彼此皆至戚，曲祖母行有孫氏祖姑，問其故，女以對，因大歸。曲亦慶孫之有後也，無他言，則爲子另娶耳。孫母聞之，方憶去年事，亟問女，告曰：「自病後小腹下脹悶，至三日，勢纍纍下垂，小解極難澀，五六日暢行甚適。初不知爲男刑也，因亦安之。成婚之夕，方自駭怪。」母喜甚，爲易男裝。惟足纏素緊，解其縛，驟難復元，是以行步不便，非有傷也。』筱泉曰：『事固罕見，然孫氏孝義，天不絕其後，女也而變爲男，非有至行，何以獲此！』亟勸孫氏爲論婚。今又數年，不知其已否生兒也。

字紙塔

褚文軒孝廉瑨未第時，與其表弟范小衡同卧書室中，夜月微茫，燈光照壁，忽見一手，長三尺許，由窗隙入，摘燈花置地上，熒熒不滅。孝廉思靜以觀變，正注視間，手又西向，欲揭小衡帳。孝廉大呼，家人悉驚起，趨視之，燈猶未息，地下火星尚有餘明。因開門遍覓，一無聲息，惟廳上堆一字紙塔，高三四尺，各房紙簍搜羅一空，不知是何祥也。孝廉登第後，官直隸縣令，小衡亦試令江蘇。

生魂現相

王心田，山東人，少隨舅氏游宦江南，狎一妓，情好甚密。年餘，舅氏遣回籍，王亦因病久，未得返。有程蔭亭者，王之舊好也，暇日訪妓，并問消息，忽見王入，共相欣慰。一揖之後，枯坐床側，默無一語。程避出，妓送客還，命備酒殽，將與快談。入房中，王失所在，遍尋之不得，問之，無人見者，托詢舅家，則云久未出來，或仍病耳。

後有問王者，亦未之知，奇事傳播，共相駭怪。如謂真魂離竅，則王固無恙；如謂思念所結，程何以共見。此誠不可解者。後妓歸王，不數月卒。

金陵雷异

白日正午，天無片雲，秦淮水忽陡立，迅雷一震，文德橋中折爲二，擊死一婦人，手提竹籃，飯潑地下，中有黑物數塊，視之爲生鵶片烟。衆不知爲誰何也。

少遲，一媪自南來，哭且訴曰：『此婦約嫁吾子已年餘，將過門，忽又昵一勇，逼令退婚，并親送勇所，説明不取身錢，子未允。適送飯過橋上，婦迎謂曰：「母也勞止，我爲代步。」不意致毒其中，將以害之也。老天有眼，罹此顯報。』叩頭不止，聞者懍焉。

關帝銅象

于竹虛令六合時，兵燹之後，百廢未興，招流亡，教樹畜，人烟漸集。因祀孔子於文昌宮，朔望率屬行香。涓吉請關帝神牌入座，行至街市，神轎重不能舉，衆即焚香跪禱。正喧鬧間，路旁廢墻倒，土中露銅象一軀，亟啓出，就地立廟供奉其中，即今之關帝廟也。

六合驅狼

六合草木深蔚，狼出噬人，竹虛懸賞捕獲。一日，鄉民以二狼獻，其弟書雲秀才請釋其小者。竹虛作詩曰：『亂後居人少，豺狼敢縱横。阿兄執官法，吾弟有餘情。何處堪流放，移時倏長成。駢誅非好殺，所以衛民生。』因并殺之。

嵊縣奇案

嚴槐亭思忠，鎮江進士，官浙江，有政聲。同治己巳，知嵊縣事，有盗夜入衙署，殺一妾一女。嚴覺呼從人，聲未已，而刃剚於胸矣。天明，盗仍逾墻出，左提印，右持刀，浴血行市中，遂被獲。問之，曰：『祇殺二心人。』問何以至此，曰：『騎馬出入。』問何人指使，曰：『數歲時，有和尚教之。』問其姓，曰：『龎，新昌人，向以剃頭爲業。』問有何仇，曰：『向不認識，亦無仇隙。』并拘内外厮僕訊問，皆在夢寐中，不知其何以入，何以出也。

事聞，嚴旨究追，盡法懲治。邑人思其遺政，爲之服喪，并立廟以祀。嗣其同年某曰：『嚴少時從父徐州教官任，署中有狐，薰穴得其二，殺之，其父未之知也。夜夢白髮老人泣告曰：「公子殺吾愛女并妾，誓必以報。」父興呼而責之，令跪讀一經。越數日，乘父公出，復水灌火灼并獲老狐，殺以泄憤。』此事嚴亦向友人屢言之，信不誣也。

何孝女

錢唐何氏女通文善書，字湖州許氏，婚有期矣。粵匪陷杭州，父兄皆館他方，母病篤不得逃，女毁面奉母。家貧，幸賊未擾，住月餘，無可食，負母出城，茫不知其所之。遇鄰媪告曰：『婿家住某處，曷就之？』女曰：『未有父母命，不敢從。』因丐食，養病母。

又數月，母亡，女自拾板片，葬而志其處，立主縛背上，爲鄉間傭工。已年餘，不知父兄音耗，忽見破壁上有其從兄題句，蓋帶勇援杭時所書。因致信告存，不數日從兄書來，始知父兄在上海，以船迎女，即奉木主赴滬寓。

骨肉重逢，悲不勝言。兄爲釋縛，堅不得解，蓋日夜隨身，未嘗刻離。急市衣裝，將延醫爲療疾，乃安卧一宵。明早遲不起，父兄視之，奄然逝矣。其從兄梅閣哀之，爲繪象遍徵題咏焉[一]。

前妻護産

浙人孔樂山向爲錢穀友，極方正，當道争聘之。娶三妻，皆無子女。年四十矣，就館楊州，繼娶俞氏。年餘懷妊，將及月，忽病熱，告孔曰：『有婦人坐窗下，衣何衣，作何裝，面目是何形。』孔思之，元配也。又一日，謂孔曰：『又有二人來，面貌若何，衣服若何。』孔驚懼，所説係繼室某某氏，因許願打醮遣送之。婦猶曰：『今日坐何處，作某事。』孔自祈禱。婦謂三人各匿笑，或答拜，或走避，不一狀。孔愈懼，而婦熱仍未退，亦無甚苦楚。第念家中無人，衹一媪，又聾瞶，向居停借女僕代執役。將及門，婦告曰：『速遣回，三人皆入床後，摇撼不已，勢將傾扑。』孔未答，晚間視屋中甚污穢，氣息亦觸鼻。婦作惡，指示孔，屬遣女僕，得少安，婦謂三人又出作事矣。

[一] 遍，原誤作『徧』。

至臨蓐〔二〕，生二子，極順利。婦醒轉，不自知云：『祇見三人扶手足，理腰腹，且出門向天拜，又拜房四隅。』孔感甚，因設位各書其子名，夫婦至今供奉無少衰。方悟三人之來，非以爲祟，實護産耳。

天報孝婦　附一則

咸豐間，山西武弁黑某押解火藥赴江南大營，非一次矣。路過清江浦，船中失火，震倒兩岸民房數十間，傷人百餘名。有鐵匠婦，事母居南堤，去河邊約三里許。當其時烟焰障天，母即昏倒，婦抱持不少動，黑地無人，五中飲泣。忽一包裹隔窗拋入，適婦之母舅來，屬打火點燈，扶母卧，見包裹即鐵匠帶回者，有銀八兩、皮衣一件、舊棉衣數件。蓋鐵匠調鑄鐵錢，在山西已數年，屢托黑弁帶家信并銀若干。黑皆乾没未給，致使病母孝婦茹苦以待，天特借此以彰顯報。惟路隔數里，人烟萬户恰拋置婦之家，亦巧

〔二〕　蓐，原誤作『蓐』。

矣哉！

是夜，汪笠甫家人送信赴友處，不一瞬擲院中，人已焦黑，信猶在手。譚桐舫家有大桅横穿兩樓脊。劉受亭正演劇，臺上頂板揭去，未傷一人。熊定宇後院中有紅緑女衣挂樹上。又一公館有賊入後樓，聲振天地，賊皆驚墮。大橋口，鬧市也，兩面樓房檐牙相接，新興街相去七八里，屋皆震倒，衣物飛入天際，隨風飄蕩，次日有得之河下者，相違二十餘里。

狐傳醫術

河南一士人，夏日出游，遇雷雨避大樹下，忽一猫躍懷中，因以扇覆之。雨過猫躍去，回頭作致謝狀。士遂歸。次日方獨坐，聞扣門聲，出視之，一人控黑衛，持名刺曰毛守道，請診脉。士人曰：『素不知醫，亦不識毛，必誤矣。』控者曰：『門巷俱問明，但去即知。』黑衛亦咆哮堂前。家人曰：『去見面，或即悉。』

生攬轡行，若在雲霧中，及門，毛肅迎入座。一胡姓，一黎姓，共論説，所言皆藥方病症。士健談，隨聲附合之。毛入曰：『先生誠淹博，出手必成名。第於婦科尚未領教〔二〕，應令妻女輩一就醫。』酒肴雜陳，燈燭照耀，生詳視房屋，似某親串家。毛指壁間對聯曰：『如某病，需何方。因誤服他藥，至今未愈。』胡曰：『昨日視某夫人病，恐亦醫者錯會，何不請嫂來，求先生一診？』士人欲發言，群起掩其口，或以碗盞遮蔽之。正飲啖間，聞人言曰：『誰擊盆子破，將肉拖去矣。』有婦人及女子出曰：『老黎又惹禍，勿令先生笑。書一本，以報德。』士遂醒，祇自笑夢中耳。

適聞某長親病，趨視之，群醫雜進，病者甚危急，屢欲有言，未敢出諸口。忽睹對聯，恍然曰：『服某藥，方對症。』因請定方，投之立瘥。主人申謝，亦詫其何以知醫也。并請爲其室人診治，藥到病除。由是醫名大振，數年小康。凡施藥，照書抄方，不敢有所增減。

其戚每言屋中有怪，請視之，即見毛之地也。旁有一破盆，主人曰：『一老貍善偷肉，昨爲所破。或亦時聞笑語聲，但似在瓮中。』士心悟，途中私計曰：『毛者，猫；胡者，狐；黎者，貍耳。』後過大樹下，旋風一轉，人仆於地〔三〕，少蘇踉蹌回，書失所

〔二〕第，原誤作『策』。
〔三〕仆，原誤作『朴』。

在。從此閉門，仍爲士人，不復行醫矣。

武后解冤

宿遷某媪爲宦家司針安詳，主人倚之，而同輩戲謔者，每以王三爲言，媪聞之必怒。年將六十矣，主人偶問之，笑曰：『有是事，但夢中耳。』因言三十許時，家小康，人皆呼曰三娘子。夫婦極調和，已有子女，忽病疫，身熱如火，而心中無甚疾苦。仿佛至一處，堂上坐者爲則天武后，左右皆女官，謂媪曰：『爲你前生事，費如許唇舌，今可解矣。』命帶王三，階下跪一囚，似相識者。后問曰：『輸服否？』囚似不允。命燒鐵練來，鬼卒以大鐵練繞其身，澆以油，火氣蒸人。又問之，囚仍辯，不知作何語。見鬼卒以銅勺灌其口，囚猶嘵嘵。后忽變相，如楊貴妃狀，袖中出銅鏡二，分照之。媪祇見己象如蠻女，形甚惡。囚叩頭不已。后問媪曰：『服否？』媪恐以苦毒相加也，亦叩頭。后命曰：『冤解矣。第有主僕分，應於夢中了結。』即遣王三回，各退散。媪不解爲何事，及大門，偷看王三，一美男子，心疑甚。正行間，通身汗下，病去若失。

至次年，其夫將他出，覓一僕，偶見之，即夢中人，以他事遣去。不數日，母家遣來迎，又此人，心惡之，不便言，以他僕同去。至母家，忽又病，心目間無非若人者，然以禮自持，不致有他失。一日，自思夢中謂有主僕分，又云冤可解，或前生事耶。是夜夢與交，醒而愧悔，幸無人知。托病遲臥不起，忽有告其母曰：『昨來小厮，人極靈活，夜間急病亡，殊可惜。』母訝之，問何症，曰：『一無病，衹作一惡夢，喚未醒，臨殁求三娘子賜一棺。』媪欲告夫家，母曰：『予換銅鏡錢，仍存此，可付之。』蓋媪素有一銅鏡，每照必雙形，嫁時未携往，屬母代賣，適以了此事。不知鏡背係何年號，或武后所鑄耶？

李鐵頭

青州李二善拳勇，習内功，人皆呼曰鐵頭。途中遇壽州徐六，詭之曰：『頭以鐵名，豈鐵爲頭耶？浪得名耳。』李曰：『曷試之，當以千錢爲東道！』徐曰：『諾。』指路旁木柴曰：『以此爲棒，殆將不利於李也。』李曰：『子先施，我後報，勿悔！』徐因盡力一敲，其聲隆隆然，又一敲，頭上有白痕，遂竭盡平生，欲畢其命。三次棒落，木柴飛入天際。徐握手蹲地下，叩頭乞命，蓋十指皆掤裂矣。李曰：『鼠子敢於太歲頭上動土，亦太狂，速去，勿污我手！』聞徐不三日死矣。

又一日，過宿遷，適山東捕追大盜三人至，捕呼曰：『李二哥在此乎？』李一躍上屋，揭瓦在手曰：『誰敢來，各以一瓦見贈。』盜誤認爲夥也，亦上屋，身手相遭，一瓦一盜墜。捕因縛之，三人悉就獲，因相致謝。蓋捕向知李，盜亦爲李所識，故智以擒之也。

李又自言在海州時，爲官捕盜不一次。一日，因病求醫，手無寸鐵，遇光棍十數人，各佩刀圍繞之，然亦未敢下手。李曰：『我病矣，勝之不武，請少歇，取命去。』諸棍徒追隨十餘里，至大樹下，李躍上，攀一大枝橫掃之，十數人悉扑地不能動。中一人近身不三尺，頭觸之，仰跌數丈外。遥視衹手足動摇，久卧不起，或了結矣，然自此不敢空手出門行。

針法

桃源營弁徐玉成世傳針法，不輕爲人醫。一當道戚誼畢竹鄰患瘋痰，請針之。徐見面與畢罵，畢怒，手格之，徐與鬥，畢氣極，尋刀杖不可得，將奪鬥。徐含凉水噴其面，畢倒地，徐趁勢一針，直刺心窩。畢不動，徐令縶其手足，針勃勃欲躍出，徐按之，或轉側之。畢鼾聲如雷，徐伏腹上聽之〔二〕，急拔針，反插梁上。扶畢坐，哇然一聲，痰出猶如湧泉，人亦憊不能起。徐告主人，針存此，後來取，人可調理矣。後視其針，長五寸許。

狐爪放光

瀋陽長雲衢，江南牧，有政聲。咸豐庚申，賊擾揚郡，公司營務糧需，寓邵伯。宅素有狐，公未之信，居數月，家人時見門窗啓閉，室滿异香，群訝之。夫人素性賢直，相戒勿犯，見怪當不怪也。

一日，賊警逼境，十室九空。公日勞防衛，深夜始歸，匆匆闔門卧。甫就枕，忽聞四

〔二〕　腹，原誤作『復』。

壁抓警聲甚厲，疑爲賊至。持劍下床，衹見燈火猶明，而窗震動，覺有萬馬千軍戰鬥屋中。始悟爲狐，爰理論曰：『賊勢猖獗，兵疲人困，偷卧片時，即須奔走堵防，而無故擾我如此。君其仙耶，自應助順以佑我；君非仙耶，是與盜賊何异？我將手刃之而火焚之矣。』語未畢，窗門霹靂一聲，櫺槅盡碎，火光一道，院宇皆紅，飛沙繞屋而逃。家人聞聲驚起，火光尚熾，細檢窗壁宛然，惟木板上處處抓迹縱横，地上遺落狐爪數隻，大如犬爪，放五色光。狐亦達理，後無他异。

生魂乞哀

范小衡同轉云其先人游楚幕，與記室某對門居，記室衹携一幼童，凡操作無二人，遇之虐，偶有過，必褫衣裸跪，不令之起，不敢起，雖嚴寒酷暑不少恤。或爲緩頰，愈加厲焉，以是同人無敢言者，恐倍肆荼毒也。

一日雪霽，寒甚，月色如晝。范翁已閉門就寢，見帳外有裸跪者，懔栗之形，心不能忍，迫視之，幼童也。問之已杳，因挑燈起，門扃如故，心疑甚，因呼曰：『宵寒特甚，曷仍未睡？』記室怒應曰：『孽童又誤事，剥衣跪雪中，令知懼！』范翁披衣起，解勸之，并授幼童衣，誡以小心服事〔二〕，勿逢主人怒。童叩頭謝，并陳自悔。范即寢，甫登床，又見童跪如前狀，隔窗與語，記室餘怒猶未息，曰：『恨之切骨，今夜令凍死！』范翁不能寐，又下床，見童赤身跪。月照地上，雪凝如冰。力説之，且告所見，必其魂也，設有事，何以處？强記室令之起，方各安寢。

次早，童晨興，灑掃烹茶，來往殷勤，動合主人意，各共幸此後或稍寬容也。童亦自喜無過失，見人多笑語。至晡時，後院一人縊，趨視之，幼童也。救之不及，因係契買者，即殮埋之。共以記室爲殘酷，薄其爲人。入夜，記室猶陪同事坐，談至三更，各閉門卧。忽聞記室自毆聲，口稱童子索命，夜以繼日，不得稍安。同幕勸之歸，以避其凶。自上船以至抵家，鬼隨之不少離。記室日就孱弱，奄然床褥間，聞至死猶求饒命。

噫，可畏矣！夫僮亦人子也，不幸爲人奴，不加憐恤，心已忍矣，何可苦毒備嘗，記室獨無人心乎？宜其自殞厥身，以爲炯鑒，孰云天之報施無憑哉！第僮跪雪中，何

〔二〕誡，原誤作『誠』。

以魂能離竅，或鬼神使之，知范翁仁厚，必能拯拔。彼其之子，死有餘辜矣。

張中丞孝感大士

張中丞名之萬，號子青，直隸南皮人。任漕督時，太夫人病，禱之清江普座寺大士前，堅跪不起。太夫人見大士在前，身披白氅，手執柳枝灑水。汗出，病愈。因令人喚漕督歸，面告之故。

于賓之刺史口述，故特書之，爲天下後世之爲人子者鑒。

宋幻仙諭逐女鬼

歙縣宋幻仙安榴，余盟弟也。少孤失學，奉生母寄住嘉禾。意氣豪邁，見識高超，善繪事，好交游。揮金如土，不數年家道中落。弱冠後，折節讀書，從名師，習申韓，逾年學成，遂爲諸侯上賓。如郭遠堂制軍、丁雨生中丞諸公，皆其知遇也。

杭城遇長髮賊，隻身出坎，復游都門，交遍公卿，覽窮山海，錦衣玉食，不改曩時。偶來上洋，鵬息六月，余時寄居滬上，不期而遇。撫今追昔，感慨係之。余年六十有九，幻仙年五十有一，白頭相聚，快慰天涯，飲酒看花，吟詩作畫，樂可知矣。

前年余有僕人姓馬，名天福者，無錫人，年二十餘。從余夷場觀劇，夜静回寓，於燈下馬見一美人之影，毛髮聳然，是夜夢有女妖來與馬歡。十日後，馬僕面黄肌瘦，月餘，病不能行走。幻仙憫其遭鬼祟也，手書諭單一紙，命馬僕貼在帳檐上以禁之。馬僕受命貼諭單，是夜見女怪對馬泣曰：『妾本杭州人，與爾有宿緣，今遭宋爺諭逐，不能久留，廿年後如約重會。』大哭而去。從此馬僕病瘳，奔走如故。

噫，异矣！幻仙少時扶鸞，有仙降壇云：『幻仙是廣成子之童兒轉世，自是君身有仙骨，世人那得知其故。』與余交之最深，故記之。至諭單所云，余則忘之矣。

楊佩甫紀夢

同治十年辛未十月二十一夜，嘉興楊佩甫名伯潤寄居滬城，夢見童子引入高廳，見董思白先生倚長桌而坐，謂曰：『久不見矣。』楊見思翁瘦面疏髯，年約七十餘，亦如舊識者。楊曰：『請動筆。』思翁隨拈血牙色箋兩片，用藍筆書尺牘，一點一拂皆能記憶。書罷，畫一便面，題五絶一首，祇記『來趁渡頭船。故向沙邊立，沙邊有鳥眠』三句，忘其起句。思翁題詩時，書到『來』字停筆，問楊曰：『趁船之趁如何寫？』楊曰：『走字傍一㐱字。』思翁領之即書，餘皆模糊。

佩甫述夢如此。余曰：『佩甫再來人也。其先尊小鐵先生以詩名海内久矣，故其爲詩，淵源家學，遠過常人。吟咏之餘，尤工六法，烟雲竹樹，逼肖思翁。至於寫生，能追道復，名揚海國，蓋亦有年。事母極孝，日以潤筆，甘旨承歡。環堵蕭然，不改其樂，殆亦眉公之流亞與。前生舊好，夢寐見之，理所宜然，無足怪者。』佩甫與余爲忘年交，五載如同一日，幽情清夢，樂爲書之。

卷二十三

婺源　齊學裘　子治

義妓

道光年間，余居吴門，街行見一少婦手抱琵琶，沿街賣唱，後有少男手敲竹板，跳而從之，觀者如堵墻。詢知少婦本良家女，落難爲娼，色藝俱佳，素有名聞。其男本富家子，秦樓失足，家無立錐。娼婦憫之，遂弃娼賣唱，養其男，耻作迎新送舊之妓，可謂義矣。聞者嘉之，視買臣之妻，真義妓之所不齒者，故特爲書之。

不孝顯報

婺源沱川聞有不孝子某，少不如意便打父駡母，族人怒之，大開申明庭捉不孝子來，以家法處治。正行杖時，來一父老，年八十餘，見問何事受杖，衆以不孝對。老人笑曰：『爾等祇見其子打其父，獨未見其父之打其父也。如見其父之打其父，則不怪其子之打其父矣。諺云：「孝順還生孝順子，忤逆還生忤逆兒。請看雨落檐前水，點點滴滴不差移。」』老人説罷策杖而去。衆亦罷議放之歸，置之不問。

徐迂伯序文二首

玉谿居士五十壽叙

壽能亘古不朽者惟君子，達在上壽旌常，窮在下壽乘志，而祝壽者當表其何由得壽，何日致壽，若瑣瑣然誇述其年數，艷陳吾文辭，皆所不取也。然舉世祝壽，不過曰享年有永而已，則市儈巖翁、懷殘秉賊、龐眉皓首，不勝屈指，過此以往，冰消雪釋，無復聞焉，縱壽過彭籛，亦奚足貴！是故知壽一身者爲壽，而不省壽天下者爲壽；知壽百年者爲壽，而不察壽萬世者爲壽。苟非學探性命，數權修短者，孰能求壽於年數外也哉？

惟我齊玉谿仁兄，年纔伯玉知非，歐公會洛，倘以壽言，似未可祝，然觀其修爲積累，非人所易逮。乃祖雨峰先生，乃父梅麓先生，宦迹才學，縱表史册，而詩文翰墨未傳於世。兄乃搜羅彙萃，較對摹刻數十卷，又鎸帖卅餘卷，以補先志所未成。浩費萬金，自忘窘迫，易十數寒暑方獲告竣。幼弟五，女弟一，俱未婚嫁，勉爲籌畫盡善，不憚勞瘁。

吾兄修爲積累固不在是，是第爲世俗所共見共聞者也，然即此而論，可謂順矣、孝矣、友矣。夫孝友固人所當盡，特念慈至失靷，友至射牛，若是孝友，自古爲難。吾兄拂亂空乏，變幻叵測〔一〕，較失靷射牛，尤有甚焉者，而卒能委曲求全，孝也友也。後人聞是風，縱鄙薄偶儕，亦當油然興起其寬敦也已。回視夙昔顛沛危患，適爲甄陶冶煉不朽壽耳。

今寓居吴門，吴門名賢彙集淵藪，雖遐陬塞徼，至者無不耳玉谿名，亦無不欲納交玉谿。以故客常滿，座間則琴畫自娱，書祖蘇黄，詩宗元白，丐索者遠近至。方正學云：『情有餘者，其藝必精。餘藝固無足重，亦足增不朽壽也夫。』夫謂相知者，貴相

〔一〕叵，原誤作『巨』。

知心，吾與兄相知三十餘年，知事最悉，知行最深，用是刷國人浮言，觸同人諱言，膺吾兄所不忍言，遂不覺肆疏狂戇直性，陳不文真率辭，祝亘古不朽壽。

寶褉室帖序

《寶褉室帖》，齊子玉谿承先志而作也。余自道光癸卯燕冀南旋，至甲辰秋過吳門天空海闊之居訪玉谿，適見其爲乃祖雨峰先生、乃父梅麓先生合刻《雙溪草堂全集》六十卷，鎸《雙溪草堂遺墨迹》九卷，晝夜校勘，晷刻不暇，費數百萬錢。或質産典衣，勉力蕆事。相處數月，縱談古今處世要道，逮身心性命工夫，無不可靠可稽者。繼又商鎸《寶褉室帖》二十四卷，以補先志所未逮，計費四百萬錢。他人雖皆欽其志，體阮囊，諒任陂無不爲氣餒，而但從壁上觀。

咸豐紀元，余又北上，經月尋返，遂足不越里閾。玉谿時歸陽羡，必過訪。癸丑冬十一月，復泊舟溪湄來訪，且以《寶褉室帖》全部相贈，細閲數過，若李唐《甥舅碑》，迄朱明余子疇等真迹，世所不傳。蓋作是帖也，發潛闡幽，寓意深摯，非可蠡測，倘徒玩其鈎摹神妙，亦猶夫不可語冰與海者然耳。姑不具論，余特喜其有志竟成也！張奉云

『賢者固不可測』，豈不信哉？

夫古今來簪纓累世，焜燿一時，遺金飫府藏，遺粟擬山丘，意氣揚揚，甚自得也。幸而年豐人樂，適足以供驕奢，資奔競，捷徑争趨，嘩聲銅臭；不幸際兵燹凶荒，譎埋詭窖，機變迭生，至神魂忽忽其若遺，欲暫求一息安，卒不可得，甚有以身殉自甘。若此者，不特忘祖父志，抑且遺祖父羞矣。

今玉谿承拂亂空乏餘，丁干戈擾擾會，他人處此正如雀棲雪、燕巢幕，患難交迫，志意交亂，乃獨孜孜矻矻，惟以先志未遂爲憂。世洶洶，手空空，若有相忘而不覺也。因揆其十數年中，無一日不痛先志未成，無一日不望先志克成，其無一日不體夫先志者，即無一日不摹乎先人也。孔子云『三年無改』，今專家政已一十有三年矣；孟子云『五十而慕』，今計年齒已五十有二歲矣。居家和樂，友愛以外無問焉；作事勤慎，繼志以外無問焉，豈非竊惟孔孟遺意者乎？其仁親也篤，其立志也堅，其行己也力，是《帖》也，豈特爲齊氏繼其家聲，與夫傳先賢妙墨而已哉？

余素重其人，今更欽其志，而謹爲之序。咸豐四年甲寅夏四月徐慎獨序。

余步雲斷指救父

同治十年二月，無錫青城鄉浮舟村余啓秀之第三子步雲，因父病重，乃於十二日夜，以菜刀砕去中指一個，煎湯奉父。父病即愈，毫不知痛。

啓秀係余君蓮村之從叔，先是，蓮村家人陸慶斷指煎湯救主，已列入第十八卷中，步雲蓋觀而感云。

溺女顯報

太倉沙溪鎮陳大，開豆腐店爲業，連溺四女。所生四子，大者已二十三歲，幼者已十三歲，於道光二十三年兩月之間，皆出天花而死。出花時，陳大夢中常見四個小女鬼索命。其妻發狂而死，陳大被賊殺死，一門死絶云。

又上海大東門外王家嘴角海運局門口，張丐頭之妻腹痛難産，十餘日不下，至六月二十一日，腹中之兒破門而出，怒目而視，仍舊鑽進母腹中。張丐頭之妻大呼痛殺，至二十二日死。據云張丐頭之妻生過七女，皆溺死，故有此顯報。同治十年六月二十二日事。

天津水災龍見

同治十年秋，天津大水爲災，漁人網得小龍四頭，以盆盛之，送進龍王廟，唱戲敬神。旬日龍去，災遂平。

湖北象斃

同治十年秋，外國貢象四隻，行至湖北，有一象見象童换新衣，誤認匪人，遂以鼻捲傷而斃。或謂象曰：『象童無過，受傷而死，何忍爲？』象聞言，仰首大呼，撞石而斃。

噫，异矣！象因誤殺一童，便肯以死殉之，視古之從政者誤殺無辜，不知其幾矣，要求其有悔心者已不可得，孰肯以死殉之。觀斯象者，能無感乎？

徐孝子

滬城徐某病重，其子十二齡，走進邑廟，堅跪城隍神前，誓以死禱。父病不愈，誓死神前，夜分不歸。父病頓愈，呼兒不見，詢知兒在邑廟祈禱，不肯回家。父遂提燈入廟，携兒回家，就寢無恙。

同治九年事，惜未知其名也。

唐夢蝶

唐夢蝶素辦摺奏，當路大吏常延爲上賓。寄居吴門涉園，與余爲莫逆交有年矣。性好梅，常種梅百盆以自娱。具經濟才，當道光年間，夷人作亂時，曾著《剿逆説》，遍視當軸。余曾薦一郝某於大吏，皆知其有勇知方之士而不能用，因議和也，聞者惜之。

唐預知死期，隔年遍告同人。某年正月，告辭兩江總督某公而歸吳門，即將盆梅遍贈同人爲別敬。四月到期之前三日，大宴賓朋，日費百金。期至談笑而逝。余撰挽聯云：『剿逆有同心，君獻蒭蕘我獻士；昇天無別事，生爲人傑死爲神。』自今思之，其狀貌氣概猶在心目間也。

至唐之《剿逆説》與余之薦郝書，稿皆被劫火焚去，不可得而見矣。噫！

張烈婦死節歌

烈婦張氏，浙之西安人，大城王萼樓明府之侍姬也。生三歲，家貧，鬻倡家。明府識之於武林舟中，憐而贖之，備側室焉。隨任之萬安，賊至，明府出戰不勝，城破，賊犯趙孺人，姬以身護之，因與嬰兒俱被害。

明府追悼姬人死事之慘，命工繪像，狀其概，以徵當代之詩歌。銘岳東屏觀察作傳以紀其事，因作詩：『王家姬，張家女。西安生，萬安死。其生也不辰，其死也甚烈。

銘公作傳歌，讀者心爲裂。嗚呼烈婦生可哀，三歲鬻茭船，十五王家來，十六育女孩，十七舉男兒，兒生纔五齡，與母同被災。嗚呼烈婦死最慘，駡賊護主勇且敢，面如桃花心如石，不負所天死亦得，英魂長侍王郎側。芳終古，垂竹帛。』

貞孝張女詩

洞庭張興洪之女許字葉恒蕃爲繼室，未嫁而夫歿，女聞訃，矢志不可奪。父病劇，割股進湯藥，卒不起，視含殮畢，即奔夫喪，撫育遺孤。新陽葛撰章聞其將扶櫬歸山，爲詩以贈，李登瀛作小引徵詩。余來滬上，應敏齋廉訪招飲，出視此卷，因題一詩以贈之。時丁卯五月二十有九日也。

洞庭山，高插天。洞庭水，清且漣。張家女兒賢復賢，湖山靈秀鍾嬋娟。父病劇，女割股。女未嫁，夫已死。夫命似曇華，女心如井水。夫死有遺孤，無母誰其撫。借曰不奔喪，何以對夫子。扶櫬歸山存夫祀，葉家忠臣張孝女。嗚呼巾幗有完人，浩浩中流一砥柱。

朱岳雲道士

江寧朱岳雲道士少從姚姬傳先生學詩，頗有詩名，題劉阮到天台圖云『他時我到天台去，衹問桃花不問人』，因此得名。題余畫圖、與余酬贈詩，久已刊行。善畫菊，好彈琴，好算奕，至老不衰。

道人有租田數十畝，足以自給，田舍數間，額曰『麥浪舫』，余題麥浪舫圖七古一篇，久刊在集。道光二十年後，年逾八十，杳不知其所之矣。

題農隱道人麥浪舫圖

岳雲道士仙乎仙，酒酣得句追青蓮。誅茅結屋滄江邊，江波麥浪搖醉眠。朅來三見堯時水，田廬盡没洪濤底。名爲農隱實無田，一硯耕之而已矣。觀君不用泣窮途，世事大都如此耳。君不見少陵成都舊草堂，三間茅屋摧風霜。

《三晋見聞録》

麡

山西沁州大悲寺，康熙二十六年秋，有馬産一物，人首馬足鹿身。寺僧以爲怪，埋之。越十餘年，有馮昕者寄書沁州佐馮祉云，曾聞向年治北大悲寺，有産人首馬蹄鹿身之物，此名曰麡，類同角端，鍾日光月華、龍精人氣，故生於神前佛舍。驟長能言，知休咎，識時務，倏隨神隱，兆瑞應世，其産處氣當先至。

馮昕者，江南寧國府宣城縣人，沁吏目馮祉，族叔也，博學多聞，而吴文端公果以三十七年大拜。

按，梅誕生《字彙》：『麡，厥縛切，音脚。獸名，鹿形人首馬足。』

白　竹

山西榆次縣昌源河之濱，人多種竹，不緑而白，望之如雪，土人謂之白竹。

黨參紀异

《隋書·五行志》：開皇中，上黨有人宅後每夜聞人呼聲，求之不得。去宅一里許，但見人參一本，枝葉峻密，因掘去之，其根五，具人體狀，呼聲遂絶。唐常貢，上黨郡貢二百兩金，潞州貢人參。上黨即今潞州。至明時尚充貢。後太祖以人參得之甚艱，令不必進。

按，人參産石間沃壤，一名人御，一名神草。大者徑尺，小者六寸。《本草圖經》載，人參大治喘。相傳試上黨人參者，使二人同走，一與人參含之，氣自如，不食者則喘。産壺關紫團山者最佳，爲紫團參。唐韓翃《送客之上黨》詩曰：『官柳青青匹馬嘶，迴風暮雨入銅鞮。佳期別在春山裏，應是人參五葉齊。』又周繇《以參遺段成式》詩曰：『人形上品傳方悉，我得真英自紫團。慚非叔子空持藥，更請伯言審細看。』東坡《紫團參》詩：『谽谺土門口，突兀太行頂。豈惟紫團雲，實自俯倒影。剛風被草木，真氣入茗穎。舊爲人銜芝，生此羊腸嶺。』按，紫團山舊有參園，後墾爲田，其他山谷雖産，然服之鮮效。

禮鼠

大同縣出黄鼠，劉績《霏雪録》：黄鼠穴處，各有匹配，人掘其穴，見其中作小土窖，若床榻之狀，則牝牡所居處也。秋時蓄菽黍及草木之實以禦冬。天氣晴和時，出坐穴口，見人則拱前腋如揖狀。疑即《詩》『相鼠』。

按，陸德明《詩》疏，今有一種鼠，見人則交其前兩足而拱，謂之禮鼠，亦或謂之拱鼠。昌黎聯句詩所謂『禮鼠拱而立』是也。土人云黄鼠畏地猴，地猴形小，縱入其穴，則喙曳而食之。味極肥美，元時曾以供御。

憂畏爲養性之本

先祖雨峰公曰：『凡物順則死，逆則活。魚無不逆水而上，雖至細之鱗，遇大水亦搶而上，力不勝則隨水而下，力定復上；禽鳥亦多逆風而飛。人亦如此。飽飲安樂，縱情恣意，如是夭折者多矣。使辛苦憂畏，拂亂心志，能謹畏無意外事，可以永年。孫思邈論養性，以憂畏爲本，其言反復甚切，所謂「五行不順行」者，亦此事也。此則孟子

「生於憂患，死於安樂」之旨。杜子美「欲覺聞晨鍾，令人發深醒」，吾願世之居高粱紈褲者，常書此於座右。』

學裘少時患病，中年多故，老來遭難，一生困苦流離，吃虧忍辱，無事不逆，無境不逆，無時不逆。聞者憂之，當局者不改其樂也。所謂『凡物順則死，逆則活』之言，有明證矣。裘之得以延年益壽，不忝所生者，皆從逆境得之。天之予我以逆境者，正天之玉我於成也。書之以志吾幸云。

《思補齋日録》

大器必由規矩準繩。葛中恬《省心微言》人無繩墨，即有才亦屬泛駕之馬，其不蹶蹶而顛仆者鮮矣。三魚堂謂：『子弟聰明，當擴充於範圍之內，不當擴充於範圍之外。』亦是此意。

遠慮非是空自愁苦，又非是多設機謀，是從天理路上，尋個經久妥當的法子。辛復元靜中覺萬事萬物都有條理，故靜爲制事之本。

辭受取與，賞罰懲勸，一切不可任性，任性多敗。葛子曰：『不可乘喜而多言，不可乘快而易事。』

有緩庶幾詳審精密，可以寡過。葛子曰：『處事最當熟思緩處，熟思則得其情，緩處則得其當。』

禮義廉恥，可以律己，不可以繩人。律己則寡過，繩人則寡合，寡合則非涉世之道。故君子責己，小人責人。林和靖

多言則背道，多欲則傷生。林和靖

聲色者，敗德之具。思慮者，殘生之本。林和靖

象山先生登鬼谷山，行泥塗二三十里，云平日極惜精力不輕用，以留有用處，所以如今如是健。諸人皆困苦不堪。

王陽明典兵，目不轉瞬者七晝夜。或問何以能是，曰：『吾生平騎馬，目之所視，未嘗及馬首，可見精神氣力都是養出來的。』葛端調嘗言：『年力方壯，國事待理，吾輩思爲他日有用人物，宜培養其精力氣骨，毋使用爲宴安逸樂，悠忽無事所消磨耳。』

經理田野之政，自一保始，每保畫一圖，凡田疇、道路、山水、橋梁、寺觀之屬靡不登載，而以民居分布其間，某治某業，丁口老幼凡幾，悉附見之。合諸保爲一都之圖，合諸都爲一鄉之圖，又合諸鄉爲一縣之圖，可以正疆界，可以稽户口，可以起徒役，可以備奸偷。凡按徵發、争訟、追胥之事，披圖一見可決。在田野爲保，在軍旅爲伍，韓信多多益善，用是法也。四明袁公以此爲荒政之要，由是民被實惠，而欺僞者無所容。《西山文集》

貪污自多欲尚侈始，小官俸廪幾何，百般皆欲如意，不受賂安從得？故清心寡欲乃吾儒入手用功處也。《西山文集》

惟儉可以養廉，世容有儉而未必廉者，若不儉，雖欲廉而不可得也。陳榕門《仕學遺規》

『儉』之一字，受用不盡。儉則寡欲，寡欲則心静，心静則氣活，便有許多進退綽綽處。諸葛武侯言：『唯澹泊可以明志，唯寧静可以致遠。』余下一轉語云：『唯澹泊乃能寧静也。』然其要祇是耐得。古人云：『咬得菜根，百事可爲。』真至言也。

朱子云：『晏子一狐裘三十年，固是節儉，然亦其保惜有方。』

儉亦須從天理上推究，如窮而在下，不儉則不能無求於人；達而在上，不儉則不能不過取於物。制節謹度，唯恐喪其所守，此天理也。若不顧義理之安，唯以節嗇爲聚斂，則儉便是吝之實，貪之根。極其流弊，不至於纖悉言利，悍然不知有父子之親、君臣之義而不止。此天理心欲，學者所當深辨也。日用起居，事從節嗇謂之儉，儉可惜福；酬酢往來，事從節嗇謂之吝，吝必多怨。

常能把捉此心，使語不妄發甚難。王文山《尋樂齋偶鈔》

須時時收拾此心，勿令少放。馬祖云：『一回入草去，便把鼻孔拽來。』此語却自説得警醒。

寫字亦養心之一助。

嗜學者焚膏繼晷，亦不可夜逾二鼓，以子分乃貞元之會，宜令心神歸宿，滋息夜氣。《尋樂齋偶鈔》

臨民十二箴：一不收長隨；二不借京債；三慎擇幕賓；四防檢宅門；五交盤清楚；六用度節省；七清心寡欲；八錢糧隨收隨解；九案牘不滯；十慎重審斷；十

一事上官以和，交紳士以禮；十二馭吏嚴而有恩。《尋樂齋偶鈔》

人之情猶水也，規矩禮法爲堤防。堤防不固，必至奔潰。黄虞封《實學録》

從善如登，從惡如崩。要做好人，上面煞有等級；要做不好人，則立地便至。《實學録》

胡敬齋曰：『見義理不怕見得鈍，祇怕見得淺。雖見得快，若不精細，亦不濟事。余見事最鈍又疏，其何以濟？』

薛敬軒曰：『讀書以防檢此心，猶服藥以消磨此病。病雖未除，常使藥力勝，則病自衰。心雖未定，常使書味深，則心自熟。』

林志惟讀薛文清《讀書録》，掩卷而嘆，家人問故，曰：『予覺昨評一人傷於刻矣，纔見薛《録》云：「聖人取人極寬，如仲叔圉、王孫賈、祝鮀皆未必賢〔二〕，以其才可用，猶皆取之。後之好議論者，於人小過必辨論不置，而遺其大者。」是以悔也。又覺昨處一事動於氣矣，纔見薛《録》云：「處人之難處者，正不必厲聲色，與之辨是非，較長

〔二〕鮀，原誤作『鮑』。

短。惟謹於自修愈約，彼將自服，不服者妄人也，又何校焉？」予是以悔也。又覺昨言一事近於誕矣，纔見薛《録》云：「常見人尋常事處之合宜，數數爲人言之，陋亦甚矣。古人功滿天地，德冠人群，視之若無者，分定故也。」予是以悔也。又覺昨諾一人涉於輕矣，纔見薛《録》云：「凡與人言，即當思其事之可否，可則諾，不可則不諾。若不思可否而輕諾之，事不可行，則不能踐厥言矣。」予是以悔也。《實學録》

聖賢貴剛，蓋以制欲，非以制人。卧雲子

蔡文忠公倅濟州日，至醉，賈存道先生詩云：『聖君寵重龍頭選，慈母恩深鶴髮垂。君寵母恩俱未報，酒如成病悔何追？』文忠自是終其身未嘗至醉。謝上蔡嘗寶愛一硯，後聞程子玩物喪志之説，遂碎其硯。可見古人克己工夫，直恁地勇猛。學道須如此斬絶，方有進步。『剛』字從刀，取割斷之義。昔人謂人必能大割捨，然後大有成就。仙釋家往往多成就之人，以其能一切割捨也。《鍾呂問答》謂：『吾有慧劍，内劍以斬欲，外劍以袪邪。』亦即吾儒剛以制欲之義，但彼書文義，説得離奇耳。『慧劍』者，言知之即能割斷之也。臨事着一『苟』字便壞。高忠憲

天地間福禄，若不存些憂勤惕厲的心，聚他不來；若不做些濟人利物的事，消他不去。《實學録》

范文正在淮揚，有孫秀才上謁，公助錢一千；明年復謁，又助一千，因問：『何汲汲如此？』孫蹙然曰：『母老無以養，若日得百錢，則甘旨足矣。』公曰：『吾爲子補學職，月得三千以供養，子能安於學乎？』孫大喜。後十年，有孫明復先生以《春秋》授徒，道德高邁，朝廷召至，則前索助者也。公乃嘆貧之累人，雖才如明復，猶將汨沒〔一〕，況其下者乎？《實學録》

當官處事，嘗思有恩以及人，而以方便爲主。即如一催科也，其勢萬不能免，但就其中求所以省民力者，不使騷擾重爲民害，則所全已多。一聽訟也，準之以人情物理，出之以静氣平心，不事煅煉羅織，而人心各得其平矣。《仕學一貫》

□□□觀察江陵時，某方伯來謁觀察，接見時，所穿補服一鈕失扣，方伯公見之以爲褻玩，忿怒。觀察謝之，怒不可解。後每辦公事，多成齟齬。以此見衣冠言

〔一〕汨，原誤作『泊』。

動，不可不慎也。

浚遒縣祠唐后二山，衆巫每歲取民女爲公嫗，有妨嫁娶，令莫敢禁。宋均命今後爲山娶者，皆娶巫女，勿擾良民，其事遂絶。較之西門豹投巫之事，更不惡而嚴，從政者所當知。《譚輅》

邑令志不在民，一切付之鄉保吏胥之手，飛走賣弄，聽其自爲，需求如志，則以上等之户降而爲下等，賄賂不至，則以百金之産增而爲千金。《西山策略》

地方官詞訟，無日無之，最足見居官者之明暗，而亦戒飭平反、革薄從忠之一段大工夫也。慨自人心多變詐，明明被毆而傷，稱殺傷；分明争財，妄云搶劫，又或牽引其父兄，連及其婦女。意謂未辨是非，且先使追呼擾動，耗財以泄其忿耳。更其中誣賴人命，尤極慘酷，或以奴僕脅主人，或以頑佃誣業主，或以卑幼制尊長，有親人逼死而乘機索詐者，有冒認親族而毁門壞屋者，種種誣罔，不可枚舉。官長止以尸場一驗了事，而豈知其魚糜肉爛已無所不至哉！此弊不除，人心日益險，事變日益多，官府亦應接不暇矣。吾謂户婚田土，當視其情詞虚實，不宜濫准。不准者，必指批其不准之故，毋使再來翻瀆，不可粗心浮氣，略觀大意，以不得混瀆一語批出了事；其准者，則必親問，不可聽其講和，問則必速，不可稽遲拖累，審明則必斷結，不可含胡逐出候示，又起探聽打點之弊。若於投詞之日〔二〕，使原告、證佐同時到案，當堂取證佐確供，倘詰出黨惡誣證之弊，不待被告到案證明，先懲其誣證扛幫之罪，其有情節可審者，則限日投審，原告情虛，固必加罪三等，而證佐則尤加重，不過一二月間，扛幫積弊、無情誣訟即可去其七八矣。《仕學一貫》〔三〕

凡有告狀，當堂收詞，就原詞駁詰，無可登答，輕則逐出不收，重則量懲。所告似有理而一時不能查案，則暫收候批。凡雇人代告者，不敢來矣。州縣告狀，雖不拘於告期，勢須隨告隨收，接狀時即須抽閑一審，亦以免告期擁擠守候也。《仕學遺規》

朋友須箴規指摘意少，誘掖奬勸意多。王大成

先祖雨峰公博學多聞，著作極富。乾隆癸未進士，主講山西晋陽書院，著《三晋見聞録》；官粤東，著《思補齋日録》《杜詩本義》《文鈔》《詩鈔》，久已刊行。孫學裘敬采數則以廣其傳。

〔二〕若，原誤作『苦』。

〔三〕仕，原誤作『士』。

卷二十四

雙節殉難詩

婺源　齊學裘　子冶

咸豐六年丙辰，西寇陷揚郡，甘泉民葛大純妻高氏、子椿妻張氏，臨難死，皆節婦也。先是，癸丑賊陷揚，姑婦避至城外，家無男丁，椿遺二女，縫紝拮据，供菽水，爲仰事俯育計。賊至，更無所得食。寇退，還居城内。丙辰，賊再至，姑婦計不死必遭辱，皆自經。張氏先手刃二女，後自刺不死，復就縊。高年二十一守節，已得旌，死年六十三。張二十三守節，死年三十。女大者十四，次九歲。

余贈詩云：『甘泉葛氏，父子繼殂。一門雙節，孝婦事姑。孝婦無兒，祇生二女。仰事俯育，零丁孤苦。賊來城陷，姑死婦隨。恐爲賊辱，先殺女兒。借曰不死，喪名辱身。維其死之，名揚身存。嗚呼姑婦，聖賢根器。孔曰成仁，孟曰取義。可以無恨，可稱完人。流芳百世，益壽千春。嗚呼雙節，具三達德。生振綱常，死全貞白。鬚眉失節，累萬盈千。聞兩節烈，能無愧焉。我陷吴門，十閲月矣。駡賊得生，墜樓不死。今題雙節，歲暮年衰。中書君秃，深係懷來。』

盛子履

鎮洋盛子履大士學博，所著詩古文詞久刊行世，其餘力作畫，純是士夫氣韵，常用『江左詩人老畫師』之章。爲山陽縣訓導。

余堂兄康，號葯潯，由進士榜下知縣，改授淮安府教官，與盛君爲同寅。余幼時讀盛君詩文，《内無怨女外無曠夫》一篇，心慕不已。道光元年，余年十九，得讀盛君詩古詞畫，遂作寄懷盛君詩二律，復畫設色山水一便面寄之。盛君謬加評目，許以近古，載之《溪山卧游録》卷三中，云：『齊子治學裘，婺源人，梅麓太守之子。詩學東坡，書法宗歐虞，畫亦力追元人。嘗贈余扇頭，設色小景，蒼秀有氣骨。英年得此詣力，未可量其所到。』

又題余《蕉窗詩鈔》云：『壬辰初春，葯潯仁兄以子治公子《蕉窗詩鈔》見示，開編盥誦，格高氣遒，詞腴律細，餐冰飲雪，清絶無塵。卷中《焦山》諸作，興酣落筆，覽之如仙山縹緲，風雨合離，其意思融結，音節轉換處，已得昌黎、玉局、劍南、遺山諸家勝境。乃知沐浴於過庭之訓，所造自不侔也。雅頌之音，著作之手，金閨麗藻，大雅扶輪，更爲公子望之。鎮洋盛大士識。』又題七律一章云：『鏤雪清才錦綺鮮，風流何減小斜川。吏稱香案蓬萊住，詩到專門湖海傳。鯉也過庭多勝賞，鳳兮嗣響奏鈞天。玄亭我欲携琴訪，罨畫溪邊艤釣船。』

觀此記載詩跋，其愛才悦士，誘掖後學之盛心，亦可見矣。承惠設色山水、大幅愛蕉圖、大沙飛村古梅圖，皆有題咏，俱付刼灰，惜哉！余曾載詩畫，訪盛淮城，與家葯潯兄三人暢叙十日，談詩論畫，快慰平生。逾年，余入山避難，盛亦仙游。一彈指間，年交七十，能不感慨係之！

寄懷盛子履先生

風雅含情苦不才，成語。也勞盛意厚栽培。未經謀面心先契，若不拋磚玉豈來。愛我欲傳三管筆，先生向著《讀史隨筆》一書，近加編輯，已承許賜。贈君猶有一枝梅。時以愛墨上人墨梅畫箑奉贈。山中無計消殘暑，日把新詩誦百回。

讀公文字記兒時，儒雅風流想見之。天下争傳才學識，老年尤好畫書詩。銅官玉女都翹望，蘇海韓潮敢浪窺。先生評拙稿云：『卓煉清超，駸駸乎入退之、子瞻之室。』稱賞如此，裘何敢承。可惜淮南千里隔，無緣握手慰相思。

舟次夜讀盛子履先生詩集，敬題二首

舟次讀君詩，風清月白時。渾忘身在客，不忍手停披。性與水雲活，胸藏丘壑奇。拈來皆妙諦，即此是吾師。

妙語出尋常，吟來字字香。仙心同水月，史筆挾風霜。往事何須念，先生家庭多故，悲凄之意形於詩。名山定可藏。荆州人共仰，容我獨登堂。

高郵舟中讀子履先生惠畫，作詩謝之

讀破萬卷行萬里，執筆作畫畫來矣。先生畫仙非畫史，千巖萬壑胸中起。乘興揮之没興止，五日一石十日水。惠我畫箑并二紙，房山大痴兼小米。真得古人神與髓，若論面貌迥不似。筆墨何由妙至此，書味詩趣爲之耳。以畫名者滿目是，施粉施朱美則美。娬媚但邀流俗喜，予也捧腹笑不已。身爲男兒態女子，顔色雖生骨已死。此中三昧誰知己，前有四王今子履。秋風倚棹江之涘，好向畫仙參畫理。

俞理初

黟縣俞理初燮孝廉讀書過目不忘，書無不覽，著作等身。曾爲張芥航河帥修《行水金鑒》，數月而成。船過荆溪，訪余於雙谿草堂，款留小飲，謂余曰：『近年苦無書讀，《四庫全書》以及《道藏》内典皆在胸中。』國初以來名宦，家世科墨，源源本本，背誦如流。博古通今，世罕其匹。工篆刻，爲余刻『蕉窗寫意』『玉谿書畫』兩小印，古雅可珍。居家事母，不樂仕進，時移世亂，不知所終。

錢梅溪

金匱錢梅溪泳能詩工書，縮本唐帖，至其分書，一味妍媚，不求古雅。名雖遠播，終不近古。先大夫宰梁溪時，倩錢君鈎刻《松雪齋帖》十八卷。年八十三，生一少子。越數年，自知大限將到，作辭世詩，飲水月餘，無疾而終。

戴蕉石

錢唐戴蕉石工詩，有《蕉石山房詩稿》，未刊行。貞石理運之弟也。道光庚子五月，余寄寓吴門三太尉橋馬氏宅，蕉石因兄故後，無家可歸，流寓吴門，貧病交加，借某典史自鳴鐘一架，質番銀七餅。某典史遂托言母病，要借蕉石大小婢女二人去用，久假不還，索之不理。蕉石病中過余齋，哭訴某典史靳婢不還，意欲將婢抵鐘云云。

余聞言，怒某太狠，遂自典衣得洋八元交蕉石速贖鐘出，同蕉石到某典史寓，將鐘還某，索還二婢。某進内室，半時不出。余坐堂中，大聲疾呼。某驚跑出，對蕉石曰：『尊婢不肯回府，奈何！』蕉石默然，余曰：『奇哉奇哉！太平時世，竟有强匿人家婢女者乎？』携蕉石手同出，謂某曰：『巡撫大堂相見。』某聞言拜跪不遑，苦求息怒，挽進書房，佳茗送上，旋進内推出二婢，出外見主人。大婢年十八，小婢年十三。余命家人領女先行，再同蕉石隨後押送，恐某中途設計也。蕉石到寓，二婢進内，余始返寓，燈已上矣。

逾年，蕉石病故，余代其募化後事，送櫬還杭。其妻女三人願入清節堂守節，余代爲部署一切，與董丈琴涵、黄君秋士同出名片送入清節堂。蕉石存余處詩二册，亂後失之，書罷慨然。

黄秋士之女出難

同治五年間，有某生上海聚美軒觀劇，見一女戲脚來前唤『先生』，某生异而問其姓氏，女曰：『我父黄秋士也，先生訓讀二年，竟忘之耶？學生被人拐至上海，賣進聚美軒大脚桂芳手中，當一小戲脚，已有三年。今得見先生一面，當有披雲見日之時矣。』言罷汨流。某詢其班中名姓歲年，囑其静守好音。

某生出告吾友周存伯大令，存伯告之應敏齋觀察，遂出資二百元贖回黄女。文姬歸漢，聞者嘉之。存伯作伐，字任渭長之侄某爲妻。斯時黃女之母在清節堂，任婿接養杭城云。

朱青笠

常州朱青笠昂之精於六法，山水擅長，中年畫渾厚近古，老年畫筆頭太尖，力趨時好，識者惜之。書學董香光，得其峭拔，失其雄渾。寓居閶門外，畫室一間，四面椅桌，堆積書畫法帖，敗筆百十筒，石硯數百方，散置壁底。畫桌上圖章印色、筆硯界尺、筆架水盂畫盆、各色顔料、紙絹扇頭，雜陳左右，中空一尺桌面作畫。日以潤筆養女甥二十餘口。寒士每以壞硯求售，朱必應命，故其硯石最多耳。

道光五年夏四月，余臨家藏黃大痴長卷，朱青笠見之，留臨一本，題跋一則云：『世人學子久，而不知子久學問之高，静悟之妙，雖日臨真迹，契合殊難。惟玉谿先生趨庭之暇，追橅古本，形神畢肖。蓋以文人之精心，測高士之神髓，疏野其性情，超逸其趣致，能使子久之品格造詣，悉流露於楮墨間，觀止矣。慨余自學畫以來，泛學各家，習染既久，欲一洗而空之，專橅子久，所仰望於先生者甚非淺鮮。尤望將所藏子久真迹日事臨摹，傳之將來，俾後之學者有所據依。從此一綫之脉，歷久勿替，豈不幸甚！題尊卷稿呈閲，似所言不虚，與諸公題稍异，一笑。蘭陵青笠朱昂之謹跋。』

朱君題此卷時年已七十餘，其誘掖獎勸之意〔二〕，令人心感不已。近於滬城見顧蕙卿所藏青笠大畫册十六幀，中年之作，仿古大家，筆墨渾厚蒼秀，真可寶也。

朱起貞

蘭陵朱起貞，青笠先生之弟也〔三〕。山水仿元明諸家，但求形似，毫無氣韵，至其畫仙佛神像、高士武夫，出神入化，卓然可傳。

常寓宜興，與余往來數載，得其扇頭，一仿雨田山水，一仿思翁山水；横披，一畫桃柳，一畫眠琴緑陰，上有飛瀑圖。又爲余作葛仙翁移家圖，意景可愛。余入山後，杳

〔二〕誘，原誤作『透』。

〔三〕笠，原誤作『立』，據上一條改。

不知其所之矣。

陸侶松

吴縣陸侶松英初畫花卉，宗白陽山人，後畫山水，法思翁。黄穀原先生之高弟也，與余交游一十有餘載。同治八年，余寄居滬城，聞其去世，悵然有懷，嘆故交之零落也。

劉彦冲

四川劉彦冲畫宗宋元，山水人物極其精細，日以潤筆甘旨娱親。性孤高，寡言笑。不喜婦人，四十不娶。事母終天年，哭母不已，未逾年疾作而卒。傷哉，今亦無此畫手矣！

顧子長

吴縣顧子長，自號棱伽山民。好吟咏，喜禪悦，尤工六法，能畫丈餘松柏，梅石、人物、山水，粗細皆精。劉彦冲之高足也。庚申之變，子長避地閩中，以醫學見知於某中丞，延之節署。賊滅回吴，重理舊業。同治十年辛未之春，余游吴門，館於于竹虛刺史安得廣厦，復識子長，爲余畫竹柏芝石圖、還山圖等幅。余題其宫姬調琴圖、古柏圖、蛇捕蟲圖、柳河東小像。詩録於後。

題顧子長繪柳河東小像

貪生者不生，樂死者不死。打破生死關，靈光照千紀。昔日章臺柳，依依實可憐。如何歷冰雪，高節竟參天。巾幗愧鬚眉，從容成大節。優鉢現曇華，清潭印皓月。

題顧子長蛇捕蟲圖

蛇乎曷不潛身山澤中，養成鱗甲化爲龍。胡爲盤旋夭矯挂老樹，下覷草間一草蟲。一蟲何足飽爾腹，徒使生靈受荼毒。蛇乎勸爾蚤藏身，樹邊恐有捉蛇樂。吾鄉有捉蛇爲業，名曰捉蛇樂。山民畫蛇豈有因，揮毫瀟灑傳蛇神。美人變相真堪畏，莫畫長蛇畫美人。

題顧子長畫古柏歌爲于竹虛作

棱伽山民氣如虎，揮毫落紙驚風雨。須臾老柏兩株成，淋漓元氣吞千古。一柏拔地如人豪，獨立不懼參天高。一柏偃蹇如隱士，山中高卧呼不起。形奇狀怪身臃腫，規矩繩墨皆不中。空山盤踞不知年，飛出毫端引鸞鳳。此是山民自寫真，孤高倔强超凡塵。不求聞達於人世，維知静煉其精神。魄力雄渾得天厚，絶似禹王書岣嶁。山精水怪見輒逃，虹氣夜出冲牛斗。畫家恒徑一掃空，畢宏韋偃將毋同。大材持贈空洞子，竹虛別號。高懸素壁生清風。

題顧子長臨周昉宮姬調琴圖卷

宮姬調琴周昉筆，疇昔湘舟曾什襲。藝海樓前宴客時，衆賓環睹稱第一。兵燹頻年化劫灰，老顛今又泛舟回。豈知臨本存人世，又見宮姬調琴來。子長繪事世少比，本是讀書一種子。問渠何故妙至此，大都書味爲之耳。子長白髮今盈頭，劫餘長物去還留。鏡花水月重重幻，盛名高尚期千秋。

李定山

李定山孝廉名作雲，江西爐溪縣人，居檀樹村。村有明山公社神廟，神象開光時，李女年十八，美姿容，往廟觀開光。工人摹女貌爲社神夫人，不日女死。越月，李孝廉夢明山公差役來請至衙齋，明山公盛服下拜，執子婿禮，盛筵款待。進酒，李云素不飲酒；進肉，李云素不食肉。明山公遣役到判官簿上查求，役回云：『李老爺簿上無酒肉。』復遣役去着判官於李老爺簿上添寫一壺酒、一斤肉，役諾而去。李告歸。夢覺説夢，從此每食必須一壺酒、一斤肉矣。

同治壬申秋，余游邗上天寧寺，與真修僧談天，偶問其俗家姓氏，因説其胞叔李定山逸事如此。

日本赤城青波老山

日本國清水赤城工六法，丁卯之冬訪余滬城也是園湛華堂，一見如故。見余書畫，連稱好好。常與筆談，情意殷勤，儒雅可敬。逾年，潘露園胡公壽請客賞菊，又與同席，見日本國進士池田青波者與赤城坐共飲，相貌比赤城清秀。

赤城不樂仕進，日本之隱君子。赤城贈余青緑山水二大幀，題跋云：『溪山深秀。戊辰冬日寫於申江壽石山房，應玉谿老臺先生一笑，即希正之。日本赤城弟夏。』又一幅云：『日本慶應四年戊辰仲冬上浣，寫於申江壽石山房，應玉谿老臺先生一笑，即希正之。赤城清水夏。』畫追董思翁，書亦古雅，不名一家，可寶也。又見日本畫史名老山，老日在洋涇浜賣畫，山水花卉，清趣可愛，亦雅人也。

余書《露園賞菊》長歌一篇，又臨朱文公詩六幅挂屏，贈赤城，赤城忻忻然拜謝而去。惜余年老，不能訪赤城於日本，覽其山川人物，作一卷海外紀游詩也。

韓履卿

吴縣韓履卿崇，桂舲先生之少子也。能詩，好書畫。嘗謂余曰：『涉世之道，宜學入俗。人能入俗，則有錢財；書畫入俗，則得潤筆。爲人清高，必無福澤。』余曰：『其然豈其然乎，但世間富貴利達者，流俗之徒居多，然而天生傲骨者，寧死不忍爲俗物也。志士不忘在溝壑，常存此心，不改其樂。教余學俗，敬謝不敏。』韓唯唯。

而庚申之變，四月十二夜四更時分，長髮賊已入城，費阿玉闖進韓室，從床上曳韓出水關，逃難過江北，寓居海門茶店内，逾年疾終。費阿玉者，槍船之頭目也。初，費得罪坐法當斬，韓力救之，得免於死。臨危之際，費亦救韓而出難，知恩報恩，亦可嘉也。韓之家屬存亡，則不得而知矣。

王應春

吴門王應春精鐵筆，年八十餘，代余刻董題戴纓所繪大士像上石，肅衣冠，立刻大士象，十八日而成。又刻先大夫送唐石佛入焦山圖，并先君焦山題咏，廿餘石條。亂後送入焦山定慧寺方丈内室，山僧廣拓行世。

王老之子名端甫，亦能守父業，代余刻先大夫蒲團小像，并墨迹同人題跋，殘石五條尚寄存吴門友來巷輿夫家。端甫亂後尚見一面，年亦五十餘矣。

沈采穀

浙江沈采穀女士精於六法，爲余畫扇頭，仿王麓臺筆意，有士夫氣，可珍可愛。其時近六十矣。

吴香輪

金壇吴香輪女士工畫花卉，尤精女科，行醫爲業。夫亡，寄居吴門舊家，園亭花木，頗得清趣。余曾訪之，暢談書畫。其年已近五十矣。

胡智珠

胡智珠女士，許梅甫之妻，定生之母也。工詩，有七絶百首刊行聞世。善琴，常在袁浦宦家爲女師，教書教琴。

許定生

許定生淑慧女士，許梅甫之女也，母胡智珠也。定生嫁金壇某生早亡，定生歸寧，日以繪事養親。其畫山水人物、花卉翎毛，無一不精，大小粗細，無法不備，名重一時。喬寓袁江，自河帥以下，廳官皆給乾脩，車馬盈門，應接不暇。能琴工詞，先大夫之女弟子也。

贈張子綱璲五百七十四言即題其印譜詩集

孝哉孝哉張子綱，幼失怙恃家南昌。寒無衣兮饑無食，幕天席地餐風露。伯母苦守柏舟志，撫爲己子承烝嘗。漁牧耕鑿靡不作，采薪負米娱高堂。弱冠得師授鐵筆，金石刻畫傳四方。上追蝌蚪窮鐘鼎，下摹秦漢搜瓦當。李斯小篆變古法，妍媚工爲時世妝。秦庭指鹿謀不軌，藝林流毒身宜戕。當其毀籀滅古篆，欲以小篆千秋彰。豈知三代器尚在，古法猶得求微茫。張君巨眼大手筆，獨奉古法爲津梁。君刻《孝經》我刻《帖》，同歷浩劫遭紅羊。余刻寶稧室古今墨迹二十四册、李北海《法華寺碑》、蘇東坡小像、黄山谷贊以及大士像、先人遺墨并拙書，共成四十八册，今所存者百分之一耳，不勝浩嘆。真手不損古有説，傳作自有名山藏。卓哉詩筆更無敵，古歌樂府聲鏗鏘。北征沉雄杜工部，鹿門淡遠孟襄陽。自言三十學韵語，風騷以外攻三唐。山肩高聳日月逝，英華咀嚼饑寒忘。紅巾賊起家國亂，袖筆從軍歷戰場。磨盾作書飛羽檄，横刀殺賊從鷹揚。晨昏定省虧六載，有懷將毋嗟不遑。渠魁倏忽報殲厥，捷奏鐃歌慰我皇。此時快誦杜陵句，青春作伴好還鄉。登堂拜母母益健，憐兒生還歡非常。椎髻之婦侍母側，蓬頭之子牽爺裳。樂叙天倫動吟興，草心惟祝春暉長。因貧而仕作小吏，折腰徒爲五斗粱。詩歌鐵筆置高閣，心爲形役增慚惶。每思庭闈輒神沮，江永那能一葦杭。不如挂冠賦歸去，日着萊衣戲母旁。言罷拭泪拂衣起，詩篇印譜陳琳瑯。嗟余病眼久蒙霧，細讀頓令雙眸光。恍到山陰看山色，應接不暇來青蒼。

如入龍宫觀寶藏，珊瑚珠貝争輝煌。望洋河伯向若嘆，虺隤老馬輸龍驤。志同道合那有此，把臂訂交喜欲狂。飽吃盧仝茶七碗，痛飲陶潛酒數觴。膠西冷君擅詞賦，麗生。江夏黄子能文章。相軒。蘭陵居士汪芝老，清臞似鶴貪翱翔。衆賓談笑日易暮，籃輿送我回歸艎。良朋幸未交臂失，吟魂應繞魚灣莊。余時寄居石港。亂後故人能有幾，孝哉孝哉張子綱。

卷二十五

婺源　齊學裘　子治

陳玉方先生

先生諱希祖，字穉孫，自號玉方，江西新城人也。乾隆丙午舉於鄉，庚戌成進士，改刑部主事，官擢浙江監察御史。文章妙天下，惜爲書名所掩。其書遠宗右軍、魯公，近法董思白，得晋人空圓之妙。國朝書家自張得天司寇、劉石庵相國而外，無有倫比。年五十有六，告終養南旋，訪先大夫於梁溪河上，爲留月餘，暢觀書畫。爲先大夫書『春暉堂』三字匾額，又書廳楹帖云：『守祖宗一脉真傳，曰勤曰儉；教子孫兩行正路，惟讀惟耕。』又書先大夫《重修泰伯墓碑記》、聯屏、卷册等件，不一而足。臨池時，即命學裘伸紙，耳提面命，口傳八法，囑裘觀其運腕運肘之法，不必觀其落紙之書也。

曾書一聯、一條幅授裘書法，聯云：『果是端莊必流麗，全憑頓挫長氣機。』邊款云：『子治喜學書，天資亦秀，因與論入門之要。』條幅云：『學書不必展卷即臨，須細玩之，漸得其一種秀氣，則此帖全神在目。半月後臨之，事半功倍矣。子治世臺清賞。』此條幅已鈎勒《寶禊室法帖》第三集第六册中。

爲先大夫書王右丞《輞川詩并序》，在仇十洲繪輞川圖卷後，精妙絶倫。此卷尚存箱内，世守勿失。又書《月賦》一段，在南田畫扇之陰，此扇亂後尚存。裘刻先生法書二册，在《寶禊室法帖》三集中，以永其傳，以報先生口授八法之恩也。

先生辭先大夫，行至杭州西湖疾作，卒於白公祠，隨行一子延恩，即登之太守也。太守亦善書，先大夫謂其手中有字，胸中無字，良然。

裘今年六十有九，計先生誨裘時，已隔五十二年矣。光陰迅速，有如是夫，噫！

秦膚雨

吴門秦膚雨名雲，茂才，原名楨，號貞木。工詩詞曲，吴中三山人之一也。與余爲忘年交二十年矣。亂後，著《裁雲閣詞鈔》行世。《送别》南曲，附録於後。

黑蟒序

亂後，齊丈玉谿來吴，泊舟金閶。握手道故，每至夜分而散。留半月，悵然言别，填以送行。

故里蒿蓬，算親朋生死，各自西東。總何堪緬想，舊交如夢。詩翁丹霞顔尚童，新霜鬢已濃。嘆龍鐘，脱了干戈，還幸握手相逢。

前腔换頭

愁動感觸無窮，縱升平再見，尚抱餘痛。把青衫泪濕，相對悲慟舟中。寒濤終夜舂，霜天催曉鐘。一燈紅，話舊篷窗，猶記結社争雄。

忒忒令

盡推君騷壇將種，千首成氣何神勇。無怪聲價到鷄林愈重，詩比那坡老雄。興來時吟肩聳，毫揮五岳動。

五供養

憐才情重，折簡相招，忙煞奚僮。烟霞雙蠟屐，花月一吟筇。遍訪吾吳勝境，快江左名流偏衆。似北海賓盈座，飲瑶鍾，酒酣談笑氣如虹。

好姐姐

看楓天平興勇，更銅井探梅陪從。獅林虎丘，讓君題句工，欣閑冗。那曉宴游難長共，皂帽飄然海上踪。

川撥棹

心驚恐，驀地裏。念家山鼙鼓動，渺天涯雲樹重重。渺天涯雲樹重重，阻烽烟音書莫通。日思君，難去衷。日望君，難見容。

錦衣香

闌珊了。紫曲游，閑歇了。青驄鞚。筵停了。銀燭燒，撥罷了。檀槽弄。到重來，畫舫吴娘一霎都空。伯通橋畔泊孤篷，蕭蕭颯颯冷雨凄風。頓羈愁攪起慘荒城，畫角聲中，猶喜知交共。悶釋心胸，關山別後，須把吟身珍重。

漿水令

悵從今吟詩孰共，悵從今把酒孰同。暫時歡笑倍情濃，陽關一唱，判袂匆匆。天南北何日逢，相別與君添悲痛。離筵酒，離筵酒，金杯怕捧蘇臺柳。蘇臺柳，莫繫行踪。

尾聲

青山也把詩人送，儘載去一船鄉夢，愁見那蒲帆飽挂西風。

秦膚雨《瓊兒曲》

瓊兒，王氏女，住城南之百花洲。父操舟爲業。女早孤，出與里中某氏子爲童婚。長有姿色，其姑逼使入青樓，日遭笞楚，終不親客。有貴公子艷女姿，以多金與姑，欲置女爲妾。女逃歸依兄嫂，以十指所出給。居家年餘，其姑與兄嫂謀仍欲令爲妓。女知不免，遂食生鴉片烟而死。年十七歲，時咸豐己未八月十四日也。嗟乎，處瓊兒之境，能毅然出於一死，潔其身以歸其節爲尤難也，亟爲咏其事以傳之。

瑶波秋冷芙蓉泣，嬌紅吹死金風急。可憐墮溷惜名花，愁把瓊兒事重述。瓊兒家住百花洲，雛鬟生小解含羞。攕攕玉手持蘭槳，日向山塘蕩畫舟。山塘七里春波绿，吴娘舵尾顔如玉。落日楓橋停畫橈，争歌暮雨瀟瀟曲。妾容生就麗如花，風情不解鬥鉛華。能諳内則由天性，碧玉休輕出小家。椿萱腸斷摧何遽，孤苦零丁婿家去。繞床相逐弄青梅，兩小無猜早同住。承歡嬌小奉姑嫜，绿窗學綉女紅忙。壓綫不懷貧女怨，調羹更遣小姑嘗。雲英許作裴航婦，藍橋路忽愁分剖。方期宜室賦夭桃，翻向章臺作楊柳。背人珠泪暗中彈，變起家門欲訴難。望妾還爲錢樹子，妝梳逼使入勾欄。勾欄姊妹矜膏沐，新樣羅衫鬥裝束。不是紅兒與雪兒，芳名誤入烟花録。妓師心苦教新聲，琵琶銀甲曲難成〔二〕。枇杷門巷家愁住，鸚鵡簾櫳客耻迎。紫鸞篦懶梳雲髮，曉妝愁把花鈿貼。羞持檀板

〔二〕琵，原誤作『琶』。

唱楊枝，慚勸金樽傾竹葉。豪家公子宿青樓，徵歌不惜錦纏頭。阿嬌欲得藏金屋，翻使紅妝更抱愁。斛珠難買嬋娟諾，不學丁娘歌十索。白璧終難玷妾軀，黄金容易成姑惡。逃歸半夜叩蓬門，骨肉猶憐兄嫂存。典却金釵還换米，紅顔薄命總消魂。艱難朝爨心悲痛，操作天寒還忍凍。蟋蟀燈中夜織機，梧桐井畔晨提瓮。秋月春花又一年，風波更起事堪憐。重到平康舊居處，强教賣笑倚門前。心堅鐵石原難改，玉潔冰清終自矢。已説羅敷自有夫，非如蘇小甘爲妓。鵂鶹啼徹夜房空，一點殘燈慘不紅。颯颯陰風吹火滅，美人畢命阿芙蓉。鴉片烟一名阿芙蓉。十日尸香顔色好，天風環佩歸瑶島。妾身難覓返魂香，郎意空悲獨活草。已訂鴛盟誓不忘，拼將一死報檀郎。冰肌玉骨何能污，蕙質蘭心衹自芳。瓊魂夜泣金閶路，女貞花艷紅開樹。表烈誰題幼婦碑，埋香羞傍真娘墓。

朱孝烈女詩八首爲許蔭庭太守作

朱氏女，世爲靖江望族，隨母寄住武林。許越身蔭庭太守聘爲繼室，賊犯武林，未嫁而殉難。蔭庭如例請旌，立傳徵詩，作此以報。

女家在靖江，隨母武林住。賊犯武林門，扶母出城去。
出城城已破，扶母歸故宅。道逢中表親，李蔭亭。脱簪寄江北。
既寄一金簪，復寄玉約指。式如玉如金，珍重囑許子。
生受許氏聘，死爲許氏鬼。女身投井中，女魂歸許氏。
母側不忍離，賊至無生理。女死猶得生，女生真個死。
投井死何奇，奇在賊未至。君子防未然，嫌疑急須避。
入夢事何奇，奇在同夢耳。拜姑復見夫，依依泣無語。
生雖未同室，死定期同穴。可以慰女心，楔綽表孝烈。

題許烈姬香濱《和漱玉詞》稿

姬名德蘋，字香濱，本楊州鄧氏女，早失怙恃，有許氏婦撫爲己女，挈來吴門〔一〕。

〔一〕挈，原誤作『契』。

後許卒，其嗣子誘鬻籍中，投繯求死不得。會有郡中朱君和羲喪偶，慕其才，出金與保母以爲妾。歸朱氏，布衣操作，倡酬相得。

咸豐歲辛酉二月朔，賊陷洞庭山，見姬色美，欲污之，罵賊不從，拾石投賊面。賊斬其右臂，不死，更刃其喉而絶，時年三十有六。所箸《和漱玉詞》已刊行。

烈哉烈哉許采白，斷臂猶持石擊賊。生前節烈拒紅巾，身後詞名追白石。朱君子鶴本詩仙，得此烈姬名更傳。題辭王宋養初、咏春。皆舊識，劫灰飛去隔雲天。我亦蘇臺流寓者，訪友觀荷莫釐下。當年曾耳香濆名，今讀瑶章庚午夏。劫餘吟稿半凋殘，漱玉詞傳和易安。易安晚節負慚德，地下相逢應汗顔。

解救斷鴉片烟方

每日用赤猪肉四兩，切碎放鍋中炒熟，加入黄砂糖一二兩同炒乾。取放盆中，如思片烟難過時，取肉食之則可挨過。日日如是，吃過七日則烟可斷。以後雖思烟，不可再吃，若再吃之，則無藥可救矣。雖再吃肉糖，亦不靈矣。切戒切戒！

解鴉片烟藥丸方

上洋參五分。化州橘紅五分。沉木香五分。上肉桂五分。净。白豆蔻五分。川貝母五分。胡椒粒三分。阿烟膏五錢。硃砂五分。爲衣。

先將七味研細末〔一〕，和阿片膏合杵爲丸，再以硃砂爲衣如桐子大。每服四五丸，或七丸，視症之輕重以爲加減。凡服此丸未能一時即斷，暫服暫減，即可斷根。

二方服之，無不效驗，故傳之以爲救世。蓋阿烟之害甚於砒酖，一經入癮，欲罷不能。傷財受病，促壽變形，飲食日減，甚至不能生育子女，爲害匪細。奉勸世人如有犯此物者，依方作速製服，可以永遠除根。半月之後，即能强飯肥胖。勿再惑飲，庶可保身承祧也。戒之戒之！

〔一〕研，原誤作『硃』。

解鴉片烟藥酒秘方

全歸五錢。熟地四錢。白芍四錢。川芎二錢。洋參四錢。用福圓肉數錢煎湯，浸晒三次爲妙。白术二錢。炒。兔絲餅四錢。杜仲四錢。鹽水炒，去絲。炙芪四錢。京桂四錢。净，去粗皮。甘枸杞四錢。炙草二錢。棋南香二錢。研末。龍涎香三錢。要真者，如無，用川貝母代之。鹿茸末四錢。炙好。真虎骨四錢。酥炙，杵碎。鴉片膏三錢。

以上諸藥，用紗袋裝好，放酒鐔中〔一〕，取上好高粱燒酒六斤浸此藥。封固安鍋中，隔水蒸一炷香久，取起待用。

每飲此酒一小杯，再取白酒一小杯和服。如再飲，須再和白酒一小杯。酒完可以斷根。如藥太重，則加入燒酒三斤亦可。

〔一〕鐔，原誤作『鐔』。

《海島逸志·人物考略》

王三保

王三保者，明宣德時内監也。宣宗好寶玩，因命王三保、鄭和等至西洋采買寶物，止於萬丹，實未嘗至吧國。而三寶壟有三保洞，俗云三保遺迹，極有靈應。每朔望，士女雲集，拜禱其處。井裏汶海中有嶼，長數百里，名蛇嶼。相傳其蛇有大珠，爲三保所取，死而化爲長嶼以禍人。説頗荒唐，存之以備考。

澤海真人

澤海真人姓郭名六官，始以帆海經商，舟師番人窺其貨物充盈，將萌惡念，六官陰知其意，乃曰：『奴輩利吾財耳，無須行凶，俟余浴畢，自獻所欲。』浴竟更衣，赴海而行，瞬息不見。番人大懼，有頃風浪大作，舟覆，番衆盡死。華人以爲神，私謚曰澤海真人，立祠以祀焉。

蘇某之妻

漳城東門外深青社有蘇某者，經商西洋，娶婦某氏，數載，以不獲利而歸，遂卒於家。西洋婦聞其訃，且知其家貧親老子幼，乃孑然帆海以歸夫家，奉養老母，克盡孝道，教子成人。

嗚呼，婦人節義，求之中華尚不多得，况荒服僻壤之地哉？誠令人肅然起敬，嗟感不忘也。惜未詳其姓氏，爲可憾耳。

連捷公之妻

連捷公之妻某氏，容貌艷麗，遭吧國之亂，夫死，爲權貴所得，欲納以爲妻。某氏佯許而請祭其夫於江，然後易吉，從之，致祭盡禮，投江而死。

連木生 性惇

連木生居於聖墓港之蕉園，謝絶時務，工於草書，喜管弦，能詩，善奕，各盡其妙。

每禮拜日，賓朋滿座，殆有北海之風。園中樹木蒼翠，花果叢茂，垂楊拂水，松柏參天。有樓曰得月樓，有橋曰月橋，有竹林，有魚池，幽隱屈曲，頗有雅致。而木生人品淡然如菊，襟懷灑落，誠當時之隱逸也。

陳豹卿

陳豹卿名曆，漳之石美人。性機警，能知人。其堂兄映爲三寶壟甲必丹，豹卿往訪，輒能佐理其事，映卒，遂襲其職。賈帆數十，發販州府，所到則其利數倍。不數年，富甲一方，蓄歌童，教舞女，食前方丈，侍妾數百。余始至壟，見番官淡板公往候豹卿，隊馬數百，整肅而來，至柵門外則下騎，入門則膝行而前。豹卿危坐，俟其至乃少欠身。噫，异鄉貴顯一至於是，真爲華人生色也。

吧中有太第一區，名三寶壟土庫，唐帆初到，客有欲到三寶壟者，則進其土庫，并有船護送至壟。或通譜，或瓜葛，或薦舉，或投奔，悉皆收録，因才委任，各得其宜。華夷均領其資本，經商者不計其數。壟地賈帆輻輳，貨物充盈，甲於西洋。迨歿之日，賈帆停泊，生涯頓歇，壟中爲之寂寞。語云人傑地靈，良有以也。

許芳良

許芳良，漳郡人也。爲吧甲必丹，性開擴，有雅量。蔡錫光時爲門下客，每稱其氣量人所不可及。果有棕梨者，漳之佳果也，亦不可多得。唐帆或有携一二枚，大者百金，小者數十金，皆有力權貴者置以貢於吧王。芳良市兩枚，付錫光將以進之吧王，而錫光誤以爲常果，剖而供之。芳良徐曰：『此誠故鄉中珍果也，實希得嘗。』悉呼其客及家人共嘗之。安汶有丁香油，用玻璃瓶實之，大者每瓶價百金。錫光拂几誤碎之，香聞遠近不可隱，遂告之芳良，曰：『生毀有數，何必較也。』

吧中宴貴客則用玻璃器，杯盤茗碗俱係玻璃，每副價值一二百金。一日宴客，婢失手盡碎之，長跪請之，芳良曰：『無須進内，但云我誤碎可矣。』蓋吧中法度，馭婢僕甚嚴，僕則自行管束，婢則細君主之。芳良不如是，則婢殆矣。

有許姓者落魄爲傭，時吧中諸許皆貴顯，芳良每以自炫。有云傭者許姓，芳良即招之曰：『既係子侄行，到吧當即見我，何自苦爲也？』録用之，不數年竟成巨富。

其雅量如此類甚多，不能畢舉焉。

黄井公

黄井公，漳之漳浦人也。性朴訥，胸無宿物。初爲三寶壟甲必丹，以詩酒自豪，不受約束，遂遭遣謫。又以課項未明，竟至囹圄。或爲井公謀，以其所負於己者告之上臺，使償己責。井公曰：『緣我一人，而累及衆人，吾寧死，不爲也。』衆共仰其義，願爲之地，各歛金而出之。

長子綿光在吧，奮志經營，頗爲小康。乃奉井公，歸養吧中，築園於清漪之沼，日與二三游侶嘯咏其中以自適，人皆以爲古厚之報云。

僧佛賓

佛賓，三寶壟觀音亭住持僧，漳之漳浦人也。能書善畫，出言滑稽。公然娶婦，育子女各一，蓄婢僕，客至喚婢烹茗，誠可笑也。蓋西洋僧家有妻有妾，無足爲奇。

余有戲贈佛賓絶句云：『聞道金仙在此間，禪家世事竟安閑。袈裟自綉閨房裏，待客烹茶喚小鬟。』

張雲裳

蒙城張雲裳襄工詩詞，善書小楷，尤工繪事，花卉宗南田，智慧過人。張麗坡參戎之女也，湯秋谷雲林太史之妻，先大夫梅麓公之女弟子也。著詩三卷，詞一卷，惜未刊行。中年去世，祇生一女。秋谷不忍續娶，納妾生子云。

胡芑香

常熟胡芑香工寫真，曾爲余繪三十八歲小象，名曰總領衆香圖，黄穀原補山麓寒梅，嚴問樵補緑蕚，黄秋士補侍女，一捧琴，一捧壺，陸侶松、馬根仙、陶錐庵、焦仲梅〔二〕、陸次山、翁少海、程叙伯諸君各補四時花卉，錢梅溪題『總領衆香』四字。題詩者衆，刻入《壽鼎齋叢書》中。

〔二〕焦，原誤作『蕉』。

芑香善堪輿，子一，茂才。亂後不知所終。

同人題玉谿晚年畫跋

余既爲融齋先生題化雨慈雲圖，今夏睹是幀，覺烟雲變幻，逸態橫生，於古人法外別具蹊徑。如食江瑶柱，當味外求之，視沾沾於形似者，正坡公所謂『作詩必此詩，定知非詩人』耳。讀竟書此，以志欽佩。庚午小暑後五日，蔣節記於海上。

玉谿先生博雅好古，餘事及於六法，往往得宋元以來諸家遺意，能遺貌取神。此墨韵逼香光，筆情横溢，過於江上。至其元氣淋漓，有泰山出雲，膚寸而起，不崇朝而雨遍天下氣象，匪特一隅之潤已也。同治庚午長夏，興化劉熙載觀并識。

蛟龍未出山，吐氣已如此。霖雨與人看，其誰呼之起。庚午夏五月觀畫并題，滁東孫玉堂。

玉谿世丈先生詩情書法兼擅其勝，而又多藏書畫名迹，縱觀博覽，其胸中丘壑已自奇絶，故見諸筆底者鮮不臻妙。此幀筆墨氣韵，幾與元暉抗行，讀竟爲之傾倒，爰識數語。時同治庚午夏六月朔日，石史徐大有。

玉谿翁今年已六十八矣，終日作詩不倦，間作山水，在八大、石濤之間。此幀出入風雨，卷舒蒼翠，米元暉目謂墨戲，并正千古畫史謬習，余於玉翁亦云。同治庚午夏五月，嘉興楊伯潤觀并識。

雲山纔數點，氣象變萬千。潛蛟騰巨壑，霖雨徵豐年。心抱濟時術，身結避世緣。還將畫中意，遠道致殷拳。庚午夏日，觀玉谿翁作是幀，賦此以志欽佩，江湄。

峰泖模糊雨滿城，下車曾已慰蒼生。今將濡染淋漓筆，寫出無聲潤物情。玉谿詞丈詩情畫意并臻神妙，噪譽江關久矣。前月爲劉融齋先生作化雨慈雲圖，玆復作斯圖，并囑題咏。淋漓老筆，自是壽徵，爰識數語。平湖王成瑞。

玉谿翁，今之逸民也。既非仕，亦非隱，唯有道者與之游。自少而壯，壯而老，無日不沈酣於墨林藝圃之中，故其生平工詩工書，而尤工畫。甚寶貴，如麟鳳芝草，非其時不出，非其人亦不能得也。今爲敏齋先生作是圖，此豈偶然者耶？夫名公卿澤潤蒼生，亦分内事耳。至能傾動山林之士，而使之心折手摹，以曲繪其涵天蓋地之量，則必有大過乎人者在。蓋不徒功德及民，而其好善忘勢之心，與樂道忘人勢者之心，胥於是圖而見之矣。玉谿翁之筆墨，豈苟焉乎哉！庚午七月曬書日，滁東孫玉堂拜觀謹識。

庚午夏至後一日，蒙玉谿世丈先生枉過小齋，袖出近作化雨慈雲圖，筆墨超脱，絶去尋常畫家蹊徑，不易得也。閲竟不覺傾到，爰志數語質之融齋先生以爲然否。石史徐大有。

玉谿此作純擬大滌筆蹊墨徑，已與烟雲而俱化矣。融齋先生有霖雨蒼生之念，其鑒而藏之，吾恐行篋中奕奕有龍氣也。同治庚午梅子黄時小樓坐雨，周閑觀并紀。

龍門化雨沾濡遍，鱗屋慈雲覆被多。經濟文章足傳世，筆隨意到墨生波。王成瑞題書於倚虹别墅。

玉谿翁此畫極似方方壺，能使山氣欲動，風雲變化，氣韵藏於筆墨，筆墨成於氣韵，逸致蒼莽，有天馬騰空之妙。吾未見融齋先生，但觀玉谿翁爲作是圖，則韓孟之交，雲龍之逐，其在斯乎。庚午夏至，孫玉堂拜觀。

玉谿世丈先生收藏書畫甲於東南，其沈浸於宋元諸大家日久，故落筆輒造神逸之境。此觀瀑圖爲澤夫尊兄作，着墨不多而神理自足，真傑構也。辛未冬月，獲觀於天空海闊之居，爰書數語以志欣佩，滬上徐大有。

倪黄天下稱，毫末海烟凝。老齊三兩筆，瀑布白虹騰。辛未十一月，同客申江北溪題。

玉谿老作山水，早歲規模大痴，晚年自寫胸中逸趣，故擬之八大，無此沉雄，方之苦瓜，無此蒼勁。今爲澤夫仁兄寫觀瀑圖，亂山喬木，玉虹下垂，白雲吞吐，真有駭心動目之奇，足見此老生平讀萬卷書，行萬里路，自然流露於紙墨間也。拜服拜服。辛未冬，澤夫仁兄屬，胡公壽。

玉谿先生深於六法，其氣韵生動淋漓，爲近日名家逸品，良由胸中丘壑無盡，所謂維其有之，是以似之也。吾人生平涉歷迫於塵事，雖登山臨水不爲不多，常苦匆匆，未能得趣。今讀先生此畫，頓覺令浩然神往，悠然意遠也已。質之澤夫賢契，其亦與余相同焉否耶？同治辛未仲冬，融齋劉熙載題於竇書精舍。

蒼蒼茫茫，山高水長。别有天地，許我徜徉。何有獨而無偶，必相得而益彰。吁嗟乎，知音罕覯，古調淪亡。吾願玉谿老子還濡毫而添識曲之鍾郎。辛未冬澤夫仁兄大人屬題，右卿弟孫玉堂。

卷二十六

婺源　齊學裘　子治

覆飯陰溝被雷擊

道光二十年，余居蘇城西麒麟巷，一日大雷震天，頃刻雨霽。聞城中雷擊一小子，因其覆飯陰溝，故遭雷擊，可見粒米不可不惜也。記之以警世之賤踏五穀者。

夢逐瘧鬼

同治十一年正月底，余居上海城南顧家巷袁氏宅，時陳氏病瘧兩月矣。余夜坐房中假寐，夢見一鬼物長大惡狀難看，立在床前。余遂起立，大聲叱之，揮拳打之。鬼躲身床側，復打逐之出房。桌上燈臺打翻落地，脚將出房，婢適持燈檠進房，扶余坐椅上，口猶大呼逐鬼，眼猶緊閉未開。病婦在床喚醒余夢，眼開夢覺，燈油着衣袖，猶記鬼物逃遁形狀。病婦從此瘧愈，亦一奇事，故特記之。

斐姑娘

胡子英茂才與我言大英國有一貞女斐姑娘，年六十餘，面如桃李，冷若冰霜。好讀中國書，特請滬上書生張葵生教四聲切字法，日習《康熙字典》切字爲業。能説中國話。性愛清潔，不樂有夫。老而好學，亦可敬也。視世之爲士者，名爲讀書，日不伏案，金玉其外，敗絮其中者，真斐姑娘所不齒也。吾願世家子弟努力讀書，免爲婦人天壤王郎之誚，則幸甚幸甚。

胡壽芝戲言獲罪

錢唐胡壽芝，號東目山人，曾爲臺灣同知，饒於財，罷官寄居吴門織造府前。工詩，著《東目詩集》。評論古今詩話，唐賢中獨不取李白。

與余言：『交友説話不可不慎！有人持陶雲汀中丞詩章來問何如，余曰：「此中丞詩也。」其人傳語於中丞，中丞懷恨，忍而不露。逾年，小婢暴死，鄰人誣我妻爲婢偷食醬肉剪舌而亡，聚衆數十人，打進廳堂書室，片板無存，内室閉門，未遭蹂躪。當即鳴之縣府，白日打搶。縣府親臨踏看，打搶情真，追鄰究問，衆稱剪婢舌，匿婢尸，衆鄰不服，代婢報仇云云。縣府詳三大憲，陶中丞大怒，立傳余家屬女眷到案，嚴究實情，大加予罪。予則一口承當，剪舌斃婢皆是予一人之罪，與家眷無涉，當堂畫供收禁，以快中丞之意。事聞於蔣制軍攸恬，制軍吾故友也，知予已久，又接予獄中訴冤之禀，遂發二位觀察來蘇公斷，提予出獄，搜求婢尸不得，明知誣控，打搶是實，赦予罪，罪衆鄰。噫，一言之戲，幾至亡身傾産，可不懍與！』

胡與余往來時，年逾七十，約在道光二十年間，亂後過其舊居之地，一片荒烟蔓草，昔年華屋化作丘墟，可慨也已。

沈雋甫長舌惡報

杭人沈雋甫明府，湖州錢東平之表親也。錢薦沈入雷營當文案，沈有才能，雷器重。

沈改章程，錢惡斥之，由是沈譖錢於雷曰：『錢有异志，不殺將不利於公矣。』雷與錢議事不諧，雷退，命張小虎刺殺之。

逾年，沈自嚼舌頭，説話不清，到上洋就夷醫，醫愈。又逾一年，沈復嚼斷舌根而亡。人謂其譖殺東平之惡報也。

先大夫雜録二則

嘉慶甲子，余在金陵，同人扶乩，問主考、題目、解元三事，乩判云：『兩人一處共三場，萬物千年與四方。就裏機關誰識得，一輪明月照青羊。』是科江南正考官戴均元，副考官涂以輈，皆江西人，所謂『兩人一處』也。首題『謹權量』一節，次題『萬物載焉』，三題『千歲之日至』，所謂『萬物千年與四方』也。老子號青羊君，固知解元之姓李矣，及揭曉，果李申耆兆洛作解。三事皆驗，而扶乩時則六月朔，江南考官尚未放，乃題已有，元已定，然則何事非前定耶！

又余少時科試在郡，同舍諸君扶乩問科第，乩判云：『鳶飛戾天魚。』所問非所答，疑仙示以題，同人皆擬作。乃試題則『又誰怨』三字，以爲不驗，置之矣。及長案發，一等第一名爲吴鵠，二等第十名爲吴鯤，以下不録矣。兩吴君叔侄同叩乩者，衆觀榜大笑，以爲奇驗。然倉猝之間，尋此五字，包羅一案，抑何巧且捷耶。

此二事皆余所親閲，故録之。

雷擊法國天主堂鐵十字架[二]

同治十一年壬申三月初六日，上海夷場棋盤街法國天主堂鐵十字架尊耶穌而設者，是日申時被雷擊滅，粉碎無存，亦一奇也。邪説横行，逢天之怒，遣雷擊滅，以警痴迷，故特書之，以示世之信入天主教者。

[二] 此條原題作『雷繫鐵十字架』，文中『法國天主堂鐵十字架尊耶穌而設者』諸句，原作『鐵十字架打斃中國一人，打傷外國一人』，底本明顯有挖改，據南圖本補改。

蔡藴三唐文學趙長子

咸豐十年庚申三月十三日，西寇犯蘇城，余陷城中九閲月，全仗蔡藴三，十一月二十二日引我出危城。十二月二十二日，趙長子代我買舟，送我到陽湖東洲村。十一年正月初七日，唐文學爲我過江北送信至通州石港，與吾婿于漢卿通消息，問兒子功成下落。漢卿得信，即着舊僕平福同唐文學來陽湖接我到石港，始知成兒於十年三月十二日未時同富文家侄、舊僕平福出城，斯時毛賊已抵蘇城，遂至江口，唤渡過江，三人至石港避難之事。

我與陳氏出坎，一家團聚，全仗蔡、趙、唐三友之力。又過十二年，流寓上洋，居然無恙，真天幸也！故特記之，俾吾子孫毋忘蔡、趙、唐三友之高義云。

施魯堂善報

吾鄉施魯堂業儒未就，因事木業。好行善事，濟困扶危。長子俊升號薇賓，登賢書，入都應禮部試，途中遇盜，劫去行李，身無一文。離京千里，同一僕倉皇無措，忽遇客官，憐贈二十金，遂雇小車到高唐州。見州官告以被劫，乏資入都，州官又贈三十金，遂應試還家。遇難成祥，皆魯堂好善樂施之報也，故特記之。

胡子英茂才

胡子英茂才，原籍安徽涇縣人，寄籍江蘇長洲縣生員，熟讀《史》《鑑》，頗有豪氣，口不慎言，人多惡之。子英於朱泖秋茂才案頭見余《劫餘詩選》中《登岳阜謁鄂王廟歌》，心焉慕之，遂挽泖秋同來訪余於滬城寓齋，一見如故，乞詩并《見聞隨筆》，拜謝而去。

從此時時相過，慰余寂寥，代余校讎《見聞隨筆》二十五卷，欣然謂余曰：『此書筆簡意繁，雅俗共賞，有關世道人心之作也，必傳無疑。』余曰：『拙筆不足傳，而書中忠孝節義之人物必有可傳者，且俟後之君子匡余不逮，或增減之，則幸甚幸甚！』余嘗與子英論交人接物之道，以謹慎持己，以忠恕待人，則寡尤寡怨矣。子英唯唯而退。

同治十一年壬申正月十八日，重來見余，曰今年處館滬城，寓城南望花樓下，可以時相過從，叨教匪淺。每逢禮拜之日，必來與余暢談半日。余飲之以酒，食之以麵，夜深方去。忽過一禮拜，不見子英來訪，余念之，因自訪之，駭聞子英得傷寒急病，未七日而已去世。嗚呼，如斯人者，竟不永於年乎！心傷不已，因叙其契交之由、校讎之勞、去世之速如此。

楊渺滄

楊渺滄丈，福建人，道光年間寓居蘇城。年八十餘，鶴髮童顔，飄飄欲仙。性好潔，嗜書畫。時時訪余於西麒麟巷，暢談今古，甚相契也。一日邀余至其寓齋，自烹武彝山頂名茶，用荷葉露煮之，茶具之精，見所未見。小杯飲之，香透丹田，凉生舌本。其香如木瓜，是武彝茶中之頂高品也。逾年別去，不知所終。

同治十一年三月二十一日，舟泊九龍山下，夜夢人言楊渺滄翁尚在人世，已百餘歲矣。醒而書之，以志疇昔之契合云。

董琴涵

吳縣董琴涵年丈國華詞林，官廉訪，退歸林下，居慕園，日尋友朋詩酒之樂。子世帷，字幼琴，工小楷；孫韞綺，年少登第，官於都中，皆其高曾之盛德有以啓之也。先大夫與董丈爲詩文莫逆交，先大夫詩文全集，黄秋士繪笠屐圖，董丈題像贊，幼琴書之，久刊行世。

余寄居蘇城西麒麟巷，與慕園相近，拙詩脱稿，即呈正於董丈。董丈得詩，即加墨圈之，長言評贊，謂門人曰：『齊子治七古千篇，不拘一律，如行雲流水，得大自在。爾曹學作七古，宜往師之。』於是吳門士者取余别號曰齊七古，與費蝴蝶夢仙、沈夕陽閏生同作佳話。

亂後過慕園，一片荒烟蔓草，不勝今昔之感云。

潘三松先生

吳門潘三松先生奕雋，字榕皋，詩古文詞、真草隸篆，卓然大家，久傳於世。與先大夫爲忘年交，詩篇往來，蓋亦有年。先大夫宰金匱時，先生來游惠山，曾入衙齋觀書畫，裘年十一，初得見先生於梁溪。先大夫署督糧分府，又見先生於吳門。

先生與人談天，雙眸緊閉，觀書畫題跋，開眼靜觀許久，振筆一揮而就。年逾八十，顏尚如童，真地行仙也。見裘詩畫，謬加評目，許以近古。自今思之，光風霽月，如在目前。曾聞先大夫言先生殿試後，邀友游西山，先生失去狀元，其友失探花。先生笑曰：『狀元三年一個，失何足惜，游山之興一發，斷不可遏也。』時人以爲美談，其空闊好懷，概可知矣。

五十辭官歸里，手種三松於堂下，松長龍鱗，猶及見之，自號三松居士。先生之子理齋，探花；侄芝軒，狀元，宰相；孫順之，翰林；侄孫功甫，中書；星齋，侍郎；紱庭，侍讀；季玉，方伯；再侄孫祖同，探花；祖印，翰林。李中堂翰章題其門曰：『狀元宰輔，祖孫父子。伯侄兄弟，翰林之家。』其先世之積德累仁之善事不可枚舉，故其子孫科第綿綿。

先生之品行文章，富貴壽考，光前裕後，一代傳人，尤足令人仰爲泰山北斗。猗歟休哉，何德之隆也！《易》曰：『積善之家，必有餘慶。』此之謂與！故特書之，爲世之積善者勸。

應菊裳封翁

永康應菊裳孝廉，余畏友也，以仁存心，以禮待人。道咸間，余到杭州謁常南陔中丞於節署，談論金石書畫。封翁在座相陪，宴會亦同暢飲。封翁，中丞之門下士也，與余一見如故，把臂訂交。時余籌資刻《寶禊室法帖》，出賣書畫爲刻資，封翁代爲吹植，極費心神，令人深感。

其爲人也，寡言存誠，樂善好施，不講道學而真道學。故其哲嗣敏齋孝廉由州同入官，未十載已升方伯。當其爲上海觀察時，創興龍門書院、普育堂，助修縣志、四門義學，歲浚城河，種種善舉，實爲德政。去任高升時，紳士墮泪，父老焚香，拜送河干，不可數計，此余在滬目睹情形。此皆封翁積德累仁有以致之也。《詩》曰：『孝思不匱，永錫爾類。』此之謂與！

同治六年五月，余從泰州渡江至滬，收拾亡弟子弓靈柩，歸葬宜興烏臼岡。敏齋觀察誦余哭子弓弟詩五言數十韵，爲之心感。分廉六十緡，慨贈子弓葬費。十月，館余滬城也是園湛華堂，校刊故友《蔣劍人文集》兩册，又宋大儒《陳龍川文集》十本，年餘乃成。余幸得附校正之名於大賢集上，皆觀察之賜也。

余今年七十，又蒙惠介壽之金，惓惓不忘，令人可敬，細叙兩世之交游，俾吾子孫毋忘高誼云爾。

王賦齋异事

吾友楊堯門居士翼亮，宜興人。詩宗李杜，書法素顛，兼通三教九流之書。料事如神，奇才未用，遭難不死，閉户著書。與余交最深，嘗與余言宜興故事。

有富村王賦齋老諸生，家居見一青衣持帖來請，夜間揚帆而去。俄頃到官齋，弟子十餘人來拜先生，每日講解四書五經。逾半載，尚未得見東翁。王問從者：『東翁何在？』從者對曰：『主人貌异，恐先生見之心怕，故不敢驚動耳。』王固請，越日東翁出見，青面紅鬚，惡狀難看。王知是神，便問己年幾何。東翁命左右查來，吏呈簿，説王壽尚有一年。王曰：『俟我修完縣志，再來何如？』東翁諾，遂辭館歸。

年餘志成，又見青衣持帖來請，王曰：『尚有家乘未修，且俟修竣即來。』使者去。家乘修畢，無疾而終。當其修志，謂奇孝偉節祇有鹽梅夫人、剔目夫人、斷臂夫人堪登志乘，其餘夫死不嫁、尋常守節者一并削去。其論似刻，然其中亦有至理存焉。

許某氏冤魂索命

浙江官家許某某爲子娶婦某氏[一]，過門三月，已有娠，某氏歸寧，次蘇聞婦有娠，謂娠自外來，命子立刻寫休書出其妻[二]。某氏接書，投繯而死。已後十數年[三]，許某父子

[一] 官家許某某爲子，南圖本作『許次蘇爲子晋生』。

[二] 立刻，南圖本作『晋生』。

[三] 已、數，南圖本無。

兩人暴卒[二]，傳是某氏冤魂索命捉去。

同治十年事，于彤侯外孫云。

王仙溪

婺源王仙溪承恩明府，吾故人也。少時讀書蕭寺，見彌勒佛，口占上聯云：『笑呵呵，坐山門外，覷着去的去，來的來，縐眼愁眉，都是他自尋煩惱。』下聯對不出。越四十餘年，出差如皋，余亂後不期而遇，談至夜深，語及此聯，索余對就，以了宿願。余隨筆作下聯云：『坦蕩蕩，載布袋中，休論空不空，有不有，含哺鼓腹，好同我共樂升平。』仙溪拍案叫絶。

後至揚州，己巳之秋，重游興教寺，僧人索書此聯刊板懸挂彌勒龕前，以留鴻爪一印云。

[二] 許某，南圖本作『次蘇晋生』。

徐公可

徐公可名同善，安徽人。工詩能文，家藏書畫碑帖甚富，亂後祇存《瘞鶴銘》八十四字，有『鶴壽不知其紀也』七字完全，真海内無第二本，希世之珍也。

余於同治十一年壬申五月初二日訪許叔平明府揚城運司街，得遇徐公可，坐談片刻，如逢故人，幸矣！公可即返鎮江南門外大覺寺，約余焦山自然庵相會，同賞《鶴銘》。不知天緣如何，故先記之。

許叔平

安徽許叔平明府名奉恩，余故人也。詩古文詞之外，又著《里乘》一書八册，余勸其蚤刊行世。與余言亂後在安慶曾見班超手書真迹一巨卷，鍾太傅、王右軍以至明季董宗伯皆有題跋。時爲汪氏所藏，劉曉松觀察借觀不還，許以三千金易之，汪氏不許，亦一佳話也。

叔平與余時爲方子箴都轉詩友，三人倡和聯吟，殆無虛日。天涯同客，亦是前緣。

吴子敬

鎮江吴子敬封翁，年七十四歲，腰脚輕便，談笑詼諧，好藏書畫碑帖。壬申四月與韓文川茶叙，因識子敬，一見如故，時相往還，得觀珍藏顔平原書右軍《筆訣》十二章、懷素草書《筆訣》十二章，顔平原書殷元亮索書原由，自謂草書不及素師，故轉索素師書之，顔真素草，卓立人間，真絶無僅有之珍。

余年七十，始見魯公墨迹，足誇眼福。至於素師書《千文》墨迹，余曾雙鈎勒刻入《寶禊室法帖》初集中。余有唐林藻字偉乾《深慰帖》墨迹卷，海内至寶也，堪與顔、素爲伯仲，書之以志欣幸。

張仲虞

會稽張仲虞學韶刺史，孝子也，吾故人也。少隨尊甫蓮舫河帥出口，經歷冰山，遂繪凌山策騎圖；尊人見背於龍沙，又繪龍沙罔極圖，題詩作記甚多，不及細述。仲虞扶櫬歸里，辛苦備嘗，往還數萬里路，見聞所及，一一記之詩文。年未五旬，便歸道山，惜哉！

同治十一年壬申四月，余來揚州寓於地官第，仲虞之侄子希運同克賢館中，得見仲虞之子子猷、子颺，出視二圖，不勝今昔之感矣。

張仲虞題拜竹山房圖五古

坡公昔有言，無竹令人俗。予豈佳士耶，左右亦修竹。前年來廣陵，容膝有茅屋。小院僅觀天，不植閑花木。愛兹瀟灑侯[一]，佐以菖蒲緑。可以虚我心，可以伴我讀。帶雨潤牙籤，迎風拂棋局。時復一再拜，聳然呈面目。折腰豈憚煩，有客來不速。大言君何迂，無乃自取辱。豈無深谷蘭，豈無傲霜菊。胡爲愛此君，此君實空腹。予聞忽三嘆，君言非所腹。菊非不爪爪，蘭亦滋馥馥。朔風天上來，與誰争濃郁。曷若與三竿，終年秀可掬。挺拔拒石尤，孤耿欺勝

[一] 侯，原誤作『候』。

六。風度自翩翩，胸襟勿蹙蹙。四月新笋抽，萬斛閑愁逐。歲寒與之盟，生日爲之祝。若彼桃李花，尤非予所欲。况以九節資，猶復儀容肅。吾儕奚足論，而敢辭碌碌。故人筆如椽，爲我圖成幅。拜鄉法南宫，陳拜鄉題額。丹蘿撫石谷。諸丹蘿繪圖。排闥遠山青，依闌除澗曲。琅玕何幸哉，亭亭樹屋角。《周官》九拜章，讀之重翦燭。因思古聖賢，昌言致足録。米尊一拳石，陶却五斗粟。予亦有心人，學乃知不足。處世鮮良朋，枯坐難慎獨。斗酒無算杯[二]，展卷日三復。客無笑鞠躬，庶幾少自勖。會稽美竹箭，鄉思時振觸。何處報平安，徒向天涯哭。

黄啓多

婺源黄啓多，望族之裔，才兼文武，身通一十二藝，足迹遍天下，言語通華夷，真

〔二〕 無，原缺，據南圖本補。

曠代之奇才，殆亦東方曼倩之流亞也。平生好浪游，不樂仕進，行李數十石，從者數十人，揮金如土，不知其資重之所從來。翱翔方外，到處逢迎。子女玉帛，冶容慢藏，從無盜賊之虞，又似俠客之游戲。

嘉慶十七年，舟停錫山驛，訪先大夫於梁溪官舍，爲留十日而去。吟詩作畫，醉舞狂歌，無一不驚人心目。先君嘆曰：『「白鷗没浩蕩，萬里誰能馴。」黄君之謂也。』時裘年十一，親見黄君，氣宇軒昂，筆墨超妙，衣服華麗，侍從衆多，其景象如在目前。惜乎！神龍見首不見尾，梁溪一别，不知所終。

于慶瀾

于慶瀾者，不知何許人。有肝膽，武藝過人。幼失怙恃，山陰張雨琴大令學裏爲役。張大令由鹽務官改授安徽青陽縣令，西寇犯境，大令帶兵出隊，一戰而亡。于從賊中負尸藏山中，坐守數日。賊退，覓棺盛斂，扶柩歸里。其義勇如此，聞者莫不嘆嗟。越數年，執戟從戎，屢獲戰功，得參將花翎。後來功業，不可限量。張令久膺恤典，世襲雲騎尉。主忠役義，實爲可嘉。

張公從侄子猷、子揚口述其事，故特書之，以表其忠義。

王穉凡師

吾師王穉凡孝廉士傑，婺源城人，汪文端公門下士也。手著《十三經解》十六册，惜無力付梓，竟失其傳。初中副榜，繼登賢書，常以不中進士爲恨。年近六旬而卒。子茂才，忘其名，早卒。孫一，業儒。

余芳遠師

吾師余芳遠封翁，婺源沱川理源人也。其曾祖余積中先生，著《省吾録》。父余秀書先生，著《庸言懿行》、詩古文詞，入鄉賢祠。子燦雲孝廉，作令江左。孫五人：述祖，孝廉，軍功保舉道銜，次孫述古，縣丞，相繼殂。三述文，茂才；四述尹，孝廉；五述洙，茂才。理學淵源之家，明季以來，二十世未脱秀才，可謂讀書世家矣。

稀見筆記叢刊

已出版

獪　園　［明］錢希言　著
鬼　董　［宋］佚　名　著　　夜航船　［清］破額山人　著
妄　妄　録　［清］朱　海　著
古禾雜識　［清］項映薇　著　　鐙窗瑣話　［清］于　源　著
續　耳　譚　［明］劉忭等　同撰
集異新抄　［明］佚　名　著　［清］李振青　抄　高辛硯齋雜著　［清］俞鳳翰　撰
翼駉稗編　［清］湯用中　著
簷廊瑣記　［清］王守毅　著
風世類編　［明］程時用　撰　闇然堂類纂　［明］潘士藻　撰
新鐫金像評釋古今清談萬選　［明］泰華山人　編選
疑　　耀　［明］張　萱　撰
退庵隨筆　［清］梁章鉅　編
述　異　記　［清］東軒主人　撰　鸝砭軒質言　［清］戴蓮芬　撰
仙媛紀事　［明］楊爾曾　輯
狐媚叢談　［明］憑虛子　編
藏山稿外編　［清］徐　芳　著
見聞隨筆　［清］齊學裘　撰

即將出版

見聞續筆 ［清］齊學裘 撰
在野邇言 ［清］王嘉楨 撰 薫蕕并載 ［清］王 曻 撰
魏塘紀勝・續 ［清］曹廷棟 著 東畬雜記 附 幽湖百詠 ［清］沈廷瑞 著 鴛鴦湖小志 ［民國］陶元鏞 輯
松蔭庵漫録 ［民國］尊聞閣主 輯
搜神記 ［唐］句道興 撰 新搜神記 ［清］李調元 撰